看護職をめざす人の社会保障と社会福祉

守本 とも子 編

第2版

JN122882

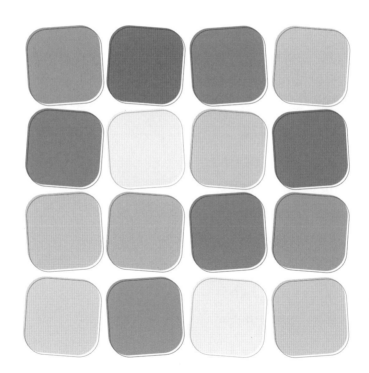

みらい

執筆者一覧

●編　者

守本とも子（もりもと こ）　奈良学園大学

●執筆者（五十音順）

虎杖真智子（いたどり まちこ）　東大阪市立縄手小学校 ……………………………… 第8章第3節〜第5節

井上　深幸（いのうえ みゆき）　京都看護大学 ……………………………………………………第12章

小澤　薫（おざわ かおる）　新潟県立大学 ……………………………………………………… 第7章

鍵本由起子（かぎもと ゆきこ）　社会医療法人垣谷会 ………………………………………第10章コラム

黒野　伸子（くろの のぶこ）　宮崎学園短期大学 ……………………………………………… 第4章

新谷　奈苗（しんたに ななえ）　和洋女子大学 …………………………………………………… 第5章

鈴木久美子（すずき くみこ）　常葉大学短期大学部 …………………………………………… 第1章

高林　新（たかばやし あらた）　社会福祉法人バルツァ事業会 ……………………………… 第8章コラム

玉井　純子（たまい じゅんこ）　奈良県障害者総合支援センター ……………………………… 第9章コラム

土屋　昭雄（つちや あきお）　群馬医療福祉大学短期大学部 ……… 第6章第1節〜第4節、第6章コラム

土田　耕司（とだ こうじ）　就実短期大学 …………………………………………… 第8章第1節・第2節

富永　堯史（とみなが たかし）　兵庫県社会福祉協議会 ………………………………………第11章

松浦　信（まつうら まこと）　鈴鹿医療科学大学 ……………………………………………… 第3章

真鍋　顕久（まなべ あきひさ）　岐阜聖徳学園大学 …………………………………………… 第2章

村山　くみ（むらやま）　東北福祉大学 …………………………………………………………第10章

森田　隆夫（もりた たかお）　群馬医療福祉大学 …………………………………… 第6章第5節・第6節

守本　幸次（もりもと こうじ）　医療法人南風会 …………………………………………………第13章

山口　佳子（やまぐち よしこ）　国際医療福祉大学 ……………………………………………… 第9章

はじめに

　本書は看護職（看護師・保健師・助産師）をめざす読者が社会保障・社会福祉について学ぶテキストである。また、すでに医療現場で看護職やコメディカルとして活躍されている方々の学びのふりかえり等にも十分に対応できる内容である。

　今日のわが国は少子高齢社会という重大な課題を抱えつつ、疾病構造の変化や個々の多様なニーズに対応した医療・福祉・介護のあり方が問われている。また、疾患や障害を抱えていても住み慣れた地域で生活することを目標にさまざまな政策が打ち出されている。このようなわが国の現況のなかで、看護職が多職種と連携を図り、対象者の生活を視野に置き、QOLの向上にむけて多角的に援助したり、対象者のニーズに応えるためには、社会保障・社会福祉の理解とそれらの知識をもつことが不可欠となる。

　そこで本書では、看護職養成校ではじめて社会保障・社会福祉を学ぶ読者が、その仕組みを学び、対象者のQOL向上を図るための知識を体系的に理解できるよう構成している。具体的には、第1章で私たちが暮らす現代の社会について理解し、第2章では諸外国やわが国の社会保障・社会福祉の変遷を学ぶ。そして、第3章で社会保障の財政と社会福祉の実施体制を理解し、第4章から第7章においては社会保障制度の内容を詳しく学ぶ。第8章からは児童、障害者、高齢者に焦点をあて、それぞれの現状と福祉制度や施策について学ぶ。さらに第11章では地域福祉の理念、推進機関・担い手について、第12章では社会福祉専門職との連携において必要な知識となるソーシャルワークについて学ぶ。そして第13章において、保健医療と福祉の連携のあり方について理解を深める。

　以上が本書の概要であるが、本書を通して社会保障・社会福祉を学び、実践に活かしていただければ幸甚である。

　最後に、本書の発行にあたり、ご尽力いただきました執筆者の方々に対して厚く御礼申し上げます。

2020年2月

編者　守本　とも子

もくじ

はじめに

第1章　私たちが暮らす現代社会の理解

第2章　社会保障・社会福祉の成り立ち

第3章　社会保障の財政と社会福祉の実施体制

第4章　命と健康を守る医療保障制度

第5章　高齢者を支える介護保険制度

第8章　子ども家庭福祉の理解

第1章　私たちが暮らす現代社会の理解

📋 なぜ、現代社会について学ぶのか

　21世紀の日本社会に生きるみなさんは、この社会をどのようにとらえていますか？あなたが感じる現代社会のイメージとはどのようなものですか？

　そもそも、社会というものは対象化しにくく、イメージしづらいものです。その理由は、日常生活が当たり前に過ぎていくなかで、私たちは社会そのものにしっかりと組み入れられてしまって、かえってとらえどころのないものとして認識されているからにほかなりません。また、社会に対する意識とは、他者と関係づけられていることへの気づきともいえますが、現代社会のなかで、私たちの関心があまりにも個人化されてしまい、他者の存在に目を向けられなくなってしまっていることもあるでしょう。

　しかし、私たちの日常生活はまさに社会のなかで営まれています。そこで一例として、わが国の「少子高齢化」について、数字をいくつか示してみましょう。高齢化の速度について、「高齢化率（総人口に占める65歳以上の割合）」が7％を超えてから、その倍の14％に達するまでの所要年数をみてみると、フランスは115年、スウェーデンは85年、ドイツは40年で到達していますが、わが国は1970（昭和45）年に7％を超えると、わずか24年後の1994（平成6）年に14％に達しています。そして、2018（同30）年の高齢化率は28.1％と人口の4分の1を占めることとなり、いまや日本社会は世界のどの国も経験したことのない急速な高齢化に直面しているのです。その一方で「合計特殊出生率（1人の女性が生涯に生む平均子ども数）」は、2005（同17）年に1.26と過去最低を記録、2018（同30）年には1.42と最近値よりは微増しているものの、欧米諸国と比較するとなお低い水準にとどまり、依然として少子化傾向が続いています。そうしたなかで、「社会保障と税の一体改革」により、2014（同26）年4月から消費税率は8％に引き上げられしばらく据え置かれたものの、2019（令和元）年10月から、当初予定の10％となりました。日本の財政は危機的な状況にあり、「少子高齢化」がさらに進展していくなかで、持続可能な社会保障制度を構築していくためには、その財政基盤と負担のあり方が避けて通れない問題となっています。

　このように、私たちの生活は現代社会のあり方と密接にかかわっています。特に、看護という対人サービスの専門職をめざすみなさんは、いやおうなしに、厳しい社会状況を背景とした多様な生活課題を抱える人々とかかわることになるでしょう。そうした課題を誘発する社会構造とはどのようなものなのかに思いをはせてこそ、目の前の利用者に寄り添える専門職になれるのです。そのために、自分自身と看護を通してかかわる人々の身近な日常生活と地域社会や日本社会、さらには地球規模の出来事やその動きに高感度のアンテナを張っていきましょう。

1 戦後日本社会の変化と私たちの未来

1 現代社会を読み解こう

◆戦後日本社会の時代区分

　21世紀の日本社会に生きる私たちが、現代社会を読み解く手掛かりとして、まずはおよそ70年を経た戦後の日本社会を4つの時代に分けてみよう。

　すなわち、第1期は1945（昭和20）年から1955（同30）年までの復興期、第2期は1955（同30）年から1989（平成元）年までの高度経済成長に伴う安定成長期、第3期は1989（同元）年から2008（同20）年までの停滞と変動のなかでの少子高齢社会到来期、そして第4期は2008（同20）年からの模索が続く人口減少社会移行期である。第1期から第2期は、終戦後の「貧しくとも希望がもてた社会」から「経済成長を遂げた豊かな社会」が実現されていった時期といえよう。しかし第3期以降、東西冷戦の終結に伴う新しい世界情勢が発現するなかで、日本も国際社会における位置づけとその進路が問われるようになり、国内でもバブル経済とその崩壊、急速な高齢化の進展など、さまざまな問題が一気に顕在化した。そして地球規模での社会の変化が日常的になっている第4期のいま、私たちは新しい社会の形を模索しながら、現状として「物質的な豊かさはあるものの、あてどもない不安を抱えている社会」に生きているといえるのかもしれない。

◆福祉・医療から問われる現代社会

　第2期の高度経済成長を経て作り上げられた現代社会は、生活水準の目覚しい向上や疾病構造の変化、あるいは個人の生活の基本的単位である家族や地域社会の変容をもたらした。その結果、新たな福祉課題の解決や医療制度の見直しを突きつけられている。そして、少子高齢社会の到来とその進展から、人口減少社会への移行というわが国の人口構造そのものの変動をももたらした。ここに至るには、戦後の社会保障制度の充実があり、その成功の結果として第4期のいま、この制度の持続可能性が問われることになった、ともいえよう。言い換えれば、わが国は成熟した国に変化しつつあり、福祉・医療の制度から現在、そして未来が問われているのである。

　いま、日本社会は多くの社会変動に直面している。現代社会を読み解くために、いかに社会は変容したのか、目の前の社会がどのような方向に向かっているのかを見据える必要があるだろう。まずは「人口」「労働」「家族」という3つの観点から、現代社会の変化をみていこう。

2　総人口の減少と人口構造の変化

◆50年後のわが国の人口

　総務省統計局「人口推計」によると、2019（平成31）年3月1日現在のわが国の総人口は約1億2,624万人であるが、2008（同20）年以降、人口は減少局面に入り、この年が「人口減少社会『元年』」ともされる[*1]。

　それでは今後、わが国の人口はどのように推移していくのだろうか。国立社会保障・人口問題研究所の「日本の将来推計人口（平成29年1月推計）」によれば、今後長期の人口減少過程に入り、2053（令和35）年には1億人を割り込み、2065（同42）年の人口は8,808万人、65歳以上の人口割合は38.4%と推計されている（中位推計）。

◆人口ピラミッドの変化

　人口減少は、わが国の人口構造そのものの変化によるものである。そこで、男女別に年齢ごとの人口を表し、各年代の社会情勢の影響を受けた出生と死亡の変動が刻まれる人口ピラミッドをみてみよう（図1－1）。

　1950（昭和25）年の人口ピラミッドは、第1次ベビーブーム世代[*2]の層が裾に広がった富士山型で、「多産多死型社会」の特徴を有していたが、その後は「多産少死型社会」から「少産少死型社会」に移行する人口転換が起きた。現在のわが国の人口ピラミッドは、「人口停滞社会」の特徴である釣鐘のような形から、徐々に「人口減少社会」の特徴である壺のような形に変容しつつある。また、第1次ベビーブーム世代・第2次ベビーブーム世代の人口が多いことから、ひょうたん形と表されることもある。

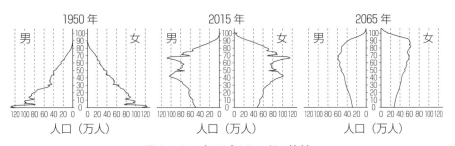

図1－1　人口ピラミッドの比較
資料：1920～2010年：国勢調査、推計人口、2015年以降：「日本の将来推計人口（平成29年1月推計）」。
出典：国立社会保障・人口問題研究所「人口ピラミッドの推移」

◆世界一の高齢社会

　次に総人口の年齢3区分別人口割合の推移をみてみよう（表1－1）。

　1950（昭和25）年に35.4%を占めた「年少人口（0～14歳）」割合は低下す

*1
わが国の人口減少化が取りざたされた契機は、2005（平成17）年の国勢調査の結果を受けて総務省統計局が「1年前の推計人口に比べ2万人が減少、人口減少局面に入りつつある」という発表をしたことにあったが、翌2006・2007（同18・19）年は増減率では限りなくゼロに近いものの増加し、いわば「人口静止」状態であった。しかし、2008（同20）年以降は継続して減少したため、総務省ではこの年を人口減少社会「元年」とするのが、統計上は正しいとしている。

*2
「ベビーブーム」とは出生率が急上昇することをいう。日本の「第1次ベビーブーム」は終戦直後の1947～1949（昭和22～24）年、「第2次ベビーブーム」は高度経済成長真っただ中の1971～1974（同46～49）年とされる。なお、第1次ベビーブーム世代を「団塊の世代」、第2次ベビーブーム世代を「団塊ジュニア」と呼ぶことがある。データは図1－2参照。

表1−1　年齢3区分別人口割合の推移

	1950 (昭和25)年	1960 (昭和35)年	1970 (昭和45)年	1980 (昭和55)年	1990 (平成2)年	1995 (平成7)年	2000 (平成12)年	2005 (平成17)年	2010 (平成22)年	2015 (平成27)年	2018 (平成30)年
年少人口 0〜14歳	35.4%	30.2%	24.0%	23.5%	18.2%	16.0%	14.6%	13.8%	13.2%	12.6%	12.2%
生産年齢人口 15〜64歳	59.6%	64.1%	68.9%	67.4%	69.7%	69.5%	68.1%	66.1%	63.8%	60.7%	59.7%
老年人口 65歳以上	4.9%	5.7%	7.1%	9.1%	12.1%	14.6%	17.4%	20.2%	23.0%	26.6%	28.1%

資料：総務省統計局「国勢調査」および「人口推計」（1950年以降のデータは「国勢調査」、2018年のデータは「人口推計」結果）をもとに筆者作成

表1−2　高齢化速度の国際比較

	高齢化社会 ⇒ 高齢社会		7%⇒14% 所要年数	2015年の 65歳以上人口割合
	7%到達年	14%到達年		
フランス	1864年	1979年	115年	18.9%
スウェーデン	1887年	1972年	85年	19.6%
イギリス	1929年	1975年	46年	18.1%
ドイツ	1932年	1972年	40年	21.1%
アメリカ	1942年	2014年	72年	14.6%
日本	1970年	1994年	24年	26.6%

資料：内閣府『令和元年版 高齢社会白書』日経印刷　2019年　p.7をもとに筆者作成

る一方、わずか4.9％であった「老年人口（65歳以上）」割合は増加し続け、1997（平成9）年からは「老年人口」が「年少人口」を上回り、2018（同30）年には「年少人口」12.2％、「老年人口」28.1％となった。また「生産年齢人口（15〜64歳）」割合は、1992（同4）年をピークに減少に転じている。

　そこで、高齢化速度の国際比較をみてみよう（表1−2）。国際連合の定義では、「老年人口」割合を「高齢化率」としてとらえ、これが7％を超えると「高齢化社会」、14％を超えると「高齢社会」、21％以上を「超高齢社会」としている。わが国は1970（昭和45）年に「高齢化率」7％を超えると、1994（平成6）年には14％に達し、現在は「超高齢社会」に突入という、他の先進諸国に例をみない速度で、かつ最高値に到達した世界一の高齢社会なのである。

◆疾病構造の変化

　伝染性の急性疾患から慢性疾患（生活習慣病）へと疾病構造は大きく変化した。終戦直後の平均寿命は男女とも50歳代で、厚生労働省「人口動態統計」によれば、1947（昭和22）年の死因別死亡率（人口10万対）は1位結核、2位肺炎、3位脳卒中であった。1961（同36）年には1位脳卒中、2位がん、

＊3
厚生労働省「簡易生命表」によると、1955（昭和30）年の平均寿命は男性63.60年、女性67.75年で、55〜60歳で引退したとすると、平均余命は男性に至っては10年にも満たなかった。しかし2018（平成30）年に65歳を迎えた男性の平均余命は19.70年、女性は24.50年であり、年金支給開始後も長い老後を過ごすことになる。介護や年金が今日的な社会問題となるのは当然のことである。

３位心臓病となり、国民病ともいわれた結核は順位を下げたものの、その死亡率は29.6人/10万人と依然高かった。しかし、結核は医学の進歩により克服され、2017（平成29）年には、その死亡率は1.8人/10万人に、死亡順位は30位と順位を下げている。

　現在はがん（悪性新生物［腫瘍］）が一貫して上昇を続け、1981（昭和56）年以降、死因順位の１位を占めている。2018（平成30）年の平均寿命は、男性81.25年、女性87.32年と世界最高水準ではあるが、同年の死因順位の第１位はがん（悪性新生物［腫瘍］）、第２位は心疾患（高血圧性除く）、第３位は老衰と続き、年間の死亡数・死亡率ともに緩やかな上昇傾向を示している。このような長寿化と慢性疾患の増大は、医療・介護分野に大きな影響を与え、「"病院完結型"から"地域完結型"へ」という方向性に舵が切られることとなった。

◆少子高齢社会のゆくえ

　人口構造には出生率の低下も大きな意味をもつ。出生数と合計特殊出生率[*5]の推移をみてみよう（図１－２）。1989（平成元）年に、それまで最低であった丙午[*6]の1966（昭和41）年の1.58を下回った「1.57ショック」が起こり、少子化対策の必要性が認識される契機となったが、2005（平成17）年には過去最低の1.26を記録した。その後緩やかに回復し、近年は1.4近辺で推移しているが、人口置換水準[*7]を下回る状況は、1974（昭和49）年の2.05以降、45年以上に渡り続いている。

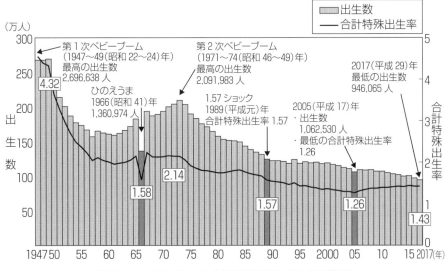

図１－２　出生数および合計特殊出生率の年次推移

資料：厚生労働省「人口動態統計」
出典：内閣府『令和元年版少子化社会対策白書』p.5を一部改変

*4
2013（平成25）年8月に提出された『社会保障制度改革国民会議報告書』（社会保障制度改革国民会議）では、医療は地域完結型に転換し、病院でなければならない医療以外は病院から離れて、地域のさまざまな資源を使っていく仕組みづくりを提案している。「病院で治す」から「地域全体で治し・支える」医療へ、「治す」から「QOL（生活の質）、QOD（死の質）の医療」へ、「生活を基本とした連携の医療」への転換であり、そのために、医療・介護・福祉の連携が強調されている。

*5　合計特殊出生率
出産可能な15歳から49歳までの女性の各年齢別出生率（母親の年齢別出産数／年齢別女子人口）を合計したもの。出産適齢の女性がこれらの年齢ごとの出生率で出産すると仮定して、「1人の女性が生涯に生む子どもの平均数」に相当する。

*6　丙午
十二支と十干（甲・乙・丙…）の組み合わせでできる60通りの１つの年で、この年に生まれた女性は気が強いという"迷信"から、丙午に当たった1966（昭和41）年には出産を避けるケースが多かったとされる。データは図１－２参照。

*7　人口置換水準
現在の人口を将来も維持することができる合計特殊出生率の水準。この水準を下回ると、人口が減少する。国立社会保障・人口問題研究所『人口統計資料集2018』によると、2016（平成28）年の人口置換水準は2.07。

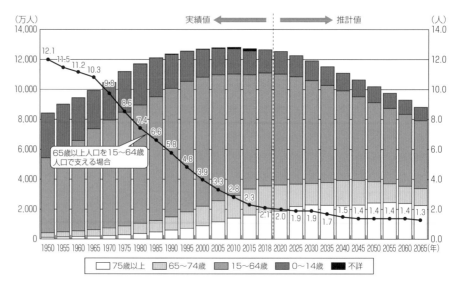

図1−3　高齢世代人口の比率

資料：2010年までは総務省「国勢調査」、2018年は総務省「人口推計」（平成30年10月1日現在）、2020年以降は国立社会保障・人口問題研究所「将来推計人口（平成29年1月推計）」の出生中位・死亡中位仮定による推計結果

出典：内閣府編『令和元年度高齢社会白書』p.5を一部改変

＊8
日本標準産業分類（2013［平成25］年10月改定）によれば、大分類「医療・福祉」は、中分類「医療業（病院、診療所等）」「保健衛生（保健所、健康相談施設等）」「社会保険・社会福祉・介護事業（児童福祉事業、老人福祉・介護事業・障害者福祉事業等）」に分けられる。雇用者が増大しているのは、なかでも「社会保険・社会福祉・介護事業」である。特別養護老人ホーム、介護老人保健施設等の老人福祉、介護事業などのサービス提供を行う事業所の雇用者（とりわけ女性）が増えている。

＊9　福利厚生
企業が、労働力の確保や勤労意欲の向上等の効果を期待し、従業員とその家族の生活向上の支援を目的とする施策や制度。法律で義務づけられた社会保険料の事業主負担（法定福利）のほか、企業が任意で実施する法定外福利がある。具体的には①住宅（社宅、家賃補助等）、②医療・保健(医療施設、がん検診等の法定健康診断への上積み等）、③慶事・共済・保険、④生活支援（食堂、売店、作業衣支給、交通費支給等）、⑤レクリエーション（保養所、社員旅行、クラブ活動等）などがある。関連して、第3節**1**参照。

　出生数の減少は生産年齢人口（現役世代）にまで影響を及ぼすことはいうまでもない。老年人口（高齢世代）の比率をみてみよう（図1−3）。1950（昭和25）年には高齢者1人を12.1人の現役世代で支えていたが、2015（平成27）年には2.3人で支えることになった。さらに2065（令和47）年には1人の高齢者に対し1.3人の現役世代で支えることになる。

　わが国はそのスピードとレベルにおいて、世界がこれまで経験したことのない人口構造の変動に直面している。このことは、必然的に社会保障や福祉サービス、医療制度において求められるものが変化することにつながる。こうした現状および未来を見通したうえで、社会保障分野の制度面、福祉サービス基盤を早急に設計し直し、人口減少社会に対応した21世紀システムの福祉モデルを提示していかなければならない。

3　経済と働き方の変化

◆産業構造・産業別就業者数の変化

　総務省「国勢調査」によれば、1950（昭和25）年の産業別就業者数は、「農林漁業」が就業者全体の48.5％を占め、「製造業」15.8％、「卸売・小売業」11.1％、「サービス業」9.2％であった。しかし1960年代からの高度経済成長は、わが国の産業構造を第1次産業から第2次産業に大きくシフトさせ、そ

の後は第3次産業化（サービス業化）が進んだ。産業分類が変更され、厳密な比較はできないが、1978（同53）年から2018（平成30）年の産業別就業者数の変化をみてみると、第1次産業は633万人（就業者全体の11.7%）から228万人（同3.4%）、第2次産業は1,861万（同34.4%）から1,566万人（同23.5%）と減少する一方、第3次産業は2,914万人（同53.9%）から4,870万人（同73.1%）と増加している。2018（同30）年度の「労働力調査」によれば、なかでも、「医療・福祉」[8]就業者数は839万人にのぼり、前年度から23万人増加している。

◆就業者の変化と女性雇用者の存在感

　高度経済成長は、家族で働いて生計を立てる農業や家業経営に代わって、雇われて働く「雇用者（サラリーマン）化」の急速な進行も促した。総務省「労働力調査」によると、1961（昭和36）年には自営業主が22%、家族従業者は23%で、雇用者は55%に留まっていたが、1980（同55）年には雇用者は72%まで増大し、2018（平成30）年の雇用者割合は89.1%にのぼる。また、役員を除く雇用者でみると、そのうち46.3%が女性である。なお、女性雇用者の21.3%にあたる627万人が「医療・福祉」の雇用者で、「医療・福祉」の雇用者総数に占める女性比率は約74%と、極めて高い。

◆雇用形態の変化

　経済が右肩上がりの時代、企業は必要な労働力確保のため、「終身雇用」「年功序列賃金」といった日本型雇用慣行により、主として男性を正社員として雇用し、福利厚生[9]も充実させたため、失業率の低い完全雇用状態が安定的に継続された。しかし1990年代以降、バブル経済崩壊後の失われた10年[10]、グローバル経済化、2008（平成20）年のリーマンショックなど日本企業を取り巻く環境は急激に厳しくなり、リストラや倒産が相次ぎ、2002（同14）年の完全失業率は5.4%[11]とピークに達した。

　こうした厳しい経済状況を経たなかで、雇用情勢については、2018（平成30）年度平均の完全失業率は2.4%の低水準となり、有効求人倍率も1.61倍と1973（昭和48）年度以来44年ぶりの高水準となった。しかし、雇用形態は流動化し、非正規雇用とよばれる形態[12]の割合が増えている。2017（同29）年の正規雇用者数3,423万人に対して、非正規雇用者数は2,036万人と全雇用者の38.2%を占めている（図1－4）。2015（同27）年以降からは正規雇用者数も増加傾向にあるが、非正規雇用者の数は趨勢的に増加傾向にあるといえる。男性の9割が正社員だった時代ははるか遠く、また女性の社会進出が進んでいるとはいえ、その半数以上は非正規なのである。

*10　失われた10年
1986（昭和61）年から始まった好景気が、1991（平成3）年2月頃から後退し始め、いわゆるバブルが崩壊した。それによって消費や雇用に悪影響を及ぼし、デフレーションになり、厳しい経済状況に陥った1990年代から2000年代初頭までを、いわゆる「失われた10年」と呼ぶ。しかしその後も、世界金融危機が発生するなどして経済は回復せず、その後の10年も併せた長い経済低迷期を「失われた20年」としてとらえることもある。

*11
「労働力調査」によれば、完全失業率は1970年代までは1%で推移していたが、1980年代は2%台、1990年代は4%台まで上昇し、2000年代に入ると、5%台を記録したこともあった。その後、2014（平成26）年以降は3%台に落ち着き、直近の2017（同29）年、2018（同30）年は2%台に留まっている。

*12
総務省統計局では、会社・団体等の役員を除く者を「雇用者」とし、勤め先の呼称によって、正規の職員・従業員のほか、非正規雇用者としては「パート、アルバイト、労働者派遣事務所の派遣社員、契約社員・嘱託、その他」に分類している。

＊13
厚生労働省「平成30年賃金構造基本統計調査結果」によると、正規雇用者の平均賃金は324万円（年齢41.9歳、勤続13年）であるのに対して、非正規雇用者は209万円（年齢48.3歳、勤続7.1年）である。また、男女別にみると、男性の正規雇用者は351万円、非正規雇用者は233万円に対して、女性の正規雇用者は265万円、非正規雇用者は188万円である。正規と非正規の格差はもちろんのこと、いまだ男性と女性の間の格差もある。関連して、第1節**4**および＊20参照。

＊14
厚生労働省「国民生活基礎調査」によると、世帯とは、「住居及び生計を共にする者の集まり又は独立して住居を維持し、若しくは独立して生計を営む単身者」をいう。世帯構造のなかの「単独世帯」とは世帯員が一人だけの世帯をいい、「ひとり親と未婚の子のみの世帯」とは父親または母親と未婚の子のみで構成する世帯、「三世代世帯」とは世帯主を中心とした直系三世代以上の世帯をいう。

＊15
厚生労働省「人口動態統計」によれば、平均初婚年齢が上昇しており、「未婚化」「晩婚化」が進行している。1980（昭和55）年と2017（平成29）年を比較すると、男性は27.8歳から31.1歳に、女性は25.2歳から29.4歳となっている。そして、「晩婚化」が進むことで、出産年齢が高くなる「晩産化」の傾向が生じている。ただし、未婚化や晩婚化の進行は、個人のライフスタイルの多様化を示すものでもあり、一概に否定されるものではないことに留意したい。

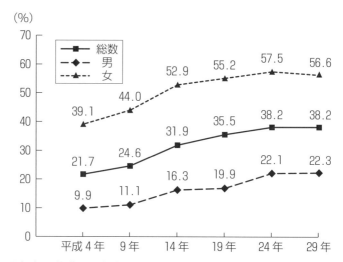

図1－4　男女別雇用者（役員を除く）に占める非正規の職員・従業員の割合の推移－平成4年～29年－
資料：総務省「平成24年就業構造基本調査結果要約」p.7、「平成29年就業構造基本調査結果の概要」pp.26～27をもとに筆者作成

◆働き方の多様化

　厚生労働省の「令和元年版労働経済の分析」によれば、近年の非正規雇用者に着目すると、「不本意非正規雇用労働者」の割合は低下傾向で推移しているとされる。非正規を自ら選択している理由としては、男女ともに「自分の都合に合わせて働きたい」という者が増加傾向にあり、女性では「家事・育児・介護等と両立しやすい」という理由をあげる者も多いという。また、2013（平成25）年以降、男女ともに「65歳以上」の非正規雇用者が大きく増加している。これは定年退職後も継続雇用等により、自分の都合のよい時間で、また家計補助の目的によって働き続ける高齢者が増加していることが一因であろう。

　いずれにせよ、従来の安定雇用を前提として、個人の生活を設計するということが当たり前でなくなってきている。その一方で、社会自体は正規雇用中心に設計されたままであるため、依然として、正規と非正規の格差は問題視されたままである＊13。社会保障のセーフティネット機能が問われている。

4　世帯と家族の変化

◆世帯構造の変化

　世帯構造＊14の推移をみてみよう（表1－3）。第1に「核家族世帯」全体の割合はあまり変化していないこと、第2に「夫婦のみの世帯」の増加と「夫婦と未婚の子の世帯」の減少、第3に「三世代世帯」の減少、第4に「単

表1-3　世帯構造別にみた世帯数の構成割合の推移

世帯数：（千）世帯

		1960年 （昭和35）年	1970年 （昭和45）年	1980年 （昭和55）年	1990年 （平成2）年	2000年 （平成12）年	2010年 （平成22）年	2015年 （平成27）年
	世帯総数	22,231	30,297	35,824	40,670	46,782	51,842	53,332
核家族世帯	核家族総数	53.0%	56.7%	60.3%	59.5%	58.4%	56.3%	55.9%
	夫婦のみ	7.3%	9.8%	12.4%	15.5%	18.9%	19.8%	20.1%
	夫婦と未婚の子	38.2%	41.2%	42.1%	37.3%	31.9%	27.9%	26.9%
	ひとり親と未婚の子	7.5%	5.6%	5.7%	6.8%	7.6%	8.7%	8.9%
	三世代世帯	-	16.1%	14.6%	12.1%	8.5%	5.4%	4.1%
	単独世帯	16.1%	20.3%	19.8%	23.1%	27.6%	32.4%	34.6%

注：三世代世帯は、「夫婦、子と両親からなる世帯」「夫婦、子とひとり親からなる世帯」「夫婦、子、親と他の親族からなる世代」の合計
資料：総務省統計局「国勢調査」各年をもとに筆者作成

独世帯」の増加の4点が明らかである。また、1世帯あたりの平均人員数は1960（昭和35）年には4.14人であったが、2015（平成27）年には2.33人まで減少している。つまり「核家族化」の進行ではなく、「小家族化（家族の縮小化）」の進行と「一人暮らし」の増加が近年の特徴である。ここに「高齢化」「少子化」「未婚化」[15]の現代的要素が見出せる。現代社会において、高齢者夫婦のみの世帯、子どものいない世帯、配偶者死別高齢者および未婚の単独世帯が、暮らしの単位として増大している。

◆家族とジェンダー[16]

　❸でみた「働き方の変化」を、「家族とジェンダー」という視点でとらえてみよう。高度経済成長期に企業は男性を正社員として雇用したことから、賃金制度は男性が家族を養うことを前提に構築されて、「男性雇用者単独稼動世帯」が主流となった。産業構造と家族形態の変容が相まって、サラリーマン家庭が増大し、さらに生活水準の相対的な向上も伴い、「夫は仕事、無職の妻は家事・育児」という性別役割分業の形態が一般化したのである。しかし、その傾向は1980年代までで、女性の社会進出に対する意識変化や経済情勢の変化等を背景として、2018（平成30）年には「雇用者の共働き世帯」は1,219万世帯まで増加し、「男性雇用者と無業の妻から成る世帯」は600万世帯まで減少した（総務省「労働力調査」）[17]。ただし、「家事・育児・介護等を両立しやすい」との理由から、女性（主婦）は非正規雇用を選択することが多いとされる。家事・育児に支障のないように働くことが主婦には求められ、サービス経済化の進行がそれを支えているのである[18]。

◆「性別役割分業家族」[19]の先は？

　このように、わが国では多くの女性が男性に稼ぎ手としての役割を期待せざるを得ない状況が続いている[20]。しかし男性もまた、稼ぎ手となり得な

*16　ジェンダー
生物学的性差とは区別される「社会的・文化的性差」のこと。この性差は歴史的・文化的・社会的に形成されてきたものとみなされている。この社会における男女のあり方、社会のシステムと結びついた男性役割・女性役割を問う一つの視点である。現代日本社会において、家族や福祉制度の背景など、多くの社会制度にジェンダーを見出すことができる。言い換えれば、ジェンダーによって、現代社会を分析することは極めて有効な視点の一つである。

*17
総務省統計局「労働力調査特別調査」によれば、1980（昭和55）年には、「男性雇用者単独稼動世帯」が1,114万世帯であったのに対して、「共働き世帯」は614万世帯だった。しかし、1997（平成9）年にそれが逆転し、現在に至っている。

*18
1日のなかで需要の変動があること、あるいは季節によって需要の変動があることがサービス業の特徴である。そのため、それに合わせて雇用も変動することになり、このことからサービス業は非正規雇用の増加を促した。そして、その変動の大きいところ（特に昼間の時間帯）を中高年の主婦層が引き受けることになった。

*19　性別役割分業家族
戦後の日本社会家族についての、江原由美子によるジェンダー視点からの呼び方。その他のとらえ方としては、「戦後家族モデル」（山田昌弘）や「家族の戦後体制」（落合恵美子）などがある。

*20
その象徴が「ひとり親家庭」の母親である。厚生労働省「平成28年度全国ひとり親世帯等調査」によれば、2015（平成27）年の母子世帯の母自身の就労収入は200万円である。全体の81.8％が就業しているものの、正規職員・従業員は44.2％に留まり、「派遣社員・パート・アルバイト等」が48.4％を占めている。一方、父子家庭の父自身の就労収入は398万円で、その85.1％が就業しており、「正規職員・従業員」68.2％、「自営業」18.2％、「派遣社員・パート・アルバイト」7.8％となっている。関連して、第1節**3**および＊13参照。

*21 第一次集団
アメリカの社会学者クーリー（Cooley,C.H）が提唱した概念。メンバーの間に直接的なつながりと親密な関係が存在する集団。具体的には、家族、遊び仲間、地域社会を指す。個人にとって、ここでの人間関係を通じて、社会性（社会の構成員として生きるための知識や技術、規範などの社会的価値を自己の内部に取り入れていく過程）やアイデンティティの基盤を形成することができるとされ、基礎的集団とも呼ばれる。

いかもしれない状況が生まれている。「学校を卒業して、正社員になった男性と、結婚を機に退職して専業主婦もしくはパートをしている女性が、子を産み育てる世帯」がスタンダードで、家族の構成員はまとめて夫の社会保障のなかで扶養されるという図式が崩れてきている。江原由美子によれば、「現代日本社会は新たな家族観を形成することができないまま、超少子化・超未婚化・社会保障制度の危機などの"ネガティブ・スパイラル"に陥っている」[2]のである。

② 現代社会におけるつながりの変化と私たちの生き方

1 第一次集団[*21]としての家族と地域社会の変化

　1960年代以降の産業化の進展は、人々を「家」[*22]と土地に縛りつける「土着型社会」から「流動型社会」への転換にもつながった。その結果、祖父母と同居しない核家族化、子どもの少ない（いない）小家族化、家族と離れて暮らす、あるいは家族をつくらない単身化といった、家族の変容をもたらした。そしてこのことは、もう一つの生活基盤であった「地域社会」の衰退にもつながった。地域活動の主力であった職住近接の農家・自営業者や専業主婦は減少し、町内会役員や民生委員・児童委員[*23]、消防団員[*24]のなり手を見つけることも難しくなっている。そもそも隣近所とのつき合いがほとんどない地域もいまやめずらしくない。また、かつては交流をもっていた住民たちも子どもが巣立ち、高齢化が進むなかで、自宅にこもるようになっていった。このような第一次集団の衰退の象徴の一つが、「孤独死」[*25]である。

2 地域社会の可能性

◆「選べる縁」と「選べない縁」

　かつて私たちは、血縁（家族・親族）、地縁（地域社会）、社縁（会社）のなかで、当たり前に日々の暮らしを営んでいた。しかし、いまやそうした既成集団に対する帰属感が希薄化している。もちろん、こうした縁をしがらみとしてとらえれば、それからの解放であり、多様な生き方への肯定でもある。しかし、これらは束縛と同時に「居場所」の提供でもあった。上野千鶴子はこうした縁をめぐって、血縁・地縁・社縁を「選べない縁」とする一方、「選べる縁」の概念を提唱した。この概念によれば、「選べない縁」の原理によ

る集団の帰属意識は衰退しつつあるが、「選べる縁」の原理（集団帰属の選択）によって、多様な背景をもちつつも、共通の関心や目的をもった人々が自発的に集まった、何らかの「場」を形成することができる。

◆ 「地域福祉」の仕組みづくり

わが国は中央集権的に社会保障・社会福祉を整備し、これまではそれが機能してきた社会であった。しかし逆に、「そのことによって、地域で共同して問題を解決するチャンスや機能、仕組みを壊してきてしまった」[3]一面もある。生活課題が複雑化するなかで、福祉の各サービスはバラバラに分断され、見えないもの、遠いもの、他人事になってしまった。そこで、私たち一人ひとりが、生活の場である地域社会にアンテナを張って、自ら選んだ縁をつなぎ、自らの問題としてネットワーク化を図ることがいま求められている。その際、自覚的に「選択」し、そこに自主的に「参加」し、自分のことも他者のことも考えて「行動」していく、そんな生き方が鍵となる。

多様な背景をもった人たちが地域現場でいかに、自らが縁を選び、誰かとつながるための第一歩を踏み出すことができるかどうかが今後の課題であろう。

3 この社会で生きていくために

人はみな、違っている。それでも、私たちはその違っている誰かとつながって生きている。そもそも社会とは、個が含まれる集まりのなかにあり、そこで自分自身であるためには、他者や周囲の事物に関心を抱き、かかわることが必要である。そのために、自分がいまある社会を見つめてみよう。

私たちは大きな変化に直面している。家族基盤（家族機能の弱体化、単身世帯の増加等）、地域基盤（少子化・高齢化・孤立化等）、雇用基盤（非正規雇用の増大等）、企業基盤（グローバル化時代の雇用慣行等）、生活・リスク基盤（格差・貧困問題等）の変化は、あなたに対して、あなたの身近な人に対して、あるいはこの社会で生きる誰かに対して、何らかの影響を及ぼしている。そして、社会全体でみれば、社会保障や社会福祉をめぐる財政状況は厳しさを増している。高度経済成長期にその骨格が形成された現在の社会保障制度は、いまや需要と供給のバランスが完全に崩れていて、その費用の多くは赤字国債で賄われている。2019（平成31）年1月末時点で、わが国の借金は1,100兆円を超えた。赤ちゃんからお年寄りまで1人平均850万円の借金をしている計算である。

このような社会でいま、日々の暮らしを誰かとともに営んでいる私たちは、自分たちの問題として、「社会保障・社会福祉」について考えていきたい。

---

*22　家
「家／イエ制度」と表記されることも多い、日本の伝統的家族の形態。「家」を基礎とした法的、経済的、社会・文化的な仕組みであり、戦前までの日本の社会構造に深く根差した社会制度の一つである。「家」は家産（家の財産）を所有し、成員をその主要な働き手とする経営共同体の側面をもっていた。したがって、家産の管理と先祖の供養を一子（跡取り）が代々受け継ぐことで世代の連続性を図り、また同時に成員相互のなかで、介護や子育てなどの福祉的機能も果たしていた。関連して、第3節①参照。

*23　民生委員・児童委員
第11章p.180参照。

*24　消防団員
火災や災害発生時に自宅や職場から駆けつけ、消火活動・救助活動を行う非常勤特別職の地方公務員。1954（昭和29）年には自営業者や農業従事者を中心に全国202万人の団員が地域防災を担っていた。しかしサラリーマン化が進み、また厳しい訓練があることなどから敬遠され始め、2018（平成30）年には81.3万人まで減少している。なお、東日本大震災発生時にはその活躍が注目された一方、250名を超える犠牲者を出したことで、有事の際の消防団員の安全確保についての検討も始められた。

*25　孤独死
全国で統一された定義がないため、具体的な統計はないが、厚生労働省の研究班のまとめでは、年間約3万人とされる。内閣府「平成24年版高齢社会白書」によれば、「誰にも看取られることなく息を引き取り、その後、相当期間放置されるような孤独死（孤独死）」と表現されている。

3 社会保障・社会福祉と私たちの暮らし

1 社会福祉とは何か

◆「福祉」という言葉

そもそも、福祉とは何だろう。社会保障よりは耳になじみがあるように感じる人も多いだろうが、多種多様な意味で用いられているのが実情である。そこで、『広辞苑 初版』で「福祉」をひもといてみると、「①さいわい、幸福、ふくち。②宗〔教〕、消極的には生命の危急からの救い、積極的には生命の繁栄」とある。さらに『大漢語林 初版』をみると、「福」は、「神にささげる酒のたるの象形。神に酒をささげ、酒だるのように豊かに満ちたりてしあわせになることを祈るさま」。「祉」は、「神のとどまるところ、さいわい」とあり、「福祉」とは、"しあわせ・さいわい・幸福"を表している。英語のウェルフェア（welfare）あるいはウェルビーイング（well-being）も同様である。つまり、福祉を考えるということは、"しあわせ"を考えること、といえるだろう。

◆私たちの暮らしのなかの"しあわせ"

では、"しあわせ"とは何だろう。これには"ふ・く・し"の3文字を入れた文章がよく引き合いに出される。すなわち、「ⓕつうの　ⓒらしの　ⓛあわせ」を求めていくものが福祉であると。

あなたにとっての「普通の暮らし」とは？　誰かにとっての「普通の暮らし」とは？　これをどう感じるかは、その人が置かれた状況やその人の価値観、また地域や時代によっても異なるだろう。それでも、その時々の社会的な合意のなかで、よりよい生活環境を形成し、人々の暮らしのなかの"しあわせ"を追求していくことが、現代社会における福祉のめざすところであろう。

とはいうものの、福祉とは社会と個人の"しあわせ"を追求していくものである、というだけではあまりにも漠然としている。また、実際に福祉とは極めて多義的なものである。そのなかで、福祉を「広義」でとらえる場合と、「狭義」でとらえる場合があることを知っておこう。

◆「広義」の社会福祉

「広義」の社会福祉とは、すべての人のしあわせな状態そのものをめざす多様な政策や事業、たとえば、医療制度や年金制度、教育制度、就労政策など、広く人々の暮らしを支える社会の仕組み、およびそれらの実現にかかわる活動のすべてを指す。そして、わが国ではこれまで、家族・親族のつながりや企業の福利厚生が、いわば「広義」の社会福祉の供給体として、ある程

度機能していた。しかし、前節でみてきたように、これらが弱体化し、たとえば子育て不安をもつ母親や非正規雇用の未婚の若者の存在などが浮かび上がってきた。これらのことは、普通の暮らしのなかで誰にでも起こりうる可能性のある問題としてとらえられる。岩田正美によれば、「社会福祉は自助が果たせないために生まれた特殊なニーズに対応するのではなく、自助の前提条件の整備として位置づけられる傾向が明白になってきた」[4]、とされる。いずれにせよ、現代社会における社会福祉を「広義」の視点でわかりやすくとらえるならば、社会福祉とは、普通の人々の普通の暮らしにかかわる普通の事柄といえるだろう。

◆「狭義」の社会福祉

　一方、「狭義」の社会福祉とは、前項の岩田の言葉によれば、「自助が果たせないために生まれた特殊なニーズ」[5]への対応である。社会的に弱い立場にあり、日常生活を営むうえで困難を抱え、特別な援助を必要としている人々に対する基礎的な健康状態や経済状態の確保に向けた具体的な政策や支援などの実践のことである。複雑化する現代社会において、社会的に弱い立場の人々が、さらに複合的な困難を抱える状況も出現している。こうした人々を社会から決して排除せず、社会のなかに包み込んで支援をしていくこと（ソーシャルインクルージョン）がめざされている。

2　社会保障とは何か

◆社会保障の基本的な定義

　では、社会保障とは何だろう。社会保障とは、「国民の生活の安定が損なわれた場合に、国民にすこやかで安心できる生活を保障することを目的として、公的責任で生活を支える給付を行うもの」（1993［平成５］年社会保障制度審議会社会保障将来像委員会第１次報告）である。具体的に考えてみよう。「私たちの生活の安定が損なわれる」とはどのような場合だろう。現代社会で安定的な生活を送るためには、当然お金がかかる。人生80年と考えると、80歳で現役世代と同じ収入を得ることはなかなか難しい。いや、その前に病気やけがなどで働けなくなるかもしれないし、入院や介護が必要になるかもしれない。あるいは１人で子育てをすることだってあるかもしれない。私たちが当たり前に送っている日常生活は、実はとても不安定なものである。そこで、もしそういう状況になってしまったら、「公的責任で生活を支える給付」として、税金や保険料が投入され、私たちが一生涯「すこやかで安心できる生活」を送ることができるように支えてくれるのが、社会保障の仕組みである。

◆社会保障という用語の範囲

しかし、わが国では社会保障という用語は、1950（昭和25）年の社会保障制度審議会勧告の定義[*26]等に基づいて、もう少し広い意味を指す言葉として用いられることが一般的である。社会保障の区分をみてみよう（図1－5）。

この区分では、社会福祉が社会保障の一分野を構成している。このように社会保障を社会福祉の上位概念として考えるのは、社会福祉を「狭義」のものとしてとらえるからである。これに対して、社会福祉を「広義」のものとして考える場合には、国民の社会福祉を実現する施策の一つとして、社会保障が存在することになる。また、保健医療・公衆衛生についても、社会保障そのものというよりは、社会保障の基盤を形成する制度として位置づけたほうがよいという見方もある。そこで体系を整理してみよう（図1－6）。どちらが正しいかという問題ではなく、両方の考え方を知っておきたい。

＊26
1950（昭和25）年の社会保障制度審議会による「社会保障制度に関する勧告」では、社会保障制度を「疾病、負傷、分娩、廃疾、死亡、老齢、失業、多子その他困窮の原因に対し、保険的方法又は直接公の負担において経済保障の途を講じ、生活困窮に陥った者に対しては、国家扶助によって最低限度の生活を保障するとともに、公衆衛生及び社会福祉の向上を図り、もってすべての国民が文化的社会の成員たるに値する生活を営むことができるようにすることをいうのである」と定義づけている。

図1－5　社会保障の区分

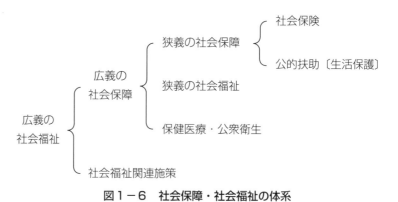

図1－6　社会保障・社会福祉の体系

◆社会保障の３つの給付と３つの仕組み

社会保障・社会福祉の体系をつかんだうえで、次章以降の学びの導入として、基本的な定義に基づいた「公的責任で生活を支える給付」に着目して、わが国の社会保障（ここでは「狭義の社会保障＋狭義の社会福祉」としてとらえる）の全体像を確認しておこう（表1－4）。

表1-4　社会保障の全体像

仕組み	給付	福祉サービス	医療サービス	金　銭
社会保険	医療保険	×	◎	○
	介護保険	◎	○	×
	年　金	×	×	◎
	雇用保険	×	×	◎
	労災保険	○	◎	◎
生活保護		○	○	◎
社会福祉	児童福祉	◎	×	×
	障害者福祉	◎	×	×
	児童手当	×	×	◎
	児童扶養手当	×	×	◎
	特別児童扶養手当	×	×	◎

注：基本的な給付に着目して整理。○は給付あり。◎は中心的給付。×は給付なし。
出典：椋野美智子・田中耕太郎『はじめての社会保障－福祉を学ぶ人へ－　第18版』有斐閣アルマ
　　　2021年　p.1

　まず、社会保障の給付は、「福祉サービス」「医療サービス」「金銭」の3つに大きく分けられる。これらはどんな仕組みで給付されるのだろうか。1つ目は「社会保険」である。あらかじめ制度に加入して、自分たちでお金（保険料）を出し合って、病気になったり高齢になったりして生活の安定が損なわれた場合にサービスや金銭をもらう仕組みで、医療保険や介護保険、年金などがある。2つ目は「生活保護」である。税金で低所得者を救済するためにサービスや金銭を支給する仕組みで、公的扶助といわれるものである。そして3つ目が「社会福祉」である。ひとり親家庭の子どもや、障害児・者、高齢者など、生活するうえで何らかのハンディキャップ（不利な状態）がある人に対して、低所得者に限定せずに、税金でサービスや金銭が支給される仕組みであり、対象者により児童福祉、障害者福祉等に区分されている。

3　変動する現代社会と社会保障・社会福祉

　社会保障・社会福祉とは、ダイナミックに変動する現代社会の現実のなかで、いまここに生きている人々と次世代を支え、守ることが期待されるものである。したがって、社会保障・社会福祉自体も決して固定化したものではなく、必要であればつくりかえることができる柔軟で流動性に富んだものでなければならない。そこで、社会保障・社会福祉を理解するためには、ときには鳥の目のように大きな視野から俯瞰し、ときには虫の目のように対象に接近してごく間近から眺め、またときには自分自身と向き合いながら心の目

をもって、私たちが生きる現実の社会を見つめ、社会のあるべき姿を考えてほしい。

　それでは、次章から具体的な社会保障・社会福祉の学びをスタートしよう。

●学びの確認

> ①現代日本社会の良い点と悪い点を、思いつくかぎりあげてみよう。個人でまとめたあと、グループをつくり話し合ってみよう。
> ②戦後の日本社会の「人口構造」「労働状況」「家族と地域社会」について、それぞれの変化についてまとめたうえで、その結果、具体的にどのような問題が起きているかについて考えてみよう。
> ③私たちの暮らしのなかで、社会保障や社会福祉はどのような意味をもっているかを、自分の言葉でまとめてみよう。また、自分自身や身近な人の事例をあげて、具体的にどのような社会保障や社会福祉の制度やサービスとかかわっているのかを考えてみよう。

【引用文献】

1）大島伸一「『21世紀日本モデル』の医療の展望と課題－社会保障制度改革国民会議報告を踏まえて－」『月刊福祉増刊号　よくわかる福祉政策05』第97巻第3号　全国社会福祉協議会　2014年　p.11
2）江原由美子「第7章『ジェンダー・フリー』のゆくえ」『Do！ソシオロジー－現代社会を社会学で診る－改訂版』有斐閣　2013年　p.202
3）牧里毎治「序章　住民・市民参加の地域福祉の時代」『ビギナーズ地域福祉』有斐閣　2013年　p.5
4）岩田正美「Stage 4　福祉が必要になるとき」『ウェルビーイング・タウン　社会福祉入門 改訂版』有斐閣　2013年　p.88
5）同上書4　p.88

【参考文献】

・井上忠司・祖田修・福井勝義編『文化の地平線－人類学からの挑戦－』世界思想社　1994年
・岩上真珠『ライフコースとジェンダーで読む家族 第3版』有斐閣　2013年
・落合恵美子『21世紀家族へ－家族の戦後体制の見かた・超えかた－』有斐閣　1994年
・月刊福祉編集部編『月刊福祉増刊号　よくわかる福祉政策05』第97巻第3号　全国社会福祉協議会　2014年
・厚生労働省編『平成30年版労働経済の分析―働き方の多様化に応じた人材育成の在り方について―』2018年
・厚生労働省大臣官房統計情報部編『グラフでみる世帯の状況 平成24年』厚生労働統計協会　2012年

・後藤卓郎編『新選・社会福祉 第2版』みらい　2013年
・社会福祉士養成講座編集委員会編『新・社会福祉士養成講座4　現代社会と福祉 第3版』中央法規出版　2012年
・内閣府男女共同参画局『平成30年版男女共同参画白書』2018年
・長谷川公一・浜日出男・藤村政之・町村敬志『社会学』有斐閣　2007年
・福祉社会学会編『福祉社会学ハンドブック－現代を読み解く98の論点－』中央法規出版　2103年
・福祉士養成講座編集委員会編『新版 社会福祉士養成講座11　社会学 第2版』中央法規出版　2003年
・山田昌弘『迷走する家族－戦後家族モデルの形成と解体－』有斐閣　2005年
・椋野美智子・田中耕太郎『はじめての社会保障－福祉を学ぶ人へ－第10版』有斐閣　2013年

コラム

あふれる情報のなかで、共感し合える誰かとつながりたい!?

　筆者が担当する「社会ネットワーク論」という講義では、毎年受講生を対象に、「SNS（ソーシャル・ネットワーキング・サービス）の利用について」のアンケートを行っています。2019（平成31）年4月の結果の一端をご報告しましょう。

　受講者143人すべてがSNS利用者でしたが、高校入学前からSNSを利用していた人は67%にのぼりました。では、利用する理由は何でしょう。選択肢から選んでもらうと（複数回答可）、①趣味、娯楽等の情報収集、②友だち・知人とのコミュニケーション、③連絡に不可欠、④友だちがやっているから、⑤勉強や時事に関する情報収集、⑥暇つぶし・なんとなく、となりました。情報収集とコミュニケーションが大きな理由のようです。そこで、学生さんたちの実際をもっと知りたくて、「今のあなたにとってSNSの存在とは？」と自由記述できいてみたところ、実にさまざまな回答が寄せられました。

　「実生活で触れることができない世界を知ることができる。生の声を見ることができる。同じ考えの人を見つけることができる」「人間関係を広げ、深める手段」「第2の人間関係。趣味を共有し、そこで出会った仲間と食事をするなどして、新たな友人ができる。日常がもっと豊かになる」ものであり、「人と関わるうえで、なくてはならない手足のようなものであり、もしなくなってしまったら困る」「もしSNSがなくなったら、人脈がほとんどなくなってしまうので、なくてはならない存在」、つまり「自分にとってのライフライン」であるといった意見が出されました。さらに、「顔を合わせての対話がひどく苦手な自分にはありがたい存在」「SNSの方が他人の目が見えづらい、もしくは自分に都合のよい他者しか気にしなくてすむので、ありのままの自分が出せる」「生きづらい社会の逃げ場」といった言説もありました。一方で、「便利だけど、使い方次第で生活が豊かにもなるし、一方で乏しいものにもしてしまうもの。個人情報や溢れる情報を取り扱う力を持っていないと危険なもの」「受験中アプリを消していたが、とても楽だった。プライベートを侵害する存在。電話しかない時代に生まれたかった」「便利なツールではあるが、同時に不完全なツールでもある。人との距離を大幅に縮めるように見えるSNSというものは、物理的な距離を縮めるかわりに、相手の顔や仕草を含めたコミュニケーションの要素を縛り、人と人との心の距離を離すものに見えてならない」といった意見もありました。

　みなさんはどのように考えますか？　この現代社会を生き抜くために、あなたはどのような人間関係をどのようにつくり、どのような形でつながっていくことを選択しますか？

　少しだけ、立ち止まって考えてみてもよいかもしれません。

第2章　社会保障・社会福祉の成り立ち

なぜ、社会保障・社会福祉の成り立ちを学ぶのか

　みなさんのなかには、看護職をめざす私たちが、どうして社会保障・社会福祉の成り立ちまで学ばなければならないのかと、その必要性について疑問を抱いている方もいるかもしれません。

　社会保障・社会福祉は、私たちの「生活の条件」となっています。こうした社会保障・社会福祉の仕組みは、資本主義体制の矛盾に対応すべくしてその時代の社会のありようを背景に生成されてきたものでもあり、それほど昔のことではないのです。

　明治期までは、主に「施し」や「慈善」としての救済だったのですが、そのような慈善事業家や宗教家などの取り組み・活動が積み重なり、わが国では、日本国憲法が公布・施行され、初めてこの国に人が人間らしく、安心して生活できるための権利という形で、国民が平等な立場でつくり上げる社会保障・社会福祉の理念的基盤となる核ができあがったといえます。最初は第二次世界大戦後の被災者や戦災孤児など緊急的な救済対策として法律がつくられ、その後、国や福祉に携わった人たちの努力によって、今のような社会保障・社会福祉が構築されたのです。

　社会保障・社会福祉の歴史をたどり、社会保障・社会福祉が時代や時期により、どのように変遷してきたかを概観することは、現代の社会システムの理解を深めるとともに、今後の社会保障・社会福祉の進むべき方向性についてのヒントを得ることにもなります。

　ただ、ひと言で社会保障・社会福祉の歴史を学ぶといっても、その範囲は幅広いので、この章では、ヨーロッパと日本の歴史を中心に学んでいくことにします。ヨーロッパの社会保障・社会福祉の歴史では、日本の社会保障・社会福祉制度へ大きな影響を及ぼしたイギリス、スウェーデン、ドイツについて取り上げます。

　歴史を学ぶことは、その時代を生きてきた人々のなかに自分の身を置いてみること、その時代のなかで人々は何に価値を見出して生きてきたのか、また社会保障・社会福祉はどのような役割を担ってきたのかを知ることでもあります。

　それでは、第2章の学びをスタートしましょう。

1 イギリスの社会保障・社会福祉の歴史

1 中世期の貧民救済

　中世封建社会であったころのイギリスでは、荘園を基盤として、土地所有者である封建領主により抱えられていた農奴や職人は、人格的な不自由さや制約のもとで暮らしていた。ただし、荘園内では村落共同体を形成して地縁的・血縁的な結びつきに基づく相互扶助が行われ、貧民は生産活動に従事する限り居場所と生活基盤は得ることができていた。また、中世都市には商人ギルド*¹や手工業ギルドが形成され、ギルドによる相互扶助が行われていた。こうした相互扶助から漏れた貧民は、宗教的慈恵を受けた。

　14世紀の中ごろから、毛織物工業が発展し、封建領主たちは、需要が高まった羊毛をより効率的に生産するために、土地を囲い込み、放牧に利用した。その結果、多くの農奴は土地を追われ、職を求め都市部に流入したが、職につけずに、浮浪・乞食化していった。

　このように、封建社会から資本主義社会へと移行される過程においては、大量の貧民や浮浪者が生み出された。さらには、職域的な相互扶助組織や地域的な相互扶助組織として機能してきた伝統的な社会組織のつながりの弱体化、宗教改革による修道院の解体、凶作などにより、貧民が増加していった。

2 エリザベス救貧法

　貧民が増加するなかで、絶対王政は、社会の安定を損ねる恐れのある貧民を取り締まり、貧民に対して、犯罪者と同等に扱われるような懲罰を加える法律を制定していった。

　1601年にエリザベス女王治政下に成立した救貧法は「エリザベス救貧法」として知られ、初期の公的扶助の基本的構造を規定したものといえる。同法は1834年に改正されるため、1601年のそれは旧法である。

　この救貧法は、教（会）区を行政単位として、教区民からの救貧税の徴収を規定し、援助すべき者を、①有能貧民、②無能貧民、③扶養する者のいない児童に分け、有能貧民に対しては強制労働を課し、労働力のない無能貧民は血族による扶養義務を前提に、その教区の費用で保護するというものであった。児童については、幼少の者は里親に出され、8歳以上の者は男子であれば24歳まで徒弟*²に出され、女子であれば21歳あるいは結婚するまで家事

使用人として働かされた。

　当時、貧困は個人の怠惰によるものとして考えられていた。そのため、エリザベス救貧法は、救貧にはほど遠いものであり、むしろ貧民に対する処罰法・弾圧法としての色合いが濃く、有能貧民に対して労働を強制することにより、抑圧的に管理して、治安を維持しようとすることに主眼が置かれていた。

　また、教区内の住民から救貧税を徴収し、それを財源として、教区ごとに貧民への救済が行われていたため、教区内では、貧民の数を減らそうと貧民を追放したり、他教区からの貧民の流入を阻止したりすることが起きた。

　その後、1782年には、ギルバート法が制定され、貧民行政の合理化と貧民処遇の改善を目的として、有能貧民を失業者とみなし、雇用されるまで自宅で仕事を与える形での居宅保護が行われることになった。

　また、1795年には、スピーナムランド法が制定され、院外救済による一般雇用で賃金が保護基準に満たない場合、救貧税にて補助することとなった。ただし、これにより、低賃金雇用が正当化されることになり、貧民がさらに増加する結果を招いた。

　1798年には、マルサス（Malthus,T.）がその著書である『人口論』により、貧困は人口増加によって必然的に起こるものであり、安易な救済よりも人口抑制を図るべきだと主張した。このような理論的立場からマルサスは救貧法を批判し、全面的撤廃を訴えた。

3　新救貧法の成立

　エリザベス救貧法はその後、産業革命によって資本主義体制が確立するなかで、1834年に大改革され、新救貧法が制定された。

　新救貧法の目的は、救貧行政の中央集権化と増加する救貧税の抑制であった。したがって、救貧を受けることが本人にとって苦痛であるよう、旧救貧法の厳しい抑圧的な処遇を復活させるとともに、貧民を賃金労働者として位置づけ、労働市場への参入を促すことがなされた。

　新救貧法では、①均一処遇の原則（救済は全国的に統一した仕方でなされる）、②劣等処遇の原則（救済対象者の生活水準は、最低階級の独立労働者の生活水準より低くなければならない）、③院内救済の原則（院外救済を全廃し、労働力のある貧民を労役場に収容し、収容を拒否する者には、いかなる救済も与えない）、という3つの原則が打ち出された。

　当時の救貧行政は懲罰と見せしめ的要素をもったものであったが、一方

で、新救貧法の不備を補うため民間による貧民救済のための慈善事業が発展した。

4 社会事業の萌芽

民間慈善事業によって貧民救済が行われたが、それに伴い濫救・漏救も増加したため、それらの防止を目的とする慈善事業の組織化が必要となった。

＊3　慈善組織協会
第12章p.192参照。

そこで、1869年に慈善組織協会（COS：Charity Organization Society）＊3が慈善団体間の連携機関として組織された。慈善組織協会による訪問活動は「友愛訪問」と呼ばれている。こうした調査に基づく自立の援助という取り組みは、後のソーシャルワークのルーツとなった。

1884年には、ロンドンのスラム街に最初のセツルメント活動（宗教家や社会福祉事業者がスラム街・工業街などに住み込み、住民の生活を援助する活動）の場となるトインビー・ホールが創設された。これにより、セツルメント活動は本格的な広がりをみせた。この活動では、貧困の救済のためには慈善的施与だけではなく、教育的環境が重要であることが主張された。

5 貧困調査

その後、貧困の実態を明らかにするため、ブース（Booth,C.）とラウントリー（Rowntree,B.）は社会調査を実施した。

ブースは、1886年から1902年にかけて東ロンドンの貧しい人たちの居住地を中心に貧困調査を実施し、ロンドンの人口の約3分の1が貧困または極貧の状態にあることを明らかにするとともに、貧困の主要な原因が不安定就労・低賃金・疾病・多子にあることを指摘した。

ラウントリーは、ブースのロンドン調査に啓発され、1899年から3回にわたりヨーク市で貧困調査を進めるなかで、貧困に陥る指標を発見し、その概念を一般化した。具体的には、栄養摂取の観点から人が生存するために必要な最低生活費を計算し＊4、その基準を貧困線として定義し、収入が適切な消費によっても最低生活の必要を満たすことのできない状態にあるものを「第一次貧困」、収入が適切に消費される限りにおいては、第一次貧困線以上の生活を営むことのできる状態のものを「第二次貧困」とした。この調査結果によりヨーク市では「第一次貧困」と「第二次貧困」に当たる者が約3割弱存在し、そこには疾病、老齢、失業、低賃金、多子の原因があることを明らかにした。また、一生において貧困の浮沈があるという生活周期（ライ

＊4
必要カロリー量から食糧費を計算し、これに最低生活を営むために必要とされる諸経費を積み上げて、最低生活費を計算する方式である。この考え方はその後応用され、マーケット・バスケット方式として一時期わが国の最低生活費の算定に採用されていた。

フサイクル）と貧困の関係を明らかにした。

　これらの貧困調査により、貧困を解消するためには、個人の自助努力ではなく社会的に対応していくべきであるという認識が広がっていった。

6　福祉国家体制の確立

　1929年にアメリカに端を発した大恐慌が始まると、イギリスでも失業者があふれ、抜本的な福祉政策の策定が望まれた。1941年7月、ベヴァリッジ（Beveridge,W.）を委員長とする「社会保険および関連サービス各省連絡委員会」が設置され、1942年には「社会保険および関連サービス」と題する報告書（通称：ベヴァリッジ報告）が政府に提出された。この報告書は、国家の強制的な制度による個人の経済生活への介入と規制という方法を取り入れることによってこそ、資本主義体制を維持できるとする見解を示し、社会保険を中心とする社会保障計画を提案したものであり、イギリスの社会保障の思想と体系の原点となった。

　イギリスでは第二次世界大戦後に、公共住宅の建設、年金や雇用に関する社会保険などの福祉政策、国民保健サービス（NHS：National Health Service）による医療の無料化が進められ、「ベヴァリッジ報告」での提案が実現されることとなった。資本主義社会での最低生活保障制度等の高福祉政策が世界で初めて登場し、これによりイギリスは、福祉国家としての地位を確立した。

7　コミュニティ・ケア改革とその後の展開

　1970年代後半以降の経済危機下に福祉見直し論が唱えられ、1979年に誕生した保守党のサッチャー政権は、小さな政府を掲げ、公費削減と民間活力の推進を柱とする政策を進めた。

　また、増加する医療費を抑制するため、1990年に「国民保健サービスおよびコミュニティ・ケア法」（NHS and Community Care Act）を制定し、医療に競争原理を導入して、病院サービスの効率化を図った。さらに、コミュニティ・ケア*5においては、サービス提供の民間委託を推進した。

　1997年に誕生した労働党のブレア政権はサッチャー政権の行き過ぎた市場主義を批判し、「増税なき改革」をめざして、「効率」と「社会的公正」を同時に達成しようとする、「第三の道」を打ち出した。福祉国家への回帰ではなく、新自由主義の継承でもない「第三の道」は、公共政策を行政セクターとボランタリー・セクターとのパートナーシップ型へと転換するコミュニ

*5　コミュニティ・ケア
第11章p.174参照。

35

ティ重視の政策ともいえるものであった。

2 ドイツ・スウェーデンの社会保障・社会福祉の歴史

1 ドイツの社会保障の始まり

　戦後の経済発展により、急速な産業化に伴う労働者の問題に対応するため、1883年にビスマルク（Bismarck,O.）首相が医療保険法を制定し、翌年に労災保険法、1889年に年金保険法と世界で初めて社会保険を導入した。ビスマルクは、社会民主主義の台頭に対応するために、「アメとムチ」の「アメ」にあたる政策として社会保険を整備したのである。

　1919年にワイマール共和国が成立し、生存権規定が憲法に盛り込まれたが、ナチスが台頭し、第二次世界大戦となった。敗戦後、西ドイツでは1957年の年金改革で賃金スライド制*6が導入されるなど、社会保障の充実が図られた。また、1990年の東西ドイツ統合後では、社会保障の基軸を社会保険においており、ドイツの社会保険は、地域、職域、職業、産業、職業身分などによる多様な組織によって担われてきたことが大きな特徴となる。

＊6　賃金スライド制
年金の受給額を現役勤労者の賃金の上昇に応じてスライドさせること。

2 ドイツの医療保険の歩み

　ビスマルクによって制定された医療保険法、労災保険法、年金保険法は、1911年にライヒ保険法として包括的に規定されることになった。ライヒ保険法は、長年にわたってドイツ医療保険における最も基本的な法律として機能したが、1988年の医療保険改革法により、医療保険はライヒ保険法から分離され、予防やリハビリテーション給付などと統合された制度として、社会法典第5編に組み込まれた。

　ドイツにおける公的医療保険制度は組合管掌健康保険方式であり、保険者は財政的・組織的に独立した法人である「疾病金庫」となっている。疾病金庫の種類には、地区疾病金庫や企業疾病金庫、同業者疾病金庫等があり、被保険者は、加入する疾病金庫を自由に選択することができる。

　2007年には、「公的医療保険競争強化法」が成立し、保険料率に関する決定権が各疾病金庫から国家に移されるとともに、「医療基金」が創設され、被保険者から徴収された保険料が医療基金に納められた後、交付金として各疾病金庫に配分されることになった。

3　ドイツの年金保険の歩み

　ドイツの年金保険制度は、1889年の労働者年金制度の発足以来、歴史的には被用者年金保険制度が先行し、自営業者は被用者年金保険制度への加入や職種ごとの制度を発足することで年金保険制度に参加したため、公的年金保険制度は職業別・階層別に分立していた。

　現行のドイツの公的年金保険制度は、かつて制度ごとに分立していた個別法を1992年に社会法典第6編（公的年金保険）に編成し、統一的に規定されている。さらに、2005年10月からは職員（ホワイトカラー）と労働者（ブルーカラー）の区別をなくして地域別に統合されている。

4　ドイツの介護保険の誕生

　1995年に介護保険制度が創設され、介護サービスも保険方式で運営されている。被保険者への加入に際し、年齢制限は設けられておらず、若年層でも介護保険による介護サービスが給付され、扶養家族も適用される。保険者は「介護金庫」であり、医療保険の各疾病金庫に併設されている。

5　スウェーデンの社会保障・社会福祉の成立と展開

　スウェーデンでは、1929年の世界恐慌の後、当時のハンソン（Hansson,P.）首相は、国民すべての生活と安全を保障する「国民の家」を掲げ、第二次世界大戦後間もなく、国民年金を中心に全国民に最低限度の生活水準を保障するための諸制度を整備した。その後も1960年代まで社会保険・年金改革・住宅政策・社会福祉サービスの拡大が行われ、世界で最も発展した福祉国家として知られるようになった。

　第二次世界大戦後、ノーマライゼーションの理念が浸透し、1980年には「社会サービス法」が制定され、スウェーデン社会福祉の基礎となっている。社会サービス法では、第1条で「サービス活動は、人間の自己決定および尊厳性の尊重を基礎とする」と謳い、ノーマライゼーションの原理や、受け手側の「自己決定」「自立」を尊重すべきことが明記されている。また、サービスの基準など詳細についての判断と決定は、コミューン（住民に身近な自治体）に自由裁量権を与えるなど、コミューンが主体となって行政区域内の社会福祉サービスの整備や充実を進めていくことを明確にした。

　この流れに沿って、高齢者ケアのコミューンへの一元化を図るために1992

年にエーデル改革が実施され、高齢者の長期療養施設（ナーシングホーム）をラスティング*7からコミューンに移管した。

　また、1993年には、「機能障害者を対象とする援助およびサービスに関する法」（LSS法）が制定された。この法律は「生活条件の平等化と社会参加の奨励」および「障害者個人が可能な限り一般の人々と同じ生活をすること」を目標とし、そのために必要な援助を得る権利を明示し、さらには自治体が責任をもって「パーソナルアシスタント（専属介護者）」を付けることを定めている。これにより、障害者は、望んでいる援助と介護者を自分で選ぶことができるようになった。

　近年、財政面での制約と高齢化のさらなる進展によって、スウェーデンでも他国と同様に社会保障の市場化の動きがみられ、いくつかの分野では、政府以外の民間部門やインフォーマル部門の役割が増しつつある。

3 日本の社会保障・社会福祉の歩み

1 古代の慈善救済

　『四天王寺縁起』によれば、仏教を深く信仰した聖徳太子が、四天王寺建立（593年）にあたり、「四箇院の制」を盛り込んだことが示されており、この四箇院*8を日本における社会福祉事業の始まりとする説がある。

　また、718年に制定された「戸令」において、公的な救済対象として「鰥寡孤独貧窮老疾」*9が示されており、身寄りのない者を公的に救済する取り組みがあったが、基本的には近親者が救済することを大前提としている。奈良時代には、社会事業に尽力した行基*10という僧がいた。

2 中世の慈善救済

　中世社会は、戦乱に巻き込まれて生活に困窮する者や、度重なる飢饉によって餓死する者が急増していた。

　源頼朝は1189年に凶作時の窮民の救済として、未納年貢免除措置を実施した。また、1199年には北条泰時が飢饉にあえいでいる人々に米を支給するなど窮民救済を行った。

　鎌倉時代には仏教のさらなる広がりとともに、忍性*11をはじめとする僧の慈善活動を生んだ。村落においては、村落共同体の相互扶助組織「惣」が

*7　ラスティング
日本の県に相当するスウェーデンの地方自治体。

*8　四箇院
四箇院とは、敬田院、施薬院、療病院、悲田院のことで、敬田院は戒律の道場であり、施薬院と療病院は現代の薬草園および薬局・病院にあたり、悲田院は病者や病人、身寄りのない老人などのための今日でいう社会福祉施設にあたる。

*9　鰥寡孤独貧窮老疾
鰥は61歳以上の妻のいない者、寡は50歳以上の夫のいない者、孤は16歳以下で父のいないもの、独は61歳以上で子のない者、貧窮は財貨に困窮している者、老は66歳以上で子のない者、疾は疾病者のことを指している。

*10　行基
行基（668～749）は、土木技術の知識を学び、各地に橋を架け、堤を築き、池や溝を掘り、道や船息をつくった。また、旅行者の一時救護・宿泊施設である布施屋もつくった。

*11　忍性
忍性（1217～1303）は、鎌倉時代後期に鎌倉極楽寺を拠点に、ハンセン病に苦しむ人びとをはじめ、囚人、捨てられた牛馬に至るまでの救済、作道・架橋・港湾の修理・井戸の掘削などの土木工事といった社会活動を行った。

形成された。また、自主的な血縁や地域の助け合いとしての相互扶助組織である「結」や現代の保険に通じる「講」が発展していった。

　1549年には、イエズス会のフランシスコ・ザビエル（Francisco de Xavier）により、キリスト教の伝道が開始され、その後のキリスト教の慈善事業に大きな影響を与えた。また、1552年に来日したルイス・デ・アルメイダ（Luís de Almeida）は、布教とともに孤児院、療病院を開設するなどの慈善活動を行った。

3　近世（江戸時代）の慈善救済

　江戸時代には、主に五人組制度を規範とする村落共同体により相互扶助が行われていた。また、窮民への救済制度を各藩が独自に行っていた。しかし、その多くは臨時的で、窮民の出現に対する対処療法的なものであった。

　幕府による救貧のための取り組みとしては、八代将軍吉宗の「享保の改革」の一環として、1722年に貧困によって医者にかかることのできない人のための診療所である小石川療養所が開設された。また、老中松平定信によって1787年から1793年にかけて行われた「寛政の改革」では、江戸下層民対策として七分金積立制度が設けられた。これは、町入用金を節約した七分を積み立てて備荒や貧民孤児救済等の資金とするものである。また、浮浪者収容施設である石川島人足寄場が設立された。

4　明治期の公的救済

　明治維新という政治的変革によって、日本は近代国家の道を歩み始めた。1871（明治4）年に明治新政府は廃藩置県を実施し、それまで各藩が行っていた独自の救済制度も廃止したため、多くの武士はこれにより経済的基盤を失った。さらにこのころは全国的に飢饉となり、街には生活に困窮する農民や武士があふれた。また、各地では農民一揆が頻発した。

　そこで明治政府は、近代日本における最初の公的救済制度として、1874（明治7）年に恤救規則を制定した。ただし、これは救済責任を親族や地域社会の相互扶助に負わせることを前提としたもので、救済対象をそのような相互扶助の不可能な誰の助けも期待できない「無告ノ窮民」[*12]のみに限定するという、慈恵的・制限扶助主義的なものであった。

*12　無告ノ窮民
「無告の窮民」とは、障害者、70歳以上の老衰者、疾病により労働できない者、13歳以下の子どもなど、誰の助けも期待できない困窮者であり、この者に対しては、一定の米が支給された（後に金銭給付となる）。

5　明治期の慈善事業家

　このような制度のもとで、生活困窮者はさらに増加したため、民間の慈善事業家や宗教家等が活躍することとなった。

　石井十次は、1887（明治20）年に「岡山孤児院」を創設し、実践のなかに「家族的小舎制」「里親委託」「無制限収容」などを取り入れ、多くの児童を救済した。また、留岡幸助は、非行少年の感化事業に力を注ぎ、1899（同32）年に巣鴨家庭学校を東京に創設した。さらに、大自然に学ぶ労作教育の必要性から、1914（大正3）年には北海道に北海道家庭学校を設立した。

　石井亮一は、1891（明治24）年に日本で最初の知的障害者のための施設となる「滝乃川学園」を創設し、1895（同28）年には、山室軍平が救世軍を創設し低所得者への経済活動の援助を行った。同年、エリザベス・ソートン（Elizabeth Thornton）は日本最初の養老院である聖ヒルダ養老院を創設した。

　なお、1877（明治10）年には「博愛社」（現：日本赤十字社）が設立された。また、青少年団体であるYMCA（Young Men's Christian Association）は当時すでに世界に広まっていたが、日本においては1880（同13）年に誕生した。このほか、明治時代にはクリスチャン事業家等による社会事業が行われるようになった。

6　大正期から第二次世界大戦終了までの社会事業

　1917（大正6）年には、「貧乏はもはや個人の問題ではなく社会構造の欠陥に基づく必然的な結果である」と指摘する経済学者の河上肇の『貧乏物語』が出版され、大ベストセラーとなった。その後、1918（同7）年には米の値段の暴騰に抗議する米騒動が起こり、生活問題に対する政策対応が社会体制を維持するうえでも必要となった。1920（同9）年には、内務省に社会局が新設され、「慈恵」にかわって「社会事業」が国の法令上に明記された。

　その後、第一次世界大戦後の不況、1923（大正12）年に発生した関東大震災、それに続く1927（昭和2）年の金融恐慌等が相次いだ結果、生活困窮者が増加した。政府は、このような社会状況に対応するため、新たな統一的救済制度の立案に着手し、1929（同4）年に救護法が公布され、1932（同7）年に施行された。救護の対象者は、貧困のため生活することができない65歳以上の老衰者、13歳以下の子ども、妊産婦、障害者や疾病により労働できない者とされた。保護の内容は、①生活扶助、②医療扶助、③助産扶助、④生業扶助とされ、恤救規則より扶助内容が拡大されたが、制限扶助主義による対象

制限や国からの恩恵であるといったことには変化はなく、受給できる者は極めて限定的であった。

7　社会保険制度の始まり

　日本の年金制度の始まりは、1875（明治8）年に発足した海軍の軍人のための恩給制度である「海軍退隠令」である。その後、1876（同9）年の陸軍恩給令に始まり、軍人、官吏、教職員などに恩恵的な年金制度が個別的に定められたが、1923（大正12）年に「恩給法」に統一された。また、1939（昭和14）年に、日本最初の民間人を対象とする年金保険となる「船員保険法」（対象は商船の海上労働者）が制定された。さらに1941（同16）年には、工場や炭鉱で働く労働者を対象とする「労働者年金保険法」も制定された。労働者年金保険法はその後、1944（同19）年に「厚生年金保険法」（対象が事務職員や女子にも拡大）へと改正された。

　日本で最初の医療保険は、1922（大正11）年に制定された「健康保険法」である。同法は1927（昭和2）年に施行されたが、これは、工場や鉱山などの労働者本人だけを対象とするものであった。その後、1938（同13）年に、市町村などの区域を単位とする「国民健康保険法」が制定されたが、当時は、農山漁村の住民のみを対象としていた。

8　戦後の動乱のなかの社会福祉

　1945（昭和20）年8月、日本政府はポツダム宣言を受け入れ、第二次世界大戦が終わった。戦後は、戦災者、戦争孤児、戦争未亡人、引揚者、失業者が街にあふれた。特に貧困者に対する政策は緊急課題であったため、連合国軍最高司令官総司令部（GHQ）は、1946（同21）年2月に日本政府に対して、生活困窮者の援助は国の責任で無差別平等に保護しなければならないという「社会救済に関する覚書（SCAPIN775）」を提示した。これに基づいて日本政府は同年9月に「生活保護法（旧）」[*13]を制定し、10月に施行した。生活保護法（旧）では、制限扶助主義から一般扶助主義となり、救済の対象を労働能力の有無を問わず生活困窮者とし、無差別平等の保護を定めるとともに、要保護者に対する国家責任による保護を明文化した。

*13　生活保護法（旧）
「生活保護法（旧）」では、保護の実施機関を市町村長とし、民生委員を補助機関として位置づけた。また、保護の種類は、生活扶助、医療扶助、助産扶助、生業扶助、葬祭扶助の5種類となった。しかし、怠惰な者や素行不良な者は救済の対象から除外されるという欠格条項が設けられるとともに、保護請求権も認められていなかった。

9 福祉三法体制

　1946（昭和21）年11月に日本国憲法が公布され、1948（同23）年に設立された社会保障制度審議会からの勧告を経て、生活保護法（旧）は全面的に改正されることになり、1950（同25）年に「生活保護法（新）」*14が制定された。これにより、憲法に基づく生存権保障を明確に謳（うた）った現代的な公的扶助制度が成立した。

*14　生活保護法（新）
「生活保護法（新）」は、①憲法第25条に規定される生存権保障の理念に基づくことを明記し、②国民の生存権保障を実質化するための不服申立制度の確立、③対象における欠格事項の廃止、④生存権保障の国家責任を明確化するために実施機関を福祉事務所とし、⑤保護の種類は教育扶助と住宅扶助が追加され7種類となった。

　また、1947（昭和22）年には孤児や浮浪児への対策として「児童福祉法」が制定され、さらに1949（同24）年には、戦争により増大した身体に障害がある者を救済するために「身体障害者福祉法」が制定され、「生活保護法（新）」と合わせて「福祉三法」体制と呼ばれ、戦後社会福祉の基礎となった。また、1951（同26）年には、社会福祉事業の分野における共通的事項（社会福祉事業の定義、社会福祉法人の創設、福祉事務所の設置、社会福祉協議会の設置等）を定めた「社会福祉事業法」（現：社会福祉法）が制定された。

10 国民皆保険・皆年金と福祉六法体制

　1947（昭和22）年には、業務上の傷病を対象とする労働者災害補償保険法が制定され、健康保険法は業務上の傷病以外を対象とすることになった。

　日本国憲法の制定により社会保障に対する国の責務が規定されたことで、社会保障制度審議会では、1950（昭和25）年の「社会保障制度に関する勧告」において、社会保険を中核に社会保障制度を構築すべきとした。そして、1954（同29）年、厚生年金保険法が全面改正され、老齢給付が開始された。さらに、1958（同33）年の国民健康保険法の改正によって、職域保険加入者以外のすべての者が国民健康保険に加入することとなり、全国民が何らかの医療保険に加入し、誰もがいつでもどこでも保険医療を受けることができるようになった（国民皆保険の実現）。

　また、1959（昭和34）年には国民年金法が制定され、被用者年金制度（厚生年金保険および共済年金）の適用されない20歳以上60歳未満の自営業者等を対象とする年金制度の創設により、国民皆年金が実現した。

　その後、1960（昭和35）年には、「精神薄弱者福祉法」（現：知的障害者福祉法）、1963（同38）年に「老人福祉法」、1964（同39）年に「母子福祉法」（現：母子及び父子並びに寡婦福祉法）が相次いで制定され、先に制定された「福祉三法」と合わせて、「福祉六法」体制が確立した。

11 福祉の見直し

　高度経済成長期（1955［昭和30］〜1973［同48］年）を通じ、医療保険、年金ともに給付が改善されるとともに、1971（同46）年には児童手当法が制定された。また、1973（同48）年には、老人福祉法の改正による老人医療自己負担の無料化の実施のほか、医療保険における高額療養費制度や年金の物価スライド制*15などが導入され、この1973（同48）年は「福祉元年」と呼ばれた。しかし、同年に第1次オイルショックが世界を襲い、日本経済は大打撃を受け、福祉の見直しが必要となった。そして、1979（同54）年に国家の経済計画である「新経済社会7ヵ年計画」により、今後の日本の社会が進むべき基本的方向として、日本の伝統的な家族による扶養意識と地域社会による相互扶助を強調した福祉社会を目指す「日本型福祉社会」の実現が唱えられた。

　その後、財政赤字が拡大したため、1981（昭和56）年に発足した第二次臨時行政調査会では、「増税なき財政再建」をスローガンに、行財政改革案を提示し、社会保障・社会福祉において国庫支出の抑制・削減を主とする制度の見直しを強く求めた。これにより、社会福祉における費用負担についても受益者負担に関する議論が活発となった。

　1982（昭和57）年には老人保健法の制定により、老人医療自己負担の無料化から一部自己負担となった。

*15　物価スライド制　年金額の実質価値を維持するため物価の変動に応じて年金額を改定するという方法。

12 少子高齢社会への対応と社会福祉の展開

　1989（平成元）年に福祉関係三審議会合同企画分科会が「今後の社会福祉のあり方について」という意見具申を行い、市町村の役割重視、在宅福祉の充実、民間福祉サービスの積極的な育成、福祉と保健・医療の連携強化、福祉の担い手の育成と人材確保、サービスの総合化・効率化が提言された。この後、社会福祉法の制定に至るまでの法改正、福祉計画の策定等はこの意見具申をもとに展開された。

　1989（平成元）年、高齢者保健福祉推進十か年戦略（ゴールドプラン）が策定され、整備すべき公的サービスの具体的な目標値が設定された。翌1990（同2）年には、「老人福祉法等福祉関係八法」の改正が行われ、地域福祉の充実と推進、施設ケアから在宅ケア中心の福祉へと転換が図られた。

　また、子育て支援の体制を整備する「エンゼルプラン」が1994（平成6）年に発表された。さらに、ノーマライゼーションの実現のために、1993（同

5）年に「障害者基本法」が制定され、1995（同7）年には、「障害者プラン」の策定に加え、「精神保健及び精神障害者福祉に関する法律」も制定された。さらに、1997（同9）年に「介護保険法」が制定され、2000（同12）年4月から施行された。

13 措置から契約へ

　1998（平成10）年、中央社会福祉審議会において、「社会福祉基礎構造改革について（中間まとめ）」が取りまとめられ、翌年に本報告である「社会福祉基礎構造改革について」が出された。社会福祉基礎構造改革とは、終戦直後の生活困窮者対策を前提にした福祉のあり方を改め、「家庭や地域の中で、その人らしい自立した生活が送れるよう支える」ことを理念とし、それまでの行政主導のサービス提供の仕組みである措置制度から、利用者主体のサービス提供への転換、社会福祉のための費用の公平かつ公正な負担等への転換といった考え方に沿った社会福祉基礎構造全般についての抜本的な改革である。そして、この報告を受けて、2000（同12）年に社会福祉法（旧社会福祉事業法）が成立した。

　なお、社会福祉基礎構造改革に先駆けて、1997（平成9）年には児童福祉法が改正され、保育所の入所方法が選択的利用制度となり、また、同年には「介護保険法」が制定され、措置制度から契約制度へと切り替わった。さらに、2003（同15）年には障害児・者分野で支援費制度[*16]が導入されるなど、福祉サービスの利用が措置制度から契約制度に転換し、社会福祉は「与えられる福祉」から「利用者が自ら選択する福祉」へと変貌していった。

　利用者とサービス提供事業者の契約関係で、サービスが提供されるようになると、認知症高齢者や知的障害者など契約を結ぶことが困難な人たちへの配慮や対等な関係を形成することができる仕組みが必要となる。そこで、社会福祉法では、福祉サービスの情報提供や利用者の権利擁護システムに関する規定が盛り込まれた。また、民法の改正により成年後見制度が導入された。

14 貧困と格差問題への対応

　わが国では、1990年代のバブル経済崩壊後、景気低迷が続くなか、2008（平成20）年にリーマンショックによる世界金融危機が生じ、経済的な困窮状態に陥る人々が増加した。さらに、家族、職場、地域社会におけるつながりの希薄化が進むなかで社会的孤立のリスクの拡大とともに、貧困の世代間連鎖

*16　なお、支援費制度は、財源問題、障害種別間の格差、サービス水準の地域間格差などの課題を抱えていた。そこで、これらの課題を解消するため、2005（同17）年に「障害者自立支援法」が制定された。さらに、2013（同25）年には「障害者の日常生活及び社会生活を総合的に支援するための法律（障害者総合支援法）」と改正され、基本理念やサービス対象者の拡大などが盛り込まれた。

といった課題も深刻化した。

　こうした状況のなか、生活保護制度における自立助長機能の強化とともに、生活保護受給者ではない低所得の人や長く失業している人、働いた経験がない人や引きこもりで悩んでいる人などに対する自立支援の充実・強化を図ることを目的として、2013（平成25）年に「生活困窮者自立支援法」が成立し、2015（同27）年から施行された。

　生活困窮者自立支援法の枠組みでは、地域の相談窓口において、支援員が相談を受け、どのような支援が必要かを相談者と一緒に考え、一人ひとりの状況に合わせた具体的な支援プランを作成し、寄り添いながら自立に向けた支援が行われる。このプランに基づいて、民間事業を含む他の多様な専門機関と連携して自立を図ることになる。

　また、子どもの将来がその生まれ育った環境によって左右されることのないよう、貧困の状況にある子どもが健やかに育成される環境を整備するとともに、教育の機会均等を図るため、2013（平成25）年には、「子どもの貧困対策の推進に関する法律」が制定された。2014（同26）年には、この法律の具体的な行動計画である「子供の貧困対策に関する大綱」が策定された。この大綱による取り組みの一つに、経済的な理由等により生活困窮状態にある世帯の子どもを対象とする「学習支援事業」（現：子どもの学習・生活支援事業）が位置づけられ、2015（同27）年度から各自治体において取り組みが始められている。

　さらに、2019（令和元）年には、子どもの貧困対策の推進に関する法律の改正がなされ、目的・基本理念の充実、大綱の記載事項の拡充、市町村による貧困対策計画の策定、具体的施策の趣旨の明確化等が図られ、新たな大綱も示された。

●学びの確認

①歴史をふまえて、日本の社会保障・社会福祉とイギリス、ドイツ、スウェーデンの社会保障・社会福祉を比較検討してみよう。
②現代の社会保障の源流はどこにあるのか、歴史的経緯に沿ってまとめてみよう。
③日本において、福祉の見直しが必要となった背景と見直しの方向性についてまとめてみよう。

【参考文献】
・宇佐見耕一・小谷眞男・後藤玲子・原島博編集代表『世界の社会福祉年鑑』旬報社 2011年
・桑原洋子編『日本社会福祉法制史年表II－戦後編－』永田文昌堂 1999年
・鬼崎信好編『コメディカルのための社会福祉概論』講談社 2012年
・高島昌二『スウェーデンの社会福祉』ミネルヴァ書房 2001年
・田多英範『世界はなぜ社会保障制度を創ったのか－主要9カ国の比較研究－』ミネルヴァ書房 2014年
・成清美治・真鍋顕久編『社会保障』学文社 2011年
・橋本好市・宮田徹編『保育と社会福祉』みらい 2012年
・松本勝明「ドイツにおける社会保障財源の見直し」『海外社会保障研究』Summer2012 No.179 国立社会保障・人口問題研究所 2012年
・真鍋顕久「米国のアダルトフォスターケアプログラム」『週刊社会保障』Vol.50 No.1902 法研 1996年
・山田美津子・稲葉光彦編『社会福祉を学ぶ 第2版』みらい 2013年
・厚生労働省編『平成30年版 厚生労働白書』2019年
・内閣府『令和元年版 子供・若者白書』2019年

コラム

アメリカ・オレゴン州のアダルトフォスターケア

　アメリカのオレゴン州には、アダルトフォスターケア（以下「AFC」）という福祉サービスが存在します。AFCは脆弱な高齢者や障害者を一般家庭の受託者に委託し、高齢者や障害者と受託者が家庭的共同生活をなし、受託者が高齢者や障害者に家庭的ケアを提供する福祉サービスです。オレゴン州におけるAFCはナーシングホームと競合関係となる福祉サービスまでになっています。また、この州は福祉サービスを多様化し、福祉財源の節減という点で、アメリカにおける成功例の一つであるといわれています。

　日本には、AFCに類するものとして老人養護委託制度が存在しますが、現在では制度としては存在しているものの、実際にはほとんど機能していない状況です。その理由として、日本では、他人を自己の家庭に受け入れることに対してこだわりをもつ国民性や住宅事情の悪条件などにより、受け入れ家庭を確保することの難しさという点が考えられますが、今後日本においても、「家庭的環境」を提供する福祉サービスの多様化という観点からも、このような福祉サービスの活用を積極的に検討していく必要があるのではないでしょうか。その際に、アメリカのオレゴン州のAFCは、日本へ示唆を与えてくれるでしょう。

第3章 社会保障の財政と社会福祉の実施体制

📋 なぜ、社会保障の財政と社会福祉の実施体制について学ぶのか

　看護職をめざすみなさんが社会保障や社会福祉を学ぶことには、理由や目的があります。

　看護職は、その多くが医療機関で働いていますが、そのほかにも社会福祉施設や訪問看護ステーションなどで活躍している人たちもいます。そして看護職が支援する患者や利用者は、高齢者や障害者など、社会保障・社会福祉の対象となる人たちです。こうした高齢者や障害者は、自らの生活における心身上の問題、各種サービスの一元的利用に関する問題（サービスの提供分野や実施機関・施設が多数存在しているために利用者にはわかりにくい）など、さまざまな問題を抱えています。そこで看護職は、これらの人たちと各種サービスとの架け橋となり、サービスを結びつけるとともに、各種サービスの提供者と連携を図りながら、患者や利用者が安心して生活を送ることができるように支援するのです。

　また、現在、患者等の自立した生活を支援するうえで、保健・医療・福祉の連携が重要となっています。そのため、保健・医療・福祉の各分野は、単独での展開にとどまらず総合的かつ連携的な展開を図ることが必要となるのです。そして、看護職が社会福祉分野の専門職や従事者と連携するためには、連携する分野の知識の習得と社会福祉の理解が必要となるのです。

　社会保障・社会福祉は、「ヒト（人）、モノ（物）、カネ（金）、情報」が重要な要素であり、また必要とされています。「ヒト」とは社会保障・社会福祉を担う機関や施設と人々、「モノ」とは施設設備や福祉用具など、「カネ」とは社会保障・社会福祉にかかわる費用、「情報」とは社会保障・社会福祉や対象者に関する情報を意味します。

　第3章では、このうち「ヒト」と「カネ」にかかわる知識を中心に学んでいきます。具体的には、社会保障の財政とその状況（社会保障関係費や社会福祉給付費、民生費など）、社会福祉に関する仕組み（実施体制）について学びます。また、実際に福祉サービスを提供している社会福祉施設の種類や運営体制などについてもあわせて学んでいきます。みなさんが看護職として現場に出た際に連携したり、また実際に働く機関や施設に関する学びが多くありますので、知識を深めるようにしてください。

　それでは第3章の学びをスタートしましょう。

1 社会保障の財政

1 国の社会保障財政とその状況

◆社会保障関係費と社会保障給付費

＊1　一般会計予算
国や地方自治体の官庁会計の一つであり、特別会計に属さない財政を包括して一般的に経理する会計のことをいう。税金などを財源とし、社会福祉、教育や消防など国民・住民などに対して行われる事業の歳入と歳出の会計である。

＊2　特別会計
国や地方自治体の官庁会計において、一般会計とは別に設けられ、独立した経理が行われる会計のことをいう。個々の事業の収支損益や資金管理などが不明になることなどを避けるため一般会計から切り離されている。事業特別会計、資金特別会計、区分経理特別会計の3種類からなっている。

　わが国の社会保障財政経費は、社会保障関係費と呼ばれ、一般会計予算＊1に含まれる。社会保障関係費は、国債費や地方交付税交付金を上回る最大の支出項目であり、予算全体の3割を占めている。また、一般会計とは別に、特別会計＊2として厚生労働関係会計には、年金特別会計、労働保険特別会計がある。これらは、事業主と被保険者の支払う保険料、保険料の積立金、積立金からの運用収入や国庫負担などを財源としている。

　なお、社会保障財政を考える指標として、国の予算である社会保障関係費のほかに、ILO（国際労働機関）の定義に沿って、社会保険や社会福祉などの社会保障制度を通じて1年間に国民に給付される金銭またはサービスの合計額を表した社会保障給付費がある。社会保障給付費の範囲は、①高齢、②遺族、③障害、④労働災害、⑤保健医療、⑥家族、⑦失業、⑧住宅、⑨生活保護その他とされ、社会保険制度（雇用保険や労働者災害補償保険を含む）、家族手当制度、公務員に対する特別制度、公衆衛生サービス、公的扶助、社会福祉制度や戦争犠牲者に対する給付などが含まれる。

◆社会保障関係費の内訳

　社会保障関係費は、年金給付費、医療給付費、介護給付費、少子化対策費、生活扶助等社会福祉費、保健衛生対策費、雇用労災対策費に分類されている。

　2018（平成30）年度における社会保障関係の予算額は、32兆9,732億円であり（一般会計予算の34.2%）、2017（同29）年度と比較して4,997億円増額されている。その内訳は、年金給付費11兆6,853億円（35.4%）、医療給付費11兆6,079億円（35.2%）、介護給付費3兆953億円（9.4%）、少子化対策費2兆1,437億円（6.5%）、生活扶助等社会福祉費4兆524億円（12.3%）、保健衛生対策費3,514億円（1.1%）、雇用労災対策費373億円（0.1%）であり（表3-1）、年金や医療等の社会保険にかかわる支出が70%以上を占めている。

◆社会保障給付費の内訳

　社会保障給付費については、2017（平成29）年度で120兆2,443億円となっている。これを部門別にみると、医療が39兆4,195億円（32.8%）、年金が54兆8,349億円（45.6%）、福祉その他が25兆9,898億円（21.6%）であり（表3-2）、機能別にみると高齢者関係が56兆9,399億円と全体の45.9%を占めている（表3-3）。

表3-1　国の予算における社会保障関係費の推移　　　　　　　（単位：億円・%）

区分	2016年 (H28)	2017年 (H29)	2018年 (H30)
社会保障関係費	319,738(100.0)	324,735(100.0)	329,732(100.0)
年金給付費	113,130 (35.4)	114,831 (34.8)	116,853 (35.4)
医療給付費	112,739 (35.3)	115,010 (34.9)	116,079 (35.2)
介護給付費	29,323 (9.2)	30,130 (9.1)	30,953 (9.4)
少子化対策費	20,241 (6.3)	21,149 (6.4)	21,437 (6.5)
生活扶助等社会福祉費	40,080 (12.5)	40,205 (12.2)	40,524 (12.3)
保健衛生対策費	2,865 (0.9)	3,042 (0.9)	3,514 (1.1)
雇用労災対策費	1,360 (0.4)	368 (0.1)	373 (0.1)
厚生労働省予算	303,110 (1.3)	306,873 (1.2)	311,262 (1.4)
一般歳出	578,286 (0.8)	583,591 (0.9)	588,958 (0.9)

注1）四捨五入のため内訳の合計が予算総額に合わない場合がある。
注2）（　）内は構成比。ただし、厚生労働省予算及び一般歳出欄は対前年伸び率。
注3）平成27年4月より保育所運営費等（1兆6,977億円）が内閣府へ移管されたため、平成27年度における厚生労働省予算の伸率は、その移管後の予算額との対比による。
資料：厚生労働省大臣官房会計課調べ
出典：厚生労働省『平成30年版　厚生労働白書』日経印刷　2019年　資料編p.18を一部改変

表3-2　部門別社会保障給付費（2017[平成29]年度）

部門	金額（億円）	割合（%）
医療	394,195	32.8
年金	548,349	45.6
福祉その他	259,898	21.6
介護対策（再掲）	101,016	8.4
合計	1,202,443	100.0

資料：国立社会保障・人口問題研究所「社会保障費用統計」

表3-3　機能別社会保障給付費（2017[平成29]年度）

	合計	高齢	遺族	障害、障害災害、傷病	保健	家族	積極的労働市場政策	失業	住宅	他の政策分野
給付費(億円)	1,241,837	569,399	65,616	58,923	418,713	86,601	8,141	8,430	6,131	19,881
割合(%)	100.0	45.9	5.3	4.7	33.7	7.0	0.7	0.7	0.5	1.6

資料：国立社会保障・人口問題研究所「社会保障費用統計」

2　地方自治体における社会保障財政とその状況

◆民生費

　都道府県や市町村など地方自治体の社会保障財政経費を民生費といい、社会保障関係費と同じように一般会計と特別会計がある。民生費は、一般財源である地方税、地方譲与税、地方交付税交付金、特定財源である国庫支出金、地方債などからなっている。

◆民生費の内訳

　民生費は、生活保護費、児童福祉費、老人福祉費、社会福祉費、災害救助費に分けられている。

　2017（平成29）年度の地方財政における会計間の重複計上を除いた歳出純計額は、97兆9,984億円であり、そのうち民生費が全体の26.5％を占め、最も高くなっている。その内訳は、児童福祉費が8兆5,233億円（32.8％）で最も高く、次いで社会福祉費が6兆8,863億円（26.5％）、老人福祉費が6兆2,814億円（24.2％）、生活保護費が3兆9,935億円（15.4％）、災害救助費が2,990億円（1.2％）の順となっている。

2　社会福祉の実施体制と実施機関

1　社会福祉の実施体制

◆国・地方自治体と地域における実施体制

　社会福祉の実施体制は、国と地方自治体が主体となっており、その間で役割が分担されている。国の福祉行政は、厚生労働省が担っており、都道府県では健康福祉部や保健福祉部などが、市町村では厚生部、福祉部保健福祉課などが担当部署となっている。

　国は、保健・福祉行政の企画・立案、基準設定、調査研究、財政負担を行い、都道府県・市町村などの地方自治体はそれらに基づいて具体的な福祉行政を行っている。地方分権推進法では、住民に身近な行政は可能な限り地方自治体で行うこととされており、自治事務と法定受託事務となっている。自治事務とは、地方自治体が処理する事務のうち法定受託事務を除いたもので、①法律・政令で事務処理が義務づけられているもの（介護保険サービス、国民健康保険の給付、児童福祉・障害者福祉・老人福祉サービスなど）、②法律・政令に基づかず任意で行うもの（乳幼児医療費補助等各種助成金の給付、生涯学習センターの管理など）がある。また、法定受託事務とは、国が本来果たすべき役割にかかわる事務を法令によって地方自治体に委託するもので、生活保護の決定・実施に関する事務などがあげられる。基本的には、社会福祉制度や政策において、国が事業内容や予算を立案・策定（政策主体）するが、地方自治体も国からの法定受託事務を行うほかに、それぞれの条例に基づいて独自の社会福祉政策を策定・実施（自治事務）する。

　地域において福祉サービスを提供するのが、社会福祉法人、特定非営利活

動法人（NPO法人）、社会福祉協議会などの民間の機関・団体であり、そこで従事する社会福祉士[*3]や介護福祉士[*4]等の福祉専門職などによって利用者へサービスが提供されている。また、地域のなかでは、民生委員・児童委員[*5]、身体障害者相談員や知的障害者相談員が高齢者や障害者などの相談助言にあたったり、行政への連絡などを行っている。

◆経営主体と実践主体

　社会福祉施設やサービス事業所は、社会福祉制度や政策に基づいて事業を直接運営する主体（経営主体）であり、具体的には、児童・障害者・高齢者などを対象とする各種社会福祉施設、ホームヘルパーの派遣事業などを運営する経営体を指す。また、経営主体は、公的な経営主体と私的な経営主体に分けることができる。公的な経営主体とは、国や地方自治体のことであり、私的な経営主体とは、社会福祉法人、その他の公益法人、企業などの民間団体や個人である。なお、市町村などの地方自治体が設置し、民間団体に運営を委託する第三セクター[*6]方式の福祉公社[*7]や福祉事業団なども経営主体の一つである。

　社会福祉専門職や社会福祉従事者は、社会福祉制度や政策に基づく事業や社会福祉サービスの展開を、直接的に対象者と接して実践する主体である（実践主体）。これには、主に社会福祉士や介護福祉士などの専門資格をもった福祉専門職がある。また、福祉事務所の職員や市町村の社会福祉行政にかかわる職員をはじめ、ボランティア、対象者自身やその家族、地域住民などの人々や団体なども含まれる。実践主体は、主に社会福祉の実践を行うほか、社会福祉の向上を求めて、地域住民や市民などを組織化し、それを推進する運動（住民運動や社会運動など）を展開することも含まれる。

2　国の社会福祉の実施機関

　国の社会福祉行政は、厚生労働省が担っており、内部部局には大臣官房、医政局、健康局、医薬・生活衛生局、労働基準局、職業安定局、雇用環境・均等局、子ども家庭局、社会・援護局、老健局、保険局、年金局、人材開発統括官、政策統括官が配置され、外部部局には中央労働委員会が置かれている。

　また、厚生労働省の諮問機関[*8]として、社会保障審議会、厚生科学審議会、労働政策審議会等があり、そのほかに国立児童自立支援施設、国立障害者リハビリテーションセンターや国立ハンセン病[*9]療養所などが設置されている。

　厚生労働省のほかにも、文部科学省は、国民の学習権（社会教育・学校教育）を保障するための教育行政を、法務省は就学問題や更正保護事業、少年

*3　社会福祉士
第13章 p.202参照。

*4　介護福祉士
第13章 p.202参照。

*5　民生・児童委員
第11章 p.180参照。

*6　第三セクター
一般的に国や地方自治体（第一セクター）が民間企業（第二セクター）と共同出資によって設立した法人を指す。その多くは、設立が比較的容易でその運営方式も自由な株式会社の形態をとることが多い。半官半民の中間的な形態であり、第三の方式という意味である。

*7　福祉公社
住み慣れた地域のなかでできるだけ長く生活が続けられるよう、必要に合わせて対応する行政と地域住民における在宅福祉サービス提供機関のこと。

*8　諮問機関
国や地方自治体の行政機関からの諮問（意見を求めること）に応じて、学識経験者などが審議・調査を行い、意見を答申する機関のこと。

*9　ハンセン病
らい菌による慢性感染症で、かつてはらい病と呼ばれ、主に皮膚と末梢神経に病変が生じる。遺伝によるものではなく、現在の日本では感染源になる人はほとんどいない。

保護などを、また内閣府は各行政機関の統括・総合調整を通して社会福祉にかかわっている。

3 地方自治体の社会福祉の実施機関

　都道府県や市町村などの地方自治体には、それぞれ福祉行政担当部署が置かれ、福祉サービスを実施している。都道府県と政令指定都市[*10]は、ほぼ同様な専門機関を設置することが義務づけられている。

　都道府県には、福祉事務所、児童相談所、身体障害者更生相談所、知的障害者更生相談所、婦人相談所や精神保健福祉センターが、政令指定都市には児童相談所、身体障害者更生相談所（任意設置）、知的障害者更生相談所（任意設置）、精神保健福祉センターが設置されている。また、市町村には、福祉事務所（町村は任意設置）[*11]や地域包括支援センター[*12]が設置されている。

◆福祉事務所

　社会福祉法により、都道府県と市（特別区を含む）に設置が義務づけられている。社会福祉行政の第一線機関として位置づけられ、生活保護法や児童福祉法などに基づき、援護、育成、更正の措置に関する事務を行っている。

◆児童相談所

　児童福祉法により、都道府県と政令指定都市[*13]に設置が義務づけられている。18歳未満の子どもに関する相談のなかでも、より高度で専門的な対応が必要とされるものに応じ、専門的な知識や技術の提供、子どもの一時保護などを行う。

◆身体障害者更生相談所

　身体障害者福祉法に基づき、身体障害者に対して、医師・身体障害者福祉司・心理判定員などの専門職が医学的・心理的判定、相談・指導を行う機関であり、補装具[*14]費の支給にかかわる判定や身体障害者手帳[*15]の交付に係る事務も行っている。都道府県と政令指定都市に設置されている。

◆知的障害者更生相談所

　知的障害者福祉法に基づき、知的障害者に対して、社会参加に必要なことを身につけるための相談支援、早期の社会的自立を図るための支援を行う機関であり、療育手帳[*16]の交付に係る事務も行っている。都道府県と政令指定都市に設置されている。

◆婦人相談所

　売春防止法により都道府県に設置される機関であり、要保護女子（性行や環境によって売春を行う可能性のある女子）の早期発見や保護更生を行っている。また、配偶者からの暴力の防止及び被害者の保護に関する法律（DV

*10　政令指定都市
人口50万人以上の市で、地方自治法に基づいて政令によって指定された都市のことをいう。国道・県道の管理や教員採用など都道府県に準じた権限と予算をもっている。2019（令和元）年現在、札幌市、仙台市、さいたま市、千葉市、横浜市、川崎市、相模原市、新潟市、静岡市、浜松市、名古屋市、京都市、大阪市、堺市、神戸市、岡山市、広島市、北九州市、福岡市、熊本市の20市が指定を受けている。

*11　市町村における福祉事務所の設置
市町村は、一部事務組合（複数の地方自治体や特別区が行政サービスの一部を共同で行うために設置される組織）や広域連合（一部事務組合と同じであるが、広域連合は特別地方公共団体として広域連合長がおり、また選挙管理委員が置かれるなど権限が強い）を設けて、福祉事務所を設置することができるが、市町村が単独で設置する場合は市町村の福祉部や福祉課として設置されることが多い。

*12　地域包括支援センター
第5章p.87参照。

*13　児童相談所の設置
児童相談所は、都道府県と政令指定都市に設置が義務付けられているが、2006（平成18）年4月から中核市に、また2016（平成28）年6月から特別区（東京23区）にも設置ができるようになった。

*14　補装具
第9章p.157参照。

*15　身体障害者手帳
第9章p.150参照。

*16　療育手帳
第9章p.151参照。

防止法）に基づいて、配偶者暴力相談支援センターとしての役割が付与され
ており、DV被害者の支援を行っている。

◆精神保健福祉センター

精神保健及び精神障害者福祉に関する法律に基づき、精神保健福祉に関する知識の普及、精神障害者の福祉に関する相談および指導、精神障害者保健福祉手帳[17]の判定などを行っている。都道府県と政令指定都市に設置されている。

◆地域包括支援センター[18]

2005（平成17）年の介護保険法の改正により、地域における介護予防マネジメントや総合相談、権利擁護などを担う中核機関として、2006（同18）年から市町村に設置が義務づけられた。地域包括支援センターには、保健師、社会福祉士、主任介護支援専門員が配置されている。

4 民間の社会福祉の実施機関・団体

民間の社会福祉の実施機関・団体には、社会福祉施設、介護保険施設、居宅介護サービス事業所や障害福祉サービス事業所などを設置・運営している社会福祉法人、特定非営利活動法人（NPO法人）や、社会福祉協議会などがある。

◆社会福祉法人[19]

社会福祉法人は、社会福祉法で規定されている社会福祉事業を行うことを目的として設立された法人であり、社会福祉法人としての認可が必要となる[20]。社会福祉法人は、ほかの法人と異なり補助金の交付や法人税の非課税などの優遇措置が受けられる一方で、その事業内容や財務状況に関する規制が厳しく、所轄庁によって厳格な監査が行われている。社会福祉法人の事業には、第1種社会福祉事業および第2種社会福祉事業、公益を目的に社会福祉を行う公益事業、収益を社会福祉事業や公益事業に充てるための収益事業の3種類がある。

◆特定非営利活動法人（NPO法人）[21]

NPO法人は、特定非営利活動促進法に定められた法人である。NPO法人としての認証が必要であり、設立する際には活動内容[22]を申告しなければならない。

◆社会福祉協議会[23]

社会福祉協議会は、地域における福祉実践の中心となる民間の社会福祉団体であり、全国社会福祉協議会、都道府県社会福祉協議会、市町村社会福祉協議会がある。

*17　精神障害者保健福祉手帳
第9章p.151参照。

*18　地域包括支援センター
第5章p.87も参照。

*19　社会福祉法人
第11章p.178も参照。

*20　社会福祉法人の設立
社会福祉法人の所轄庁は、都道府県知事、政令指定都市および中核市の首長（行政機関の長）であるが、2つ以上の都道府県にまたがる事業を行う場合は厚生労働大臣となる。

*21　特定非営利活動法人
第11章p.178も参照。

*22　NPO法人の活動内容
第11章p.178参照。

*23　社会福祉協議会
第11章p.176も参照。

3 社会福祉事業

　社会福祉事業は、社会福祉法の定めるところによって、第1種社会福祉事業と第2種社会福祉事業に分類されている（表3－4）。

　第1種社会福祉事業と第2種社会福祉事業は、その運用を誤ると利用者に重大な損害を与えたり、不当な搾取が起こるおそれのある事業という観点から分けられている。

　第1種社会福祉事業を行う施設は、主に入所型の社会福祉施設であり、その運営は国や地方公共団体、社会福祉法人やそれらに類した機関とされている。

　第2種社会福祉事業を行う施設は、通所型や利用型の施設が主であり、第1種社会福祉事業を行う施設とは異なり、国、地方公共団体や社会福祉法人以外の団体でも運営することができる。

表3－4　社会福祉法における各種事業の分類

第1種社会福祉事業

- ・生活保護法に規定する救護施設、更正施設
- ・生計困難者を無料または低額な料金で入所させて生活の扶助を行う施設
- ・生計困難者に対して助葬を行う事業
- ・児童福祉法に規定する乳児院、母子生活支援施設、児童養護施設、障害児入所施設、児童心理治療施設、児童自立支援施設
- ・老人福祉法に規定する養護老人ホーム、特別養護老人ホーム、軽費老人ホーム
- ・障害者総合支援法に規定する障害者支援施設
- ・売春防止法に規定する婦人保護施設
- ・授産施設
- ・生計困難者に無利子または低利で資金を融通する事業
- ・共同募金を行う事業

第2種社会福祉事業

- ・生計困難者に対して日常生活必需品・金銭を与える事業
- ・生計困難者生活相談事業
- ・生活困窮者自立支援法に規定する認定生活困窮者就労訓練事業
- ・児童福祉法に規定する障害児通所支援事業、障害児相談支援事業、児童自立生活援助事業、放課後児童健全育成事業、子育て短期支援事業、乳児家庭全戸訪問事業、養育支援訪問事業、地域子育て支援拠点事業、一時預かり事業、小規模住居型児童養育事業、小規模保育事業、病児保育事業、子育て援助活動支援事業
- ・児童福祉法に規定する助産施設、保育所、児童厚生施設、児童家庭支援センター
- ・児童福祉増進相談事業
- ・就学前の子どもに関する教育、保育等の総合的な提供の推進に関する法律に規定する幼保連携型認定こども園を経営する事業
- ・母子及び父子並びに寡婦福祉法に規定する母子家庭日常生活支援事業、父子家庭日常生活支援事業、寡婦日常生活支援事業
- ・母子及び父子並びに寡婦福祉法に規定する母子・父子福祉施設
- ・老人福祉法に規定する老人居宅介護等事業、老人デイサービス事業、老人短期入所事業、小規模多機能型居宅介護事業、認知症対応型老人共同生活援助事業、複合型サービス福祉事業
- ・老人福祉法に規定する老人デイサービスセンター（日帰り介護施設）、老人短期入所施設、老人福祉センター、老人介護支援センター

- 障害者総合支援法に規定する障害福祉サービス事業、一般相談支援事業、特定相談支援事業、移動支援事業、地域活動支援センター、福祉ホーム
- 身体障害者福祉法に規定する身体障害者生活訓練等事業、手話通訳事業又は介助犬訓練事業若しくは聴導犬訓練事業
- 身体障害者福祉法に規定する身体障害者福祉センター、補装具製作施設、盲導犬訓練施設、視聴覚障害者情報提供施設
- 身体障害者更正相談事業
- 知的障害者更正相談事業
- 生計困難者に無料または低額な料金で簡易住宅を貸し付け、または宿泊所等を利用させる事業
- 生計困難者に無料または低額な料金で診療を行う事業
- 生計困難者に無料または低額な費用で介護老人保健施設を利用させる事業
- 隣保事業
- 福祉サービス利用援助事業
- 各社会福祉事業に関する連絡
- 各社会福祉事業に関する助成

出典：厚生労働省編『平成30年版　厚生労働白書』日経印刷　資料編p.192を一部改変

4　社会福祉施設

1　社会福祉施設とは

　社会福祉施設とは、一般的に福祉サービスを提供する施設のことをいい、各種サービスを児童・障害者・高齢者などの利用者に提供するとともに、彼らが自立した生活を送れるように、必要な日常生活の支援や技術の指導などを行うことを目的としている。国が設置している国立身体障害者リハビリテーションセンターなど*24を除き、そのほとんどを地方自治体や社会福祉法人が設置・運営している。

　なお、その運営にあたっては、措置に基づき支弁される措置費によって運営される措置制度*25や、利用者と社会福祉施設の間の契約に基づいて運営される利用契約制度が中心となっている。

＊24　国立の社会福祉施設
国が設置している社会福祉施設には、国立児童自立支援施設、国立障害者リハビリテーションセンターがある。

＊25　措置制度
本章 p.57を参照。

2　社会福祉施設の種類

　社会福祉施設は、生活保護法、老人福祉法、障害者総合支援法*26、児童福祉法や母子及び父子並びに寡婦福祉法などに規定されており、生活保護法による保護施設、老人福祉法による老人福祉施設、障害者総合支援法による障害者支援施設、身体障害者福祉法による身体障害者社会参加支援施設、売春防止法による婦人保護施設、児童福祉法による児童福祉施設、母子及び父子並びに寡婦福祉法による母子福祉施設などがある（表3－5）。

＊26　障害者総合支援法
正式名称は「障害者の日常生活及び社会生活を総合的に支援するための法律」

表3-5　社会福祉施設の種類

保護施設	児童福祉施設
救護施設	助産施設
更生施設	乳児院
医療保護施設	母子生活支援施設
授産施設	保育所
宿所提供施設	幼保連携型認定こども園
老人福祉施設	児童養護施設
養護老人ホーム	障害児入所施設（福祉型）
養護老人ホーム（一般）	障害児入所施設（医療型）
養護老人ホーム（盲）	児童発達支援センター（福祉型）
特別養護老人ホーム	児童発達支援センター（医療型）
軽費老人ホーム	児童心理治療施設
軽費老人ホームA型	児童自立支援施設
軽費老人ホームB型	児童家庭支援センター
軽費老人ホーム（ケアハウス）	児童館
老人福祉センター	小型児童館
老人福祉センター（特A型）	児童センター
老人福祉センター（A型）	大型児童館A型
老人福祉センター（B型）	大型児童館B型
老人デイサービスセンター	大型児童館C型
老人短期入所施設	その他の児童館
老人介護支援センター	児童遊園
障害者支援施設等	母子福祉施設
障害者支援施設（＊）	母子・父子福祉センター
地域活動支援センター	母子・父子休養ホーム
福祉ホーム	その他の社会福祉施設
身体障害者社会参加支援施設	授産施設
身体障害者福祉センター	宿所提供施設
身体障害者福祉センター（A型）	盲人ホーム
身体障害者福祉センター（B型）	無料低額診療施設
障害者更生センター	隣保館
補装具製作施設	へき地保健福祉館
盲導犬訓練施設	へき地保育所
点字図書館	有料老人ホーム
点字出版施設	
聴覚障害者情報提供施設	
婦人保護施設	
（＊）障害者支援施設は、施設ごとに実施されているサービス内容が異なります。	

出典：厚生労働統計協会編『国民の福祉と介護の動向 2019/2020』厚生労働統計協会
　　　2019年　pp.296-297 を一部改変

3　社会福祉施設の運営基準

　社会福祉施設には、利用者が生活したり、利用したりする場所としての基準が定められており、これによって利用者の生活が守られている。社会福祉施設の運営基準は、厚生労働大臣によって、設備規模、構造、職員の配置、福祉サービスの提供方法、利用者等からの苦情への対応など必要とされる基準が定められ、省令や通知*27を通して各社会福祉施設に示される。

*27　省令と通知
省令とは、各省庁の大臣が制定する当該省の命令のことをいい、通知とは省庁が所轄する諸機関などに対して出す指示、または上部から下部組織に向けて出される知らせのことである。

4　利用者負担

　社会福祉施設で受ける福祉サービスは無料ではなく、利用者にはその費用の全部または一部が徴収され、サービス提供のためにかかる人件費や維持管理費などに充てられる。福祉サービスの利用における費用負担方式には以下の方法がある。

◆措置制度

　措置制度は、各種福祉サービス利用者に対する要否判定、サービス提供や費用負担などを措置権者である行政（都道府県知事・市町村長）が公的責任のもとに一括して行う制度である。措置には、施設への入所・通所、在宅サービスの利用や金品の給付・貸与などがあり、措置にかかわる費用は原則的に全額公費負担となっている。ただし、サービスを受けた者と扶養義務者からは、負担能力に応じて、その費用の全部または一部が徴収される応能負担の形をとっている（図3-1）。

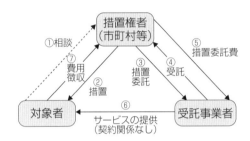

図3-1　措置制度
出典：千葉茂明・宮田信朗編『四訂　新・社会福祉概論』みらい　2008年　p.73を一部改変

◆介護保険方式

　高齢者の介護にかかわる利用は、2000（平成12）年の介護保険法の施行により、措置制度から利用契約方式へと変更された。利用者は市町村または特別区の要介護（要支援）認定を受け、介護サービスを利用者本人が選び、指定事業者と契約を結び、介護サービスの提供を受ける。そして、提供を受けたサービスに対して原則1割を自己負担（応益負担）することになる（図3-2）。

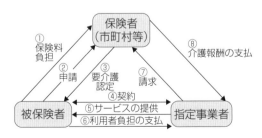

図3-2　介護保険方式
出典：千葉茂明・宮田信朗編『四訂　新・社会福祉概論』みらい　2008年　p.73を一部改変

◆総合支援方式

　障害者福祉サービスは、2003（平成15）年に支援費制度の導入が行われ、措置制度から利用契約制度へと変わった。現在は障害者総合支援法の下で、利用者は、市町村（審査会）から障害支援区分の認定を受け、事業者と契約を結び、サービスの提供を受ける。そして、１か月に利用したサービスの量にかかわらず、所得状況に応じて自己負担（応能負担）する（図３－３）。

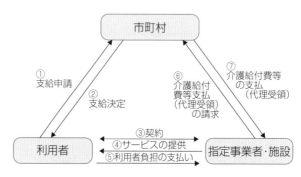

図３－３　総合支援方式
出典：千葉茂明・宮田信朗編『四訂　新・社会福祉概論』みらい　2008年　p.73を一部改変

◆行政との契約方式

　母子生活支援施設や助産施設において2001（平成13）年から取り入れられている方式であり、利用者が地方自治体（都道府県および市町村）を通して受託事業者からサービスの提供を受ける仕組みとなっている（公法上の利用契約関係）。利用者は、地方自治体に申し込み、地方自治体が受託事業者に委託するとともに、利用料も地方自治体が利用者から徴収する形態となっている（図３－４）。行政との契約方式は、1998（同10）年から保育所の利用手続きにも取り入れられていたが、2015（同27）年度から実施されている「子ども・子育て支援新制度」[*28]に伴い、子ども・子育て支援方式に移行した。

　子ども・子育て支援方式（図３－５）では、教育・保育施設[*29]の利用者（保護者）が市町村に保育の必要性の認定申請を行い、市町村は保育の必要性の有無や必要量等の認定をし、支給認定証を発行する。保護者は認定された内容に応じて教育・保育施設を選択し、事業者と利用契約を結ぶ（私立保育所の場合は市町村と契約）。なお、その際に市町村は利用支援やあっせんを行うことになっている。なお、2019（令和元）年10月より、「保育・幼児教育の無償化」が行われており、原則３〜５歳までの子どもの保育所等の利用料は無償とされた。

＊28　子ども・子育て支援新制度
第8章p.137参照。

＊29
教育・保育施設には、施設給付型の認定こども園・公立保育所・幼稚園と地域型保育の小規模保育・家庭的保育・居宅訪問型保育・事業所内保育がある。

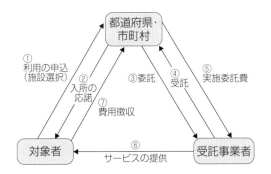

図3-4　行政との契約方式
出典：千葉茂明・宮田信朗編『四訂　新・社会福祉概論』みらい　2008年　p.73を一部改変

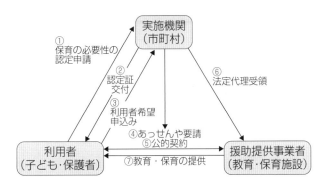

図3-5　子ども・子育て支援方式
出典：相澤譲治編『七訂　保育士をめざす人の社会福祉』みらい　2015年　p.75を一部改変

◆任意契約方式

　任意契約方式は、措置制度が主流であった時代、法外事業として措置制度を補完する位置づけであった。任意契約方式は、利用者が事業者と直接契約を結び、サービスの提供を受ける方式であり、利用者は契約書の規定に基づいて計算された利用料を事業者に支払うことになる。軽費老人ホームや有料老人ホーム、知的障害者や身体障害者の福祉ホームがこの形態をとってきた。現在でも、施設福祉サービスや居宅福祉サービスにおける民間福祉サービスとして、市場形成がなされている。ただし、社会福祉事業として実施する場合は、福祉サービス事業や施設運営のための届出を都道府県や市町村に行う必要がある。

●学びの確認

①国、都道府県や市町村の社会保障の財政の仕組み、財政状況をまとめ
　てみよう。
②社会福祉の実施機関について整理し、それぞれどのような役割を担っ
　ているのかまとめてみよう。
③各社会福祉施設の設置や運営についてどのように規定されているのか
　を調べ、まとめてみよう。

【参考文献】
・井村圭壮・相澤譲治編著『社会福祉形成史と現状課題』学文社　2009年
・社会福祉士養成講座編集委員会編集『現代社会と福祉（第4版）』中央法規出版　2014
　年
・中村剛『社会福祉学原論』みらい　2010年
・橋本好市・宮田徹編『保育と社会福祉（第3版）』みらい　2019年
・山縣文治・岡田忠克編『よくわかる社会福祉（第11版）』ミネルヴァ書房　2016年
・山﨑泰彦編『社会福祉（第10版）』メヂカルフレンド社　2013年
・厚生労働統計協会編『国民の福祉と介護の動向 2018/2019』厚生労働統計協会　2018
　年

障害者支援施設ってどんなところ？

　本章で学んだ社会福祉施設のなかで、保護施設、老人福祉施設、身体障害者社会参加支援施設や児童福祉施設には多くの種類がありますが、障害者福祉の施設には障害者支援施設の１種類しかありません。ほかの分野の社会福祉施設は、その名称（種類）をみれば、どのような人が利用し、どのようなサービスを行っているのかもだいたいわかります。もちろん、障害者支援施設のサービスも１つだけではありません。障害者支援施設は、夜間に施設入所支援を行うとともに、昼間には生活介護、自立訓練または就労移行支援等を行う施設とされています。しかし、その施設の名称（種類）だけをみていても、夜間と昼間のサービス内容の組み合わせがみえてきません。

　かつて、障害者福祉の施設は、障害種別により、身体障害者更生援護施設（12種類）、知的障害者援護施設（９種類）、精神障害者社会復帰施設（８種類）に分けられており、身体障害者が利用する施設であるとか、知的障害者の施設であるとか、精神障害者のための施設であるとかすぐにわかったものです。また、それぞれ更生施設や授産施設といった名称がつけられており、どのようなサービスが提供されているのかも想像することができました。

　詳しくは第９章でも学びますが、障害者福祉の制度が措置制度から支援費制度へと変わり、障害者自立支援法（現：障害者総合支援法）の制定によって、それぞれ個別に展開されてきた障害者福祉制度がその垣根を越えて一元化したことは、確かに制度を理解するうえではわかりやすくなったと感じます。障害者福祉の施設も障害種別を超えて利用することができるようになったことも、かつて居住地から離れた施設に入所したり、利用していたことを考えれば便利になったのかもしれません。しかし、その反面で社会福祉を学ぶ者にとっては、障害者支援施設がどのような施設なのか、的確に理解することは少し難しくなったように感じられます。

　みなさんが障害者支援施設で実習を行う場合は、実習先施設のサービス内容を正しく把握したうえで実習に臨まなくては実になる実習はできません。実習先施設を事前に勉強することは今も昔も変わりはありませんが、是非しっかりとした知識をもって臨んでください。

第4章　命と健康を守る医療保障制度

📋 なぜ、医療保障制度について学ぶのか

「朝から頭が痛い・・・　風邪でも引いたのかな」

「お医者さんに診てもらったら？」

みなさんも、このような会話を何度かしたことがあるかと思いますが、治療費はいくらぐらい用意したらよいでしょう。

みなさんが会計窓口で支払う医療費は、高くてもかかった医療費の3割なので、それほど高いとは思えないかもしれません。しかし、実際には医療費はとても高いのです。たとえば、急性上気道炎（風邪）で注射を1本打ち、お薬をもらって帰ったとします。薬の種類にもよりますが、時間内で初めての診察だと4,500円ぐらいかかります。盲腸の手術をしたら、入院費も含め30万円を超えますが、ほとんどの医療機関では、保険証を提示することにより、自己負担分のみで受診することができます。これは、医療保険制度という仕組みのおかげなのです。

わが国では、すべての国民が何らかの公的な医療保険に加入しなければなりません。これを「国民皆保険」といいます。そのため、医療機関のほとんどが、医療保険を扱う「保険医療機関」です。患者は、医療保険の決まりに従った治療を受け、かかった医療費を支払います。看護師が行う処置や療養上の世話等も、すべて医療保険の仕組みにのっとって行われています。将来、看護職となるみなさんは、大半が公的な医療保険制度のもとで仕事をすることになるわけです。しかし、国民皆保険とはいえ、患者は、医療保険制度をすべて理解しているわけではありません。制度を把握している看護職の存在は患者にとって、とても心強いものです。

本章では、第1節で医療保障の概要、第2節、第3節で医療保障の詳しい内容、第4節で私たちが受けられる給付の内容、第5節で医療費の決め方、保険による医療費の請求について述べます。

それでは、「医療保障制度」についての学びをスタートしましょう。

1 医療保障制度のあらまし

1 医療保障制度の体系

＊1
医療保障では、被保険
者等の疾病、負傷、死
亡、分娩などを医療事
故と呼ぶ。

　私たちが疾病・負傷（病気・ケガのこと）＊1に遭遇したとき、どのような保障が受けられるのだろうか。わが国の医療保障制度は、医療保険、後期高齢者医療、公費負担医療の３つで構成されている（図4－1）。そして、すべての国民に対して保障が受けられる仕組みがつくられている。

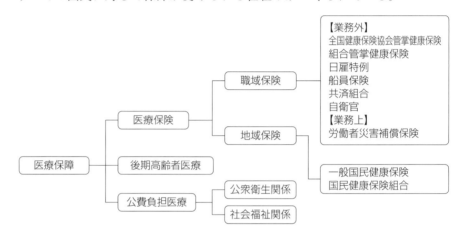

図4－1　わが国の医療保障制度

2 医療を提供する機関と医師

　医療保障の学習を始める前に、医療を提供する施設について理解しておこう。医療を提供する施設を医療機関といい、医療法と呼ばれる法律によって以下のように分類されている（図4－2）。

　医療保障によって医療を提供することを保険診療といい、医療保障によらない診療を自費診療あるいは自由診療という。保険診療を提供するためには、医療機関は厚生労働大臣に申請し、保険医療機関として指定を受ける必要がある。さらに、保険医療機関で診療に従事する医師、歯科医師も厚生労働大臣に申請して保険医・保険歯科医として指定を受けなければならない。これを二重指定制度という。

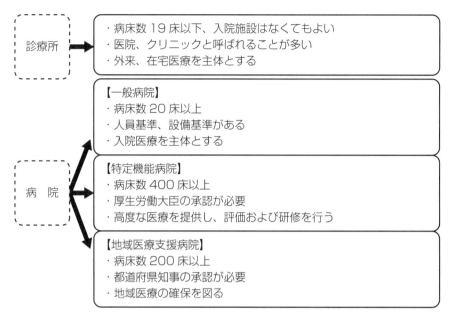

図4-2　医療機関

2　医療保険制度の仕組み

　この節では、医療保障制度のなかでも重要な位置を占める医療保険制度について学んでいく。医療保険制度は、職域保険、地域保険で構成されている。耳慣れない言葉が多いが、いずれも重要な用語である。

1　医療保険の特徴と考え方

　医療事故は、その多くが不測の事態であり、高い診療費のために、普段から備えておくことは不可能に近い。そこで、保障を必要とする人が少しずつお金を出し合って、運営資金を確保しておき、必要な人に給付するという医療保険の仕組みが考え出された。

　医療保険では、「運営資金を確保しておき、必要な人に給付する」機関を保険者といい、お金を出して保障を受ける人を被保険者（本人）、被保険者が扶養している人を被扶養者（家族）[2]、出し合うお金のことを保険料という。

　被保険者証（保険証）は、医療保険に加入し、保険によって診療を受ける資格があることの証明書である。現在では、運転免許証と同じ大きさのカード式が主流であるが、手帳式と呼ばれる形式も一部残っている。

　わが国では、1961（昭和36）年にすべての国民が医療保険に加入する、国民皆保険が始まった。国民は、医療を受ける権利とともに、保険料を税金と

*2
本章では、被保険者（本人）と被扶養者（家族）をまとめて被保険者等と呼ぶことにする。

＊3
保険未加入者や保険料
滞納者も存在する。保
険料滞納世帯の割合
は、国民健康保険（市
町村）に限っていえば、
全体の14.5％である
（2018［平成30］年
6月1日現在）。年々
減少してはいるもの
の、財源確保の大きな
問題となっている。

して納付しなければならない＊3。

　わが国の医療保険の特徴は、次の3つである。これからの学びに重要なキーワードとなるので、覚えておこう。

1）国民皆保険：すべての国民が公的医療保険に加入すること
2）現物給付：医療行為が先に行われ、かかった診療費は保険者から医療機関に後から支払われること
3）フリーアクセス：患者が自由に医療機関を選択できること

2　職域保険（被用者保険）

　75歳未満で、職場に勤める人とその家族のための保険である。職域保険のほか、被用者保険、社会保険、医療保険など多様な呼び方があるので注意したい。社保、医保と略すこともある。職域保険では、疾病・負傷を業務上と業務外に分けて保障している。

　保険料は、事業主と被保険者が半額ずつ負担することになっており、原則として月々の給料から差し引かれる方法（天引き）で納付する。被保険者等は被保険者証（保険証）を提示して医療の給付を受け、一部負担金として原則3割（義務教育就学前は2割）を支払う。

　職域保険は、職種によって以下のように分類される。

【業務外での疾病・負傷】
◆全国健康保険協会管掌健康保険（通称：協会けんぽ）

　保険者：全国健康保険協会

　比較的小規模の事業所で雇用されている人とその家族を対象とした保険である。法人事業所と5人以上の従業員がいる法人以外の事業所を適用事業所といい、加入が義務づけられている。

◆組合管掌健康保険

　保険者：健康保険組合

　大規模の事業所で雇用されている人を対象とした保険である。従業員が単独で700人以上、または2以上の事業主が共同し、従業員があわせて3,000人以上となれば、健康保険組合を設立し、独自に運営することができる。設立には、従業員の2分の1の同意と厚生労働大臣の認可が必要である。

◆日雇特例被保険者の保険

　保険者：全国健康保険協会

　日雇労働者を対象とした保険である。日雇労働者は就労が安定的、継続的でないため、保険料は、就労の度に日給から徴収される。そのため、保険診療を受けるためには、一定額の保険料を納付していなければならない*4。ただし、条件に満たない場合は、特別療養費受給票を発行してもらい、保険診療を受けることができる。

*4
診療を受ける月の前2か月間に26日以上または、前6か月間に78日分以上の保険料を納付していること。

◆船員保険
　保険者：全国健康保険協会（船員保険部）
　5 t以上の船舶の船長、海員、予備船員等を対象とした保険である。船舶の沈没や船からの転落など、職務上の理由で行方不明になった場合に被扶養者に対して行方不明手当金が支払われるという船員保険独自の給付もある。

◆共済組合
　保険者：各種共済組合
　国家公務員、地方公務員、私立学校教職員など、公的な性質のある職員とその家族を対象とした保険である。

◆防衛省の職員の給与等に関する法律による自衛官等の療養の給付
　保険者：各地駐屯部隊
　自衛官、訓練召集中の予備自衛官、防衛大学校生、防衛医科大学校生を対象とした保険である。この保険に加入できるのは被保険者（本人）のみであり、被扶養者（家族）は、国家公務員共済組合の被扶養者として扱われる。

【業務上での疾病・負傷】
◆労災保険（労働者災害補償保険）*5
　保険者：政府（実務は、中央は厚生労働省、地方は各都道府県労働局と労働基準監督署が行う）
　労災保険に加入している事業所に所属する労働者を対象とする保険である。保険料は事業所が負担する。保障の対象は、業務が原因で生じた疾病・負傷・障害・死亡(業務災害)、通勤途上での疾病・負傷・障害・死亡(通勤災害)である。被保険者は、一部負担金を支払うことなく保険給付を受けることができる。

*5
第6章p.104参照。

3　地域保険（国民健康保険）

　75歳未満で勤労者（サラリーマン）以外の地域住民を対象とする保険である。個人事業者、自由業、農林業、無職等の人が加入する。地域保険または国民健康保険と呼ぶ。国保と略すこともある。職域保険は、被保険者（本人）と被扶養者（家族）に分けられ、保険料は被保険者が支払うが、地域保険で

は、全員が被保険者となる。職域保険と同様、被保険者は被保険者証（保険証）を提示して医療の給付を受け、一部負担金として原則3割（義務教育就学前は2割）を支払う。

地域保険は、以下のように分類される。

◆一般国民健康保険（市町村国民健康保険）

保険者：市区町村

地域の住民を対象とし、市区町村が運営する*6。

◆国民健康保険組合

保険者：国民健康保険組合

同種の事業に従事する300人以上の人で組合をつくり、保険事業を運営する。主な業種には、医師、歯科医師、薬剤師、土木建築業、理美容業、弁護士等がある。

*6
2018（平成30）年度から制度の安定化を図るため、都道府県が財政運営や効率的な事業の確保等の責任主体となった。市町村は引き続き、「資格管理」「保険給付」「保険料率の決定」「賦課・徴収」「保健事業」等の事業を担う。

③ 後期高齢者医療制度と公費負担医療制度

第3節では、医療保障制度を構成する重要な2本の柱である、後期高齢者医療制度と公費負担医療制度についてみていく。

1 後期高齢者医療制度（長寿医療制度）

後期高齢者医療制度は、「高齢者の医療の確保に関する法律」に基づいて、2008（平成20）年に制定された独立した医療制度である。長寿医療制度とも呼ばれ、75歳以上の後期高齢者（65歳以上の一定の障害者を含む）を対象とする保険である。ただし、生活保護による医療扶助*7を受給している者は対象としない。

保険者は、後期高齢者医療広域連合（都道府県単位で全市町村が加入）である。被保険者は、後期高齢者医療広域連合が条例により定めた保険料を納付し、後期高齢者医療被保険者証によって、医療の給付を受ける。一部負担金として原則1割（現役並み所得者は3割）を支払う。

65歳から74歳までの前期高齢者は高齢受給者として、一部負担金、高額療養費制度が健康保険法によって定められている。

*7　生活保護（医療扶助）
第7章p.118参照。

2 公費負担医療制度

公費負担医療制度とは「社会福祉および公衆衛生の向上発展を期するため

の施策で、国又は地方公共団体が、一般財源を基礎に医療に関する給付を行う」[1]制度である。単独の医療制度ではなく、複数の法律のもとで行われる医療の総称といえる。公費負担医療制度は公衆衛生関係、社会福祉関係に分類される。

　公衆衛生関係には、「精神保健及び精神障害者福祉に関する法律」「感染症の予防及び感染症の患者に対する医療に関する法律」「医療法」等があり、社会福祉関係には、「生活保護法（福祉的給付）」「障害者の日常生活及び社会生活を総合的に支援するための法律」「児童福祉法」「特定疾患治療研究事業」等に基づく給付がある。

4　保険給付と一部負担金

1　給付の概念

　第4節では、医療保険（後期高齢者医療制度を含む。以下同様）に加入すると、どのような給付が受けられるかを概説する。医療保険には、「現物給付」と「現金給付」という2つの概念がある。給付を受けるとしたら、どちらがよいだろうか。

　仮に医療費を1万円とすると、現金給付の考え方では、①医療機関で全額1万円を支払い、②保険者に保険給付分を請求し、③7,000円を受け取るという面倒な手続きが必要になる（図4−3）。一方、現物給付の考え方では、保険給付分を医療行為として給付するので、患者は一部負担金の支払いで済み、手持ち金も少なくて済むという利点がある（図4−4）。

　では、保険給付について、もう少し詳しくみていこう。

図4−3　現金給付の概念

図4−4　現物給付の概念

2 現物給付

現物給付とは、保険給付分を医療行為、物（薬や医療材料等）として給付する方法で、「療養の給付」「入院時食事療養費」「入院時生活療養費」「保険外併用療養費」「訪問看護療養費」などがある。現物給付を受けるためには、保険に加入していることを証明するために被保険者証を提示しなければならない。

◆療養の給付

＊8　保険医療機関及び保険医療養担当規則
保険診療を担当するうえでの基準を定めている。

疾病または負傷に対して「療養（医療行為や物）」を「給付」すること。被扶養者に対しての給付は「家族療養費」といい、被保険者と同様に現物給付で行われる。給付の範囲は保険医療機関及び保険医療養担当規則[＊8]の第1条に、次のように定められている。

1. 診察
2. 薬剤又は治療材料の支給
3. 処置、手術その他の治療
4. 居宅における療養上の管理及びその療養に伴う世話その他の看護
5. 病院又は診療所への入院及びその療養に伴う世話その他の看護

◆入院時食事療養費

＊9
一般患者は1食460円、低所得者は100円・160円・210円の範囲の標準負担額が決められている（2018［平成30］年現在）。

被保険者等が保険医療機関に入院したときは、食事の給付が受けられる。被保険者等は標準負担額[＊9]という負担金を支払い、残りは入院時食事療養費として現物給付される。なお、被扶養者に対する給付は「家族療養費」として給付される。

◆入院時生活療養費

＊10
一般患者は1食につき420円あるいは460円の食費と、1日につき370円の居住費の負担が、低所得者は1食につき210円あるいは130円の食費と、1日につき370円の居住費の負担が定められている（2018［平成30］年現在）。

被保険者等が保険医療機関に入院したときは、生活療養の給付が受けられる。被保険者等は標準負担額[＊10]という負担金を支払い、残りは入院時生活療養費として現物給付される。なお、被扶養者に対する給付は「家族療養費」として給付される。

◆保険外併用療養費

「健康保険制度では、保険適用外の診療を受けると適用となる診療も含めて全額自己負担となる」[2)]。ただし、厚生労働大臣の定める評価療養、患者申出療養、選定療養に限って、保険適用外の医療サービスや治療は自費、保険適用の診療は保険給付とすることができる。このときの保険給付分が保険外併用療養費として現物給付される。評価療養には、将来保険給付の対象とするかどうかの評価を行うもので、厚生労働大臣が定める高度の医療技術を用いた療養その他の療養を指す。「医療技術に係るものとして先進医療、医

薬品・医療機器に係るものとして医薬品の治験に係る診療」等がある。患者申出療養は、がんや難病患者へ使用する未承認薬などを迅速に使用したい等の要望に応えるため、安全性・有効性等を確認しながら身近な医療機関で迅速に受けられるようにする新たな制度である。選定療養には、厚生労働大臣が定める「患者の快適性・利便性に関する療養」「医療機関や医療行為等の選択に関する療養」を指し、保険導入を前提としていない。「特別の療養環境（差額ベッド代）、予約診療」[3]等がある。

　実施するときは、院内の見やすい場所へ、内容および費用の掲示を行うこと、事前の説明と患者の同意、領収証の発行等が義務づけられている。なお、被扶養者に対する給付は「家族療養費」として給付される。

◆訪問看護療養費

　訪問看護ステーションの看護師が主治医の指示に基づき、被保険者等の居宅で療養上の世話、診療の補助をしたときに発生する。かかった費用のうち、患者は基本利用料を負担し、残りが訪問看護療養費として現物給付される。被扶養者に対しての給付を「家族訪問看護療養費」といい、被保険者と同様に現物給付で行われる。

3　現金給付

　現金を給付する制度で「療養費」「傷病手当金」等がある。

◆療養費

　やむを得ない事情であっても被保険者証を提示しないと、被保険者等は原則、医療費の全額を支払うことになる[*11]。後日、被保険者等からの請求によって保険者が保険給付分を現金で償還する。なお、被扶養者には、現金給付として「家族療養費」が給付される。

◆傷病手当金

　被保険者が疾病、負傷によって仕事を休み、給与の支給がなくなったときに、手当金を支給して生活を支援する制度である。

◆高額療養費

　かかった医療費が一定の限度（算定基準額、自己負担限度額）[*12]を超えた場合に、超過した分を現金で払い戻す制度である。自己負担限度額は、表4－2の通り、年齢や所得に応じて異なっている。また、3か月以上高額療養費に該当した場合の限度額を低額に抑える等の措置もある（多数該当）。

　高額療養費を現物給付として受けるには、医療機関等の窓口で限度額適用認定証等を掲示する必要がある。掲示するものは年齢や所得によって変わっ

*11
後日被保険者証を提示すれば、保険給付分を返還してくれる医療機関も多いが、すぐに被保険者証の提示ができない場合はこの制度を利用することになる。

*12
詳しくは、厚生労働省ホームページ「高額療養費制度を利用される皆さまへ」を参照されたい。

表4－2　高額療養費の自己負担限度額

	（医療保険）一般		A　医療保険 高齢者受給者		B　後期高齢者医療 被保険者
対象者	70歳未満		70歳以上75歳未満		75歳以上（65歳以上で寝たきり等の患者含む）
高額療養費の自己負担限度額（月額）	区分	世帯単位	区分	個人単位(外来のみ)	世帯単位(入院含む)
	年収約1160万～	252,600円＋（医療費－842,000円）×1%（年多2) 140,100円）		Ⅲ	252,600円＋（医療費－842,000円）×1%（年多同左）
	年収約770万～約1160万	167,400円＋（医療費－558,000円）×1%（年多93,000円）	現役並み所得者3)	Ⅱ	167,400円＋（医療費－558,000円）×1%（年多同左）
	年収約370万～約770万	80,100円＋（医療費－267,000円）×1%（年多44,400円）		Ⅰ	80,100円＋（医療費－267,000円）×1%（年多同左）
	～年収約370万	57,600円（年多44,400円）	年収156万～約370万	18,000円（年間上限14万4千円）	57,600円（年多同左）
	住民税非課税	35,400円（年多24,600円）	住民税非課税	8,000円	24,600円（年多同左）
			住民税非課税（所得が一定以下）		15,000円（年多同左）

注1）年多は、年間多数該当の略（過去12カ月に3回以上高額療養費の支給を受け、4回目以降の支給の場合）（表中同じ）。

注2）高額長期疾病に係る自己負担限度額は1万円。ただし、70歳未満の上位所得者の人工透析に係る自己負担限度額は2万円。

注3）現役並みⅢは標準報酬月額83万円以上、現役並みⅡは標準報酬月額53～79万円、現役並みⅠは標準報酬月額28～50万円。

出典：厚生労働統計協会編『国民衛生の動向2019/2020』厚生労働統計協会　2019年を一部改変

表4－3　高額療養費を現物給付として受け取る場合の掲示書類

年　齢	窓口での掲示書類	
70歳未満	限度額適用認定証 健康保険証	
70歳以上75歳未満	現役並みⅠ 現役並みⅡ 住民税非課税者	健康保険証 高齢受給者証 限度額適用認定証
	一般 現役並みⅢ	健康保険証 高齢受給者証
75歳以上	後期高齢者医療被保険者証	

筆者作成

てくる（表4－3）。限度額適用認定証の提示が必要な場合は、あらかじめ保険者から交付を受けておかないと、窓口では自己負担金の全額を支払うことになる*13。後日保険者に申請すれば、差額の給付は受けられるが、一時的な金銭負担が大きいので注意が必要である。

◆高額介護合算療養費

　かかった医療費と介護サービス費が一定の限度を超えた場合に、超過した分を現金で払い戻す制度である。自己負担限度額は、年齢と所得に応じて異なる。

*13
限度額適用認定証の交付を受けるには、70歳未満と70歳以上の住民税非課税の者は各医療保険者に、70歳以上の現役並みⅠ・Ⅱの者は市区町村窓口に申請する必要がある。

◆その他の現金給付

　その他の現金給付として、出産のために仕事を休んだ女性に対する出産手当金や、出産育児一時金、移送費、埋葬料、特別療養費がある。

4　給付制限

　医療保険は、思いがけない病気や事故に対しての救済制度である。故意に起こした事故や犯罪行為には全部または一部の給付制限がある。
・保険給付されない場合：犯罪行為によって生じた傷病、故意に起こした傷病。
・保険給付が制限される場合：闘争、泥酔、著しい不行跡*14によって生じた傷病、正当な理由がないのに療養の指示に従わないとき、不正行為によって給付を受けようとしたとき等がある。

*14　不行跡
行いがよくないさまをいう。

5　一部負担金

　保険診療を受けると、患者はかかった医療費の一部を負担することになっており、これを一部負担金と呼んでいる。その割合は表4−1の通りである。

表4−1　患者負担割合

75歳以上	1割 現役並み所得者：3割
70〜74歳	2割 現役並み所得者：3割
義務教育就学以後〜69歳	3割
義務教育就学前	2割

注：現役並み所得者は①標準報酬月額28万円以上の者、②課税所得145万円以上の者等
出典：医学通信社編『医科診療点数早見表2018年版』医学通信社　2018年　p.12を一部改変

5　診療報酬制度

1　診療報酬

　保険医療機関が担当した診療行為に要する費用のことを診療報酬という。診療報酬は、厚生労働大臣によって定められた診療報酬点数表（以下「点数表」）および薬価基準表に基づいて算定する。点数表は、保険請求できる診療行為について費用を定めたもので、2年に1度の改定がある。改定は、厚

生労働大臣が中央社会保険医療協議会（中医協）に諮問し、その意見を聴いて決めることになっている。

　診療報酬は点数で表示されており、1点あたりの単価は全国共通で10円（労災保険は1点＝12円）である。これを単価点数方式という。薬価基準表は、保険医療機関で使用する薬剤の購入価格を定めたものである。保険診療では、使用薬剤は薬価基準表に収載された医薬品に限られ、支払い価格も同基準によらなければならない。

2 診療報酬の算定と保険請求の仕組み

　診療行為の点数への置き換えは以下の2つの方法による。

◆個別出来高払い方式

　診療行為を一つひとつ点数化したうえで合算する方法。外来はこの方式で計算されることが多いが、近年、まるめ算定*15といって、いくつかの項目をまとめて点数化する方法も増えている。

◆包括払い方式

　かかった医療費をまとめて算定する方法である。DPC制度（DPC/PDPS [Diagnosis Procedure Combination / Per-Diem Payment System]）はその代表的なもので、診断群分類（DPC）と呼ばれる区分に従って1日あたりにかかった費用を算出し、定額部分と出来高部分に分けて請求する方式である。

　点数の置き換えが済むと、患者ごとに診療報酬明細書（レセプトともいう。以下「レセプト」）を作成する。レセプトは、入院、外来別に患者1人につき1件作成し、診療月の翌月10日までに審査支払機関に提出する（図4－5）。職域保険のレセプトは社会保険診療報酬支払基金（支払基金）、地域保険のレセプトは国民健康保険団体連合会（国保連合会）に提出する。審査機関で不備とみなされたレセプトは、医療機関に差し戻され、翌月以降に再提出しないと診療報酬は支払われない。これを返戻という。算定に誤りがある場合は、減点されたうえで診療報酬が支払われる。これを査定という。近年、医療費の増加により、レセプト審査は厳しさを増している。診療点数には、対象病名が決まっている項目や薬剤が多い。症状によっては算定できない項目もある。正確なレセプト作成を遂行するためには、点数表を読み取る技術のほか、医学知識も必要である。

*15
生化学的検査（Ⅰ）（血液中に含まれているさまざまな成分を分析し、疾病の診断、治療効果の判定などに利用される）では、検査項目の数によって点数が決まるものが多い。「手術前医学管理料」のような管理料についても、行った診療行為が点数に含まれている。

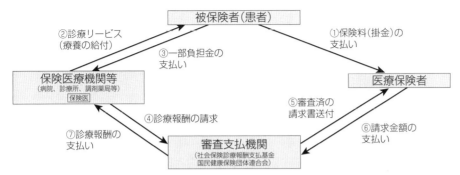

診療報酬は、まず医科、歯科、調剤報酬に分類される。 具体的な診療報酬は、原則として実施した医療行為ごとに、それぞれの項目に対応した点数が加えられ、1点の単価を10円として 計算される（いわゆる「出来高払い制」）。例えば、盲腸で入院した場合、初診料、入院日数に応じた入院料、盲腸の手術代、検査料、薬剤料と加算され、保険医療機関は、その合計額から患者の一部負担分を差し引いた額を審査支払機関から受け取ることになる。

図4－5　保険診療の概念図

出典：厚生労働省資料「診療報酬制度について」

●学びの確認

①医療保険制度について、職域保険および地域保険の違いと特徴をまとめてみよう。

②保険給付における「現物給付」「現金給付」についてまとめてみよう。それぞれ患者のメリット、保険医療機関のデメリットを考えてみよう。

③診療報酬制度についてまとめてみよう。また、正確なレセプトを作成するために、看護職として協力できることは何か考えてみよう。

【引用文献】
1）安藤秀雄ほか『最新医事関連法の完全知識2017年版』医学通信社　2017年　p.320
2）安藤秀雄ほか『最新医事関連法の完全知識2017年版』医学通信社　2017年　p.180
3）安藤秀雄ほか『最新医事関連法の完全知識2017年版』医学通信社　2017年　p.182

【参考文献】
・安藤秀雄・栗林令子『公費負担医療の実際知識2019年版』医学通信社　2019年
・安藤秀雄・望月稔文・並木洋『最新医事関連法の完全知識2017年版』医学通信社　2017年
・医学通信社編『診療点数早見表』医学通信社　2018年
・医療秘書教育全国協議会編『医療関連法規』建帛社　2019年
・西村健一郎・品田充儀編『よくわかる社会福祉と法』ミネルヴァ書房　2010年
・橋本好市・宮田徹編『保育と社会福祉』みらい　2013年
・山内一信監修『病院管理学』同友館　2019年

コラム

自費診療と保険点数の落とし穴

　医療保険制度を使って治療を受けるためには、保険証が必要です。もし、何らかの理由で提出できなかったらどうすればよいのでしょうか。

　現在、保険証はカード式で一人一枚交付されるのが主流で、常に携帯している人も多いのではないでしょうか。しかし、旅行や出張等で保険証を持ち合わせていなかった場合、患者は治療費の全額を支払うことになります。本章でも学びましたが、医療機関では、診療にかかった費用を患者が全額負担することを「自費診療」と呼び、保険診療と明確に区別しています。しかし、保険の枠内で行われた診療であれば、保険給付が受けられる仕組みになっています。患者が一旦、医療費を全額支払い、後で保険者から現金で払い戻しを受けることができるという制度です。本章で学んだ「療養費」がそれにあたります。「療養費払い」「償還払い」とも呼ばれ、現金で医療費を受け取る「現金給付」の代表的なものです。

　通常、患者は、診療報酬点数表で計算した金額から一部負担金を差し引いた額（原則7割相当）を保険者から受け取ることができます。ところが、自費診療が絡むと、少しばかりやっかいなことが起きます。自費診療は、診療報酬点数の単価を医療機関が自由に設定できるため、自費診療の場合、1点を10円よりも高く設定している医療機関が多くあります。診療費が500点、自費診療1点20円として計算してみましょう。500点×20円＝10,000円が患者の支払額です。しかし、払い戻し額は、診療報酬点数で計算するため、1点＝10円で計算されます。診療費500点×10円＝5,000円のうち、一部負担金の3割分（5,000円×0.3＝1,500円）を除いた3,500円が払い戻されます。10,000円支払ったにもかかわらず、3,500円しか戻ってこないということになります。

　医療機関によっては、患者のリスクを最小限に抑えるために、決められた日までに保険証を持参すれば、保険診療に切り替え、7割分（前述の例でいえば、10,000円－1,500円＝8,500円）を返金してくれるところもあります。

　いずれにしても、保険証は、医療保険に加入していることの大切な証明書です。転職で保険証が間に合わない等、やむを得ない事情を除いて、保険医療機関を受診する際は、必ず携帯するようにしたいものです。

第5章 高齢者を支える介護保険制度

📋 なぜ、介護保険制度を学ぶのか

　以前からわが国では、「介護は家族の問題」という考え方がありました。しかし、世界一の長寿国となり、寝たきりや認知症高齢者が増加し、家族の介護負担やその長期化など、介護を支える仕組みの必要性がますます高まりました。

　また、厚生労働省「平成28年国民生活基礎調査」に基づき、主な介護者をみると、要介護者等と「同居」が58.7%で最も多く、次いで「事業者」が13.0%、「別居の家族等」が12.2%となっています。さらに「同居」の主な介護者の続柄をみると、「配偶者」が25.2%で最も多く、次いで「子」が21.8%、「子の配偶者」が9.7%となっています。このように介護はその60%近くが家庭内で担われています。この数字をみても、現在のわが国における介護が、いかに家族の負担のなかで行われているかがみえてきます。また、「同居の主な介護者」を性別でみると、男性34.0%、女性66.0%と女性が多くなっていることからも、核家族化や女性の社会進出が進む状況にあるにもかかわらず、女性への負担が増していることがわかります。加えて介護する側の高齢化なども深刻な問題です。このように家族だけで介護することが困難な時代を迎えたことから、これからみなさんが本章で学ぶ介護保険制度が誕生しました。

　介護保険制度が施行され約20年が経過しますが、65歳以上被保険者は1.6倍に増加し、要介護認定者も3倍に増加しています。このことからも、超高齢社会にあるわが国にとって介護はなくてはならないものになっています。このことからも、現在と将来において、看護は保健・医療・福祉の知識が不可欠であることがわかります。

　介護保険制度について学ぶことは、わが国の超高齢社会の全体像と将来の展望を理解することにもつながり、これらの知識をもとに、地域で生活する人々のために看護職者として何ができるかを考えるきっかけにもなります。

　それでは「介護保険制度」についての学びをスタートしましょう。

1 介護保険制度制定の背景

1 超高齢社会に伴う要介護高齢者の増加と介護保険制度の誕生

「介護が必要になる」のは限られた人だけでなく、誰でもそのリスクをもつ。このリスクを多くの人で負担し、万が一介護が必要になったときには、サービスが受けられるようにする制度が介護保険制度である。従来の措置制度により、受ける福祉サービスを行政が決定するという形態から、高齢者自身の選択によりサービスが提供されるという形態に転換を図るものとして、2000（平成12）年4月よりスタートした。

介護保険制度制定の背景には、わが国の高齢化が大きく関係している。1950（昭和25）年に4.9％だった高齢化率は、2055（令和37）年には38％になると推計されている。総人口に占める65歳以上人口の割合が、7％から倍の14％に達するまでの所要年数を倍化年数と呼ぶが、わが国では1970（昭和45）年に7％を超えると、その24年後の1994（平成6）年には14％に達しており、他の先進国と比較すると非常に早い経過をたどっていることになる[*1]。このような急速な高齢化に伴う要介護高齢者の増加により、家族には介護負担の増大、介護の長期化といった負担がかかるようになってきた。既婚者においては自身と配偶者の両親を含めると4人の要介護者の介護が必要となる場合もある。近年は核家族化や女性の社会進出により、介護の一番の担い手である女性により負担が集中することや、主介護者も高齢である老老介護、介護疲れによる介護心中などが社会問題として取り上げられるなど、家庭内での介護の限界がみえてきた。そして、介護を家族に頼るのではなく、社会全体で介護の問題を解決する必要性が問われるようになったことが、介護保険制度の誕生につながったといえる。

＊1
第1章 p.16表1－2
参照。

2 高齢者介護に関する従来の制度とその問題点

◆老人福祉制度と老人医療制度

介護保険制度が創設されるまでは、老人福祉制度と老人医療制度により高齢者の介護に関する施策が行われていた。また、高齢化の進展を背景に、表5－1のような高齢者に対する施策が進められてきた。

表5-1　高齢者に対する施策

1963(昭和38)年	「老人福祉法」を制定し、特別養護老人ホームの創設やホームヘルパー（老人家庭奉仕員）制度等を導入
1973(同48)年	老人医療費の無料化を実施
1982(同57)年	「老人保健法」を制定し、老人医療費の一定額負担等の導入
1989(平成元)年	「ゴールドプラン（高齢者保健福祉推進十か年戦略）」を策定し、施設緊急整備と在宅福祉の推進等を図る
1994(同6)年	「新ゴールドプラン（新・高齢者保健福祉推進十か年戦略）」を策定し、在宅介護の充実等を図る
1999(同11)年	今後5か年間の高齢者保健福祉施策の方向（ゴールドプラン21）を策定し、介護保険制度下での新たな介護サービス供給の整備目標が示された

◆老人福祉制度と老人医療制度の問題点

　老人福祉制度の問題点は、高齢者が高齢者福祉サービスを利用する際に、提供するサービスや事業所について市町村が決定（措置）していた点であり、利用者は自身でサービスを選択することはなく、サービスの提供主体も地方自治体や社会福祉法人に限定されていた。そのため民間のような競争原理が働かないことから、サービスの質が向上しにくい状況になっていた。また、サービス利用時に所得調査が行われることから抵抗感があった。さらに、サービス利用時の費用負担が応能負担（利用者本人と扶養義務者の収入金額に応じた費用を負担する）方式であったため、中高所得者にとっては重い負担になっていた。

老人福祉	老人医療
対象となるサービス 特別養護老人ホームなど ホームヘルプサービス、デイサービスなど （問題点） ○市町村がサービスの種類、提供期間を決めるため、利用者がサービスの選択をすることができない ○所得調査が必要なため、利用にあたって心理的抵抗感が伴う ○市町村が直接あるいは委託により提供するサービスが基本であるため、競争原理が働かず、サービス内容が画一的となりがち ○本人と扶養義務者の収入に応じた利用者負担（応能負担）となるため、中高所得層にとって重い負担	対象となるサービス 老人保健施設、療養型病床群、一般病院など 訪問看護、デイケアなど （問題点） ○中高所得者層にとって利用者負担が福祉サービスより低く、また福祉サービスの基盤整備が不十分であったため、介護を理由とする一般病院への長期入院の問題が発生 →特別養護老人ホームや老人保健施設に比べてコストが高く、医療費が増加 →治療を目標とする病院では、スタッフや生活環境の面で、介護を要するものが長期に療養する場としての体制が不十分 （居室面積が狭い、食堂や多機能を備えた風呂がないなど）

従来の老人福祉・老人医療制度による対応には限界

図5-1　高齢者介護に関する従前の制度の問題点

出典：厚生労働省「公的介護保険制度の現状と今後の役割（平成25年）」p.4を一部改変

一方、老人医療制度の問題点は、高齢者福祉サービスの費用負担が応能負担であることによって、中高所得者層が自らの負担を軽減するため、より負担が低い老人医療を介護目的で利用するというケースが多くみられたことである。当時、特別養護老人ホームへの入所は老人福祉法による措置入院であったため、条件がクリアできないと入所できないという制約が伴った。そのため、長期入院が必要とされる高齢者が、療養病棟を多くもつ一般病院に福祉目的の入院患者として多く集まり、長期入院をするという社会的入院問題が起こった。このような状況がわが国の医療保険制度の財源を逼迫させることとなったため、社会的入院を是正し医療費を効率化させる必要に迫られた。

　また、本来病院は治療を目的とした施設であり、介護を目的としていないため、介護を必要とする者が長期で利用するには設備、スタッフ、生活環境など多くの面で体制が不十分であった。このように、従来の制度の問題点をまとめると図5-1のようになる。

3　介護保険法の成立

　高齢者介護に関しては、上記のような問題点が散在したため、従来の老人福祉制度、老人医療制度を再編し、社会保険方式を基盤に置いた新しい介護システム構築の検討が始まった。そして、①高齢者の介護を社会全体で支える、②社会保険方式により、給付と負担の関係を明確にする、③利用者の選択により、多様な主体から保健医療サービス・福祉サービスを総合的に受けることができる、④介護を医療から切り離し、社会的入院解消の条件整備を図ることをねらいとして、1997（平成9）年に介護保険法が成立し、2000（同12）年に施行された。

② 介護保険制度の仕組みと手続き

1　基本理念

　介護保険法第1条では「この法律は、加齢に伴って生ずる心身の変化に起因する疾病等により要介護状態となり、入浴、排せつ、食事等の介護、機能訓練並びに看護及び療養上の管理その他の医療を要する者等について、これらの者が尊厳を保持し、その有する能力に応じ自立した日常生活を営むことができるよう、必要な保健医療サービス及び福祉サービスに係る給付を行う

ため、国民の共同連帯の理念に基づき介護保険制度を設け、その行う保険給付等に関して必要な事項を定め、もって国民の保健医療の向上及び福祉の増進を図ることを目的とする」と定められており、この内容から、介護保険の基本理念が、介護が必要な人の「尊厳の保持」と「自立の支援」であることがわかる。

2　保険者と被保険者

　介護保険制度の運営主体である保険者は市町村（特別区含む）であり、制度に加入する被保険者は、65歳以上の第1号被保険者と、40歳以上65歳未満の医療保険加入者である第2号被保険者に分かれる（表5-2）。

表5-2　介護保険制度における被保険者

	第1号被保険者	第2号被保険者
対象者	65歳以上の者	40歳以上65歳未満の医療保険加入者
受給権者	要介護者*2 要支援者*3	要介護・要支援状態が、末期がん・関節リウマチ等の加齢に起因する疾病(特定疾病)*4による場合に限定
保険料徴収	市町村が徴収	医療保険者が医療保険料とともに徴収し、納付金として一括して納付

3　介護サービス利用の手続き

◆申請から認定まで

　まず、介護保険制度のサービスを利用するには、サービスを受けられる状態かどうかの認定を受ける必要がある（図5-2）。要介護認定申請書に介護保険の保険証を添え、各市町村の介護保険課に申請すると、専門知識をもつ認定調査員が家庭等を訪問し聞き取りで調査を行う。この訪問調査の結果は、コンピューターに入力され、全国一律の基準で判定されるが、これを一次判定という。この一次判定の結果に、主治医が傷病や心身の状態について医学的な見地から記した主治医意見書を添えて、医療と介護の有識者が集まる介護認定審査会で図り、どのくらいの介護を必要とするかの区分（要介護度）を審査・判定する（二次判定）。これらの審査を経て、原則として30日以内に認定結果が通知される。区分は必要な介護の度合いにより、非該当、要支援1・2、要介護1～5に分けられる。なお、認定に不服がある場合は、都道府県に設置される介護保険審査会に不服申立てができる。

*2　要介護者
入浴、排せつ、食事などの日常生活動作について常に介護が必要な者。

*3　要支援者
心身の状態が改善する可能性の高い者で、日常生活の一部に支援が必要な者。

*4　特定疾病
介護保険法施行令第2条に以下の疾病が定められている。①がん（医師が一般に認められている医学的知見に基づき回復の見込みがない状態に至ったと判断したものに限る）、②関節リウマチ、③筋萎縮性側索硬化症、④後縦靱帯骨化症、⑤骨折を伴う骨粗鬆症、⑥初老期における認知症、⑦進行性核上性麻痺、大脳皮質基底核変性症及びパーキンソン病、⑧脊髄小脳変性症、⑨脊柱管狭窄症、⑩早老症、⑪多系統萎縮症、⑫糖尿病性神経障害、糖尿病性腎症及び糖尿病性網膜症、⑬脳血管疾患、⑭閉塞性動脈硬化症、⑮慢性閉塞性肺疾患、⑯両側の膝関節又は股関節に著しい変形を伴う変形性関節症

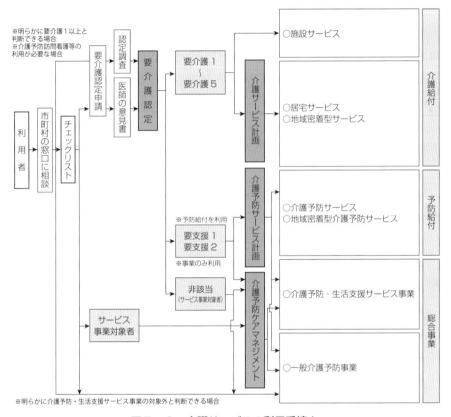

図5-2　介護サービスの利用手続き
出典：厚生労働省『介護予防・日常生活支援総合事業ガイドライン案（概要）』を一部改変

◆介護サービス計画（ケアプラン）の作成

　要支援1・2、要介護1〜5の認定を受けた場合は、介護サービス等について給付が受けられる。要介護認定を受けた者は「介護給付」として、施設サービスや居宅サービス、地域密着型サービス*5を受ける。また、要支援認定を受けた者は「予防給付」として、介護予防サービスや地域密着型介護予防サービスを受ける。非該当と認定された場合は介護保険の給付は受けられないが、市町村が行う総合事業などの地域支援事業のサービスを受けることができる。

　要介護者が居宅サービスや地域密着型サービスを利用する場合には、居宅介護支援事業所の介護支援専門員（ケアマネジャー）が介護サービス計画（ケアプラン）を作成し、施設サービスを利用する場合には、施設のケアマネジャーがケアプランを作成する。また、要支援者については、地域包括支援センターがケアプランを作成する。

*5　地域密着型サービス
要介護者等が住み慣れた地域での生活を継続できるように、24時間体制で支えるという観点から創設された。市町村が事業者の指定や監督を行っている。施設の規模は小さいが、利用者のニーズにきめ細かく応えることができるという利点がある。

3 介護保険制度のサービス

1 利用できるサービスの全体像

　前述の通り、「介護給付」は要介護1～5へのサービスであり、「予防給付」は要支援1・2へのサービスである。利用できるサービスの全体像は表5－3の通りである。

表5－3　サービス等の種類

	予防給付におけるサービス	介護給付におけるサービス
都道府県が指定・監督を行うサービス	◎介護予防サービス 【訪問サービス】 ○介護予防訪問入浴介護 ○介護予防訪問看護 ○介護予防訪問リハビリテーション ○介護予防居宅療養管理指導 【通所サービス】 ○介護予防通所リハビリテーション 【短期入所サービス】 ○介護予防短期入所生活介護 ○介護予防短期入所療養介護 ○介護予防特定施設入居者生活介護 ○介護予防福祉用具貸与 ○特定介護予防福祉用具販売	◎居宅サービス 【訪問サービス】 ○訪問介護 ○訪問入浴介護 ○訪問看護 ○訪問リハビリテーション ○居宅療養管理指導 【通所サービス】 ○通所介護 ○通所リハビリテーション 【短期入所サービス】 ○短期入所生活介護 ○短期入所療養介護 ○特定施設入居者生活介護 ○福祉用具貸与 ○特定福祉用具販売 ◎施設サービス ○介護老人福祉施設 ○介護老人保健施設 ○介護療養型医療施設 ○介護医療院
市町村が指定・監督を行うサービス	◎介護予防支援 ◎地域密着型介護予防サービス ○介護予防小規模多機能型居宅介護 ○介護予防認知症対応型通所介護 ○介護予防認知症対応型共同生活介護(グループホーム)	◎地域密着型サービス ○定期巡回・随時対応型訪問介護看護 ○小規模多機能型居宅介護 ○夜間対応型訪問介護 ○認知症対応型通所介護 ○認知症対応型共同生活介護（グループホーム） ○地域密着型特定施設入居者生活介護 ○地域密着型介護老人福祉施設入所者生活介護 ○看護小規模多機能型居宅介護 ○地域密着型通所介護 ◎居宅介護支援
その他	○住宅改修	○住宅改修
市町村が実施する事業	◎地域支援事業 ○介護予防・日常生活支援総合事業 　・介護予防・生活支援サービス事業　・一般介護予防事業 ○包括的支援事業 　・地域包括支援センターの運営　・在宅医療・介護連携の推進　・認知症施策の推進 　・生活支援サービスの体制整備 ○任意事業 　・介護給付費適正化事業　・家族介護支援事業　・その他の事業	

出典：厚生労働統計協会編『国民の福祉と介護の動向 2019/2020』厚生労働統計協会　2019年　p.155を一部改変

2 介護給付によるサービス

以下では、要介護者に対する介護給付のサービス内容について説明する。

【居宅サービス等】

◆訪問介護

介護福祉士やホームヘルパーなどが家庭を訪問し、食事や排せつなど日常生活上の介護、調理や洗濯などの生活援助を行う。

◆訪問入浴介護

家庭の浴室での入浴が困難な人を対象に、簡易浴槽を家庭に持ち込むなどして入浴サービスを行う。

◆訪問看護

看護師などが家庭を訪問し、主治医の指示に従って、療養上の世話や診療の補助などを行う。

◆訪問リハビリテーション

理学療法士（PT）や作業療法士（OT）、言語聴覚士（ST）が家庭を訪問し、心身機能の維持回復と日常生活の自立に向けた訓練を行う。

◆居宅療養管理指導

医師、歯科医師、薬剤師などが医学的な健康管理・薬剤管理などについて指導・助言を行う。

◆通所介護

要介護者がデイサービスセンターなどに通い、日常生活上の介護や、機能回復のための訓練を受ける。また、レクリエーションなどに参加する。

◆通所リハビリテーション

要介護者が医療機関や介護老人保健施設などにおいて、心身機能の維持回復と日常生活の自立に向けた訓練を受ける。

◆短期入所生活介護

要介護者が特別養護老人ホームなどに短期間入所し、入浴・食事などの介護や機能訓練を受ける。

◆短期入所療養介護

要介護者が介護老人保健施設などに短期間入所し、医師や看護師等からの医学的管理のもと、療養上の世話や日常生活上の介護、機能訓練を受ける。

◆特定施設入居者生活介護

有料老人ホーム、養護老人ホーム、軽費老人ホームなどに入居している要介護者が、入浴・排せつ・食事、その他必要な日常生活上の支援を受ける。

◆**福祉用具貸与**

　日常生活における自立支援や介護者の負担軽減を図るために車いす、ベッド、床ずれ防止用具等の貸与を行う。福祉用具の種類によっては、貸与の対象が要介護4・5の人に限るものもある。

◆**特定福祉用具販売**

　要介護者が、腰掛け便座や入浴用のいすなど、貸与になじまない福祉用具（特定福祉用具）を購入した場合に、購入費の一部を支給する。利用者が一旦全額を支払ったのちに、介護保険からその9割が払い戻される。

◆**居宅介護支援**

　介護が必要な人が適切にサービスを利用できるよう、介護支援専門員（ケアマネジャー）が心身の状況や生活環境、本人と家族の希望に沿うケアプランの作成や、介護サービス業者への連絡と調整を行う。

◆**住宅改修**

　心身の機能低下により、日常生活に支障がある要介護者に対して、日常生活上の便宜を図り、自立した生活を支援するため、手すりの取付け、段差の解消などの住宅改修に係る費用を給付する。利用者が一旦全額を支払ったのちに、介護保険からその9割が払い戻される（同一住宅につき18万円まで）。

【**施設サービス**】

　以下の施設は、要介護認定を受けた者しか入所することはできない。ただし、要支援者であっても、ショートステイでの利用は可能となっている。

◆**介護老人福祉施設（特別養護老人ホーム）**

　常に介護が必要で、家庭での生活が困難な人が、食事や排せつなどの介護や療養上の世話を受けるために入所する施設。

◆**介護老人保健施設**

　病状が安定し、病院から退院した人などが、在宅生活に復帰できるよう、リハビリテーションを中心とする医療ケアと介護を受けるために入所する施設。

◆**介護医療院**

　今後、増加が見込まれる慢性期の医療・介護ニーズへの対応のため要介護者に対し「長期医療のための医療」と「日常生活上の介護」を一体的に提供する施設。

◆**介護療養型医療施設**

　比較的長期間に渡って、日常生活に医療ケアを必要とする人や慢性期のリハビリテーションを必要とする人が、療養上の管理、看護、介護および必要

な医療の提供を受けるために入所する医療施設である。2018（平成30）年3月末に廃止される予定であったが、経過措置として2023（令和4）年度末まで6年間延長されることになった。

【地域密着型サービス】

◆定期巡回・随時対応型訪問介護看護

ホームヘルパーや看護師などが、日中・夜間を通じて定期的に家庭を巡回したり、連絡のあった家庭を訪問したりして、介護や日常生活上の援助を行うとともに、療養上の世話や診療の補助を行う。

◆小規模多機能型居宅介護

要介護者の身近な地域の施設で、通所を中心に、食事や入浴、機能訓練を行う。また利用者の状態や希望に応じて、併設施設の訪問サービスや、入所もできる。同じ事業所が随時のサービスを提供することにより、介護度が重度になっても在宅で生活できるよう支援する。

◆夜間対応型訪問介護

夜間に、ホームヘルパーなどが定期的に要介護者の家庭を巡回したり、連絡のあった家庭を訪問したりして、介護や身の回りの世話を行う。

◆認知症対応型通所介護

居宅の認知症要介護者をデイサービスセンターなどに通わせ、できるだけ居宅で自立した生活が営めるように、食事や排せつなどの介護や機能訓練を行う。

◆認知症対応型共同生活介護

認知症要介護者が、家庭的な環境のなかで共同生活を営むことができる住居において、入浴、排せつ、食事等の介護、日常生活上の世話、機能訓練を行う。

◆地域密着型特定施設入居者生活介護

小規模（定員30人未満）な有料老人ホームや軽費老人ホーム（ケアハウス）などに入所している要介護者に対して、入浴、排せつ、食事等の介護、日常生活上の世話、機能訓練を行う。

◆地域密着型介護老人福祉施設入所者生活介護

小規模（定員30人未満）な特別養護老人ホームなどに入所している要介護者に対して、食事や排せつなどの介護や、日常生活上の世話、機能訓練を行う。

◆看護小規模多機能型居宅介護

小規模多機能型居宅介護と同じように、通所を中心に宿泊や訪問介護、訪問看護が利用できる複合型のサービス。小規模多機能型居宅介護に訪問看護

が加えられたもので、医療的なニーズを必要とする人が対象となる。

◆地域密着型通所介護

　小規模（定員18人以下）なデイサービスで、入浴や食事、排せつなどの介護、機能訓練、レクリエーションなどを行う。

3 地域支援事業

　地域支援事業とは、被保険者が要介護状態または要支援状態となることを予防するとともに、要介護状態等になった場合においても、可能な限り住み慣れた地域で自立した生活を送ることができるように支援することを目的とした事業である。「介護予防・日常生活支援総合事業」「包括的支援事業」「任意事業」で構成されている。

　介護予防・日常生活支援総合事業は、市町村独自の基準で実施される事業で、介護予防・生活支援サービス事業と一般介護予防事業で構成されている。

　包括的支援事業は、地域住民の保健医療の向上および福祉の増進を包括的に支援するために実施する事業で、地域包括支援センター*6が市町村からの委託を受けて実施する。

　任意事業とは、法令の趣旨に沿って、市町村が必要と判断する事業である。家族介護教室などの家族介護支援事業や、福祉用具・住宅改修に関する相談・情報提供や助言を行うその他の事業も含まれる。

*6　地域包括支援センター
市町村が運営主体となって、高齢者が住み慣れた地域での生活を継続できるよう、社会福祉士、保健師、主任介護支援専門員が総合的・包括的なマネジメントを担う。

4 介護保険事業計画等

　厚生労働大臣は、介護保険事業に係る保険給付の円滑な実施を確保するための基本方針を策定する。この基本方針に沿って、市町村は介護保険事業計画を、都道府県は介護保険事業支援計画を3年を1期として策定しなければならない。また、これらの計画は、市町村老人福祉計画*7および都道府県老人福祉計画*8と一体のものとして作成されなければならないとされている。

　介護保険事業計画では、要介護者等のサービス利用意向等をふまえ、サービスの種類ごとのサービス提供見込みや基盤整備目標、費用の確保等の方策が盛り込まれる。また、介護保険事業支援計画では、都道府県内の入所型サービスの必要入所総定員や介護支援専門員等の資質の向上、介護保険施設間の連携などの内容が盛り込まれる。

　なお、2014（平成26）年の介護保険法の改正により、2015（同27）年度から市町村介護保険事業計画は、地域における医療及び介護の総合的な確保の

*7　市町村老人福祉計画
第10章 p.166参照。

*8　都道府県老人福祉計画
第10章 p.166参照。

促進に関する法律（以下「医療介護総合確保推進法」）に規定する「市町村計画」と整合性の確保が図られたものでなければならないとされ、また、都道府県介護保険事業支援計画は、医療介護総合確保推進法に規定する「都道府県計画」、医療法に規定する「医療計画」と整合性の確保が図られたものでなければならないと規定された。

4 介護保険の財源と費用負担

1 財源と保険料

　介護保険の財源は、国・都道府県・市町村の公費（50％）と第1号被保険者（23％）、第2号被保険者（27％）から徴収される保険料で賄（まかな）われる。第1号被保険者の保険料は、保険者である各市町村の給付水準に応じて決定され、保険料の徴収は、年金から天引きされる特別徴収と市町村が個別に徴収する普通徴収がある。第2号被保険者の保険料は、各医療保険者が医療保険料のなかに含めて一括して徴収する（図5－3）。

2 利用者負担と軽減制度

◆利用者負担

　サービス利用にかかった費用の1割を利用者が負担し、残りの9割が介護保険から給付される。ただし、介護サービス計画作成などの居宅介護支援や介護予防支援の費用については、利用者負担はない。要介護者が介護保険施設（介護老人福祉施設、介護老人保健施設、介護療養型医療施設）に入所した場合は、1割負担のほかに居住費、食費、日常生活費が利用者負担となる。

　なお、2014（平成26）年の介護保険法改正に伴い、2015（同27）年8月より、年金年収が280万円以上ある人に限り、利用者負担が現行の1割から2割となった。これに加え、2018（同30）年8月より、年金収入が340万円以上ある人は自己負担が3割となった。

◆利用者負担額の軽減制度

・高額介護（介護予防）サービス費

　同じ月に利用した介護サービスの、利用者負担（1割の部分）が、一定の上限額（表5－4）を超えた場合は、所得区分に応じて、申請により超えた分が「高額介護（介護予防）サービス費」として後から支給される（同一世帯に複数の利用者がいる場合は、世帯全体の負担額が上限を超えた額）。なお、

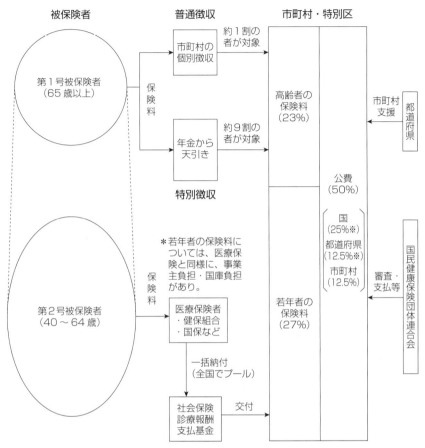

※国の負担分のうち5%は調整交付金であり、75歳以上の方の数や高齢者の方の所得の分布状況に応じて増減
※施設等給付費（都道府県指定の介護保険3施設及び特定施設に係る給付費）は、国15%、都道府県17.5%

図5-3　介護保険の保険料と公費負担
出典：厚生労働省編『厚生労働白書（資料編）』2019年　p.227を一部改変

福祉用具購入費や住宅改修費、施設サービスでの居住費、食費および日常生活費などの利用料は、高額介護サービス費の支給対象とはならない。

・高額介護合算療養費

　国民健康保険[*9]や被用者保険[*10]などの医療保険の自己負担額と、介護保険の自己負担額が高額になったときは、それぞれの月額の限度額を適用後、さらに合算して、年額の限度額を超えた部分が「高額介護合算療養費」[*11]として支給される。

[*9] 国民健康保険
第4章 p.68参照。

[*10] 被用者保険
第4章 p.66参照。

[*11] 高額介護合算療養費
第4章 p.72も参照。

表5－4　利用者負担上限額

所得区分	世帯の上限額
(1)(2)または(3)に該当しない場合	44,400円[注1]
(2)①市町村民税世帯非課税者 　　②24,600円への減額により生活保護の要保護者とならない場合	①24,600円 ②24,600円
(a)市町村民税世帯非課税で、(公的年金等収入金額＋合計所得金額) 　　　が80万円以下である場合	個人15,000円
(b)市町村民税世帯非課税の老齢福祉年金受給者	個人15,000円
(3)①生活保護の被保護者 　　②15,000円への減額により生活保護の要保護者とならない場合	①個人15,000円 ②15,000円

注1）1割負担者のみの世帯について、年間上限（446,400円）あり。（3年間の時限措置）
注2）個人とあるのは、個人の上限額
出典：図5－3と同じ　p.229を一部改変

●学びの確認

①介護保険法が制定された社会的背景・制度的問題点についてまとめて
みよう。
②介護保険制度の概要について、基本理念、制度の全体の流れ、利用ま
での手続き、利用できるサービスについて、それぞれを整理しまとめ
てみよう。

【参考文献】
・石田一紀編『新・Essential老人福祉論 第2版』みらい　2013年
・山田美津子・稲葉光彦編『社会福祉を学ぶ 第2版』みらい　2013年

コラム

介護認定調査時の難しさ

　本章では、介護保険の申請から認定までの流れについて学びました。この一連の流れのなかから、ひとつのエピソードをお話ししましょう。

　介護保険の申請書を各市町村の窓口に提出すると、専門知識をもつ職員（認定調査員）の聞き取り調査（認定調査）が行われます。この認定調査は、看護師、保健師の資格を取得している者も認定調査員として行うことができます。認定調査は家庭等に伺い、被保険者の心身の状況や置かれている環境などについて認定調査を行うものですが、認定調査当日に調査員が伺うと、被保険者である高齢者の方々は、約束した時間よりも随分早くから緊張した様子で待ってくださっています。そこで心身の状況について聞き取り調査を始めるわけですが、普段の様子を知っている家族や近隣の人々から聞く状況よりも、非常に良い結果が出ることがあります。普段できないであろう身体的な調査項目も、回答に困られるのではないかと予測する調査項目も、スムーズにこなされることがあります。これにより被保険者の状態が正確に判断できず、介護度が軽度になってしまうこともあります。これは高齢者の特徴ともいえるかもしれませんが、調査員に対し、「がんばる姿」「できる姿」を見せようとする気持ちの結果だと考えることができます。よく耳にすることですが、認定調査が終了し調査員が帰宅した後の被保険者の様子について、「とても疲れているようだった」という話をご家族から聞くことがあります。

　このようなことから、調査を実施する者は、高齢者の特徴も理解したうえで、被保険者の普段の心身の状況を正確に判断するよう心掛ける必要があります。特に認知症をもつ被保険者は、調査の主旨が理解できず、見慣れない顔の調査員が家庭のなかに入ってきて、聞き取り調査を行うことに恐怖を感じることもあります。こうした場合、被保険者の既往歴や資料等を事前に確認しておき、対応を考えなければならず、みなさんが看護職をめざす学びのなかで習得した能力やスキルが、役立つ場面になります。ここでは、聞き取り調査の「聞き方」にひと工夫できることでしょう。

　このように現場では、専門職ならではの保健・医療・福祉の力が随所に活用されます。みなさんが教育機関で学ぶことの積み重ねに無駄なものは何ひとつなく、一つひとつの科目から学ぶ知識の積み重ねによって総合力・応用力が身につき、現場で活かしていくことができるのです。

第6章　生活を支える所得保障制度

📋 なぜ、所得保障制度を学ぶのか

　私たちは、自らの意思、すなわち自己選択・自己決定・自己責任のもと、さまざまな努力をしながら日々の生活を営んでいます。とはいえ、病気や事故、失業、さらには、老齢、障害などにより、自身の努力では解決できず結果的に自立した生活を送ることが困難な状況に陥る場面も多々存在します。

　そこで、わが国においては、こうしたリスクに対応するための所得保障制度として社会保険制度があります。本制度には、年金・医療・介護・雇用・労働者災害補償の各保険制度があり、それぞれが社会保険制度の特徴である"防貧的機能"を果たすことで、私たちは、「金銭の貯え」の減少を抑えることが可能となっています。

　労働者（被用者）である以上、誰もが老齢により"定年退職"を余儀なくされます。その際、生活の安定を図るために頼らざるを得ない制度として年金制度が存在しています。また、労働者の誰もが遭遇することのあり得る事柄として、仕事中あるいは、通勤および帰宅途中の事故、そして、さまざまな事情による失職・離職が考えられます。これらの事態に対し、前者においては労働者災害補償保険が、後者に関しては雇用保険が設けられています。これら年金保険、雇用保険、および労働者災害補償保険は、看護職を含めた労働者にとっては、いずれも知識として得ておくべき重要事項であるといえます。

　いうまでもなく、公的な制度による給付を受けるためには、その要件を満たす必要があり、諸手続き等を含めた制度概要を把握しておくことが、いざという時に、自身の身を守ることにもなります。また、看護職が仕事をするうえでの対象者となる患者についても、労働者、あるいは年金受給者であることは十分にありえます。心のケアも含め支援にあたる医療専門職者として、患者の置かれている状況を把握することは重要なことです。

　看護職をめざす者として、業務に関する知識、技術を習得することは当然のことでありますが、それ以外にも社会保険制度等、関連事項についての知識を得ておくことも、"信頼される看護職"になるうえでの必須事項です。医療に携わる者として、「自己研鑽」の重要性を認識し、さまざまな知識の習得に努めてほしいものです。

　それでは、「所得保障制度」についての学びをスタートしましょう。

1 公的年金制度の仕組み

　私たちの私生活において、自分自身や家族が加齢、死亡、そして障害を有する状態に陥ることで収入が途絶えることは誰にも起こり得る生活上のリスクである。いうまでもなく、こうした事態は想定できるものもあれば、予測することができず個人や家族で対応することが困難となるケースも考えられる。そこで、わが国においては、万一の事態に備えるための所得保障制度として公的年金制度が社会保険の一つとして位置づけられている。

　公的年金制度は、全国民共通の国民年金（基礎年金）とその上に上乗せされる被用者を対象とした報酬比例年金である厚生年金保険からなる（図6－1）。なお、これまでの共済年金については、2015（平成27）年10月の「被用者年金一元化法」の施行に伴い、厚生年金保険に統一されている。

　国民年金が、日本国内に住所を有する20歳以上60歳未満のすべての者（厚生年金保険加入者を含む）が強制加入となるのに対し、厚生年金保険は民間企業（厚生年金保険適用事業所）に勤務する70歳未満の者と国家公務員、地方公務員、私立学校教職員を対象としている。つまり、被用者については、国民年金と厚生年金保険の2つの年金制度に加入することとなる。

　そこで、本章では基礎年金である国民年金および被用者年金である厚生年金保険について概説していく。

図6－1　公的年金制度の仕組み

出典：厚生労働省編『平成30年度版 厚生労働白書（資料編）』日経印刷　2019年　p.236を一部改変

2 国民年金（基礎年金）

1 国民年金とは

◆目的

　国民年金は、老齢、障害または死亡によって国民生活の安定が損なわれることを防止し、健全な国民生活の維持および向上に寄与することを目的としている。

◆保険者と被保険者

　社会保険制度を学ぶにあたり、各制度の保険者および被保険者について把握しておくことは極めて重要なことである。

　年金制度の運営主体、すなわち保険者は国であるが、年金適用、保険料徴収、年金給付等の事務については、これまでの社会保険庁に代わり、2010（平成22）年1月以降は非公務員型の公法人である日本年金機構が担っている。

　一方、国民年金における被保険者（年金保険に加入する者）に関しては、加入形態・費用負担の相違により次の3つに区分される。

　なお、国民年金においては、老齢基礎年金の受給資格期間（10年以上）[*1]を満たしていない者等に対する任意加入制度も設けられている。

> 第1号被保険者：日本国内に住所を有する20歳以上60歳未満の者であって第2号被保険者および第3号被保険者でない者
>
> 第2号被保険者：厚生年金保険の被保険者
>
> 第3号被保険者：第2号被保険者の被扶養配偶者であって20歳以上60歳未満の者

*1
受給資格期間については、公的年金制度の財政基盤及び最低保障機能の強化等のための国民年金法等の一部を改正する法律（年金機能強化法）の成立・公布に伴い、2017（平成29）年8月より、これまでの25年から10年に短縮された。

◆国民年金の保険料

　国民年金の保険料について、個別に負担する必要があるのは、第1号被保険者のみであり、第2号被保険者および第3号被保険者においては、各被用者年金の保険者が被保険者数に応じて拠出金として一括して負担することから個別に負担することはない。

　なお、第1号被保険者の保険料については、定額制（2019［令和元］年度月額1万6,410円）となっている。

　そのほか、第1号被保険者に対しては、保険料の免除および猶予制度が設けられている。これは、国民皆年金に基づき、所得に関係なく定額の保険料が課せられることから、所得の無い者、もしくは所得の低い者への配慮とし

ての制度である。

◆免除制度

　まず、免除制度としては、法定免除と申請免除の二つがある。前者は、生活保護法の生活扶助[*2]受給者、障害基礎年金の受給者等に対し保険料の全額が免除され、後者においては、所得の低い者、生活保護法の生活扶助以外の扶助受給者等に対し、保険料の全額、もしくは一部（4分の3、2分の1、4分の1）が免除される。

　免除期間は受給資格期間に算入され、免除期間分の保険料は10年以内であれば 遡（さかのぼ）って追納することができる。

　なお、次世代育成支援の観点から、2019（平成31）年4月より産前産後期間の保険料免除制度が施行され、これにより第1号被保険者の出産に際し出産予定日または出産日が属する月の前月から4か月間[*3]の国民年金保険料が免除されることとなった。さらに、本制度においては、産前産後免除期間は保険料を全額納付した期間として扱われ、追納の必要がない点が特徴といえる。

◆猶予制度

　一方、猶予制度としては、学生納付特例制度および納付猶予制度がある。

　学生納付特例制度においては、親の所得に関係なく学生自身の所得を基準とし、申請に基づき保険料の納付が猶予される。なお、納付特例期間は、後述の障害基礎年金および遺族基礎年金の保険料納付要件には算入されるが、老齢基礎年金については、あくまで「合算対象期間」[*4]としての扱いとなる。したがって、満額の老齢基礎年金を受け取るためには、10年以内に保険料を追納する必要がある。

　また、これまでの若年者納付猶予制度については、「納付猶予制度」に制度名が変更され、2016（平成28）年7月以降は50歳未満の者が本制度の対象となった（同年6月以前は30歳未満が対象）。これにより50歳未満の第1号被保険者を対象に、本人および配偶者の所得をもとに、申請によって保険料の納付が猶予される。

2　給付

　国民年金には、老齢、障害、遺族の3種類の給付がある。

◆老齢基礎年金

　老齢基礎年金とは、国民年金から支給される老齢年金を受け取るために必要な加入期間、いわゆる受給資格期間（10年以上）を満たした者に対し、原

＊2　生活扶助
第7章p.117参照。

＊3
多胎妊娠の場合は、出産予定日または出産日が属する月の3か月前から6か月間。

＊4　合算対象期間
「カラ期間」とも呼ばれ、老齢基礎年金等の受給資格期間には算入するが、年金額には反映されない期間のことをいう。

則65歳から支給する年金である。保険料納付済期間、保険料免除期間、合算対象期間の合計年数が10年以上あれば老齢基礎年金の受給は可能となるが、年金加入可能年数（20〜60歳）である40年の間に未納期間があればその割合に応じ減額となる。

　また、老齢基礎年金については、本人の希望により、60歳からの繰り上げ支給、あるいは、66歳からの繰り下げ支給も可能となっており、前者については減額、後者については増額して給付される。

◆障害基礎年金

　障害基礎年金は、傷病等の初診日において国民年金の被保険者である者、あるいは、かつて被保険者であった者（国内に住所を有する60歳以上65歳未満の者を含む）が、障害認定日に障害等級１級または２級に該当する状態にある場合に支給される年金である。

　支給に関しては、保険料納付済期間および免除期間の合算期間が被保険者期間の３分の２以上あること、または初診日において65歳未満であり、初診日のある月の前々月までの１年間に保険料未納期間がないことを要件としてあげている。

　なお、初診日に20歳未満であった者については、上記の障害状態を有し20歳に達した段階で、所得制限を条件に支給される。

　障害基礎年金の支給額は、２級の場合は満額の老齢基礎年金と同額、１級は２級の25％増となっている。

◆遺族基礎年金

　遺族基礎年金は、①国民年金の被保険者、②老齢基礎年金の受給権者、③保険料納付済期間（保険料免除期間・合算対象期間を含む）が25年以上である者、④被保険者であった者で日本国内に住所を有する60歳以上65歳未満の者のいずれかの該当者が死亡したとき、その者によって生計を維持していた子のある配偶者、または子に支給される。なお、ここでいう「子」とは、18歳の誕生日のある年度の末日を経過していない子、あるいは20歳未満で障害等級１級または２級の障害を有する子のことをいう。

　上記①、④については、障害基礎年金と同様、死亡した者について、保険料納付済期間および免除期間の合算期間が被保険者期間の３分の２以上あることが必要となる。そのほか、死亡日の前々月までの１年間に保険料未納期間がない場合も本年金の支給対象となる。

　遺族基礎年金の支給額は、子のある配偶者が受ける場合は、「老齢基礎年金の満額＋子の加算額」、子に支給される場合は、「老齢基礎年金の満額＋第２子以降の子の加算額」で、第２子以降の加算がある場合には、子の数で除

した額を子 1 人当たりの年金額と定めている。

◆独自給付

　上記年金のほかに、国民年金においては、自営業者等の第 1 号被保険者を対象に付加年金、寡婦年金、死亡一時金といった独自給付がある。

　付加年金は、老齢基礎年金に上乗せされる任意加入の給付であり、本来の国民年金保険料に付加保険料（月額400円）を納付することで老齢基礎年金の受給権取得時に加算支給（加算額については、200円×付加保険料納付月数で算定）される。

　寡婦年金に関しては、第 1 号被保険者としての受給資格期間を満たしている夫が死亡した場合、10年以上の婚姻期間があった妻に、60歳から65歳になるまでの間支給される。年金額は、夫の第 1 号被保険者期間のみで計算した老齢基礎年金の 4 分の 3 とされている。

　また、死亡一時金については、保険料を36月以上納付した者が、いずれの年金も受給することなく死亡し、その遺族も遺族基礎年金を受給できない状況にある場合、遺族に対し支給される。一時金の額に関しては、保険料納付済期間に応じて 6 段階（12〜32万円）に区分されている。

3 　国民年金基金

　国民年金および厚生年金保険の対象となる被用者と国民年金のみの加入となる自営業者等の第 1 号被保険者とでは、将来受給する年金額に差が生じることとなる。そこで、第 1 号被保険者を対象とする任意加入制度として、老齢基礎年金に上乗せする年金制度である国民年金基金が設けられている。

　なお、国民年金基金の掛金については、加入者ごとに異なり、選択した給付の型、加入口数、加入時の年齢等によって月額（上限 6 万8,000円）が決定する仕組みとなっている。

3 　厚生年金保険

1 　厚生年金保険とは

◆目的

　厚生年金保険は、労働者の老齢、障害または死亡について保険給付を行い、労働者およびその遺族の生活の安定と福祉の向上に寄与することを目的とし

ている。

◆保険者と被保険者

国民年金同様、厚生年金保険の保険者も国となり、運用等における事務については、日本年金機構が担っている。

一方、被保険者に関しては、一定要件に該当する事業所（適用事業所）に使用される70歳未満の者となっている。なお、パート労働者であっても、所定労働時間および所定労働日数が一般社員の4分の3以上になる者は厚生年金保険の被保険者となる。

◆保険料

厚生年金保険の保険料については、標準報酬月額（毎月の給与）と標準賞与額（賞与）に共通の保険料率を乗じて算定され、労働者と使用者の折半での負担となる。

標準報酬月額とは、月給についての基準額を指し、厚生年金保険法で定める標準報酬月額の等級においては、第1級（報酬月額9万3,000円未満）～第31級（報酬月額60万5,000円）の31等級に区分している。また、標準賞与額も賦課対象となるが、保険料を算定する際の1か月当たりの上限額に関しては150万円とされ、標準報酬月額に対する保険料率と同率の保険料を負担することになる。

なお、保険料率については、2004（平成16）年から段階的に引き上げられ、2017（同29）年9月以降は18.3％で固定されている。

2　給付

厚生年金保険においても国民年金同様、老齢、障害、遺族の3種類の給付がある。

◆老齢厚生年金

老齢厚生年金の支給要件として、老齢基礎年金の支給要件を満たしていること、厚生年金保険の被保険者期間が1か月以上あることがあげられている。本年金は、原則として65歳から老齢基礎年金に上乗せして支給される。

老齢厚生年金の年金額は、報酬比例部分[*5]に経過的加算[*6]および加給年金[*7]を加えた額となる。

◆障害厚生年金

厚生年金保険の被保険者期間中に初診日のある傷病により、障害基礎年金の障害等級1級・2級に該当する障害を有することになった際、障害基礎年金に上乗せして支給される。また、上記該当の障害程度になくとも、厚生年

[*5] 報酬比例部分
年金額が加入期間中の報酬および加入期間によって決定する部分のことをいう。

[*6] 経過的加算
特別支給の老齢厚生年金における定額部分の額から厚生年金保険の被保険者期間に係る老齢基礎年金の年金額を引いて算出。

[*7] 加給年金
厚生年金保険の被保険者期間が20年以上あり、受給権取得時にその者によって生計を維持している配偶者、または子（18歳に達する日以後の最初の3月31日までの間にある者および20歳未満で障害の程度が1級・2級の状態にある者）がある場合に加算される。

金保険法施行令の定めに基づく障害状態にある場合は、3級の障害厚生年金、あるいは、一時金として障害手当金が支給される（1級・2級の場合は障害基礎年金に上乗せされるのに対し、3級においては障害厚生年金のみの支給となる）。

なお、年金額（報酬比例部分）については、厚生年金保険の被保険者期間、標準報酬月額等により算定される。1級の報酬比例部分の年金額は2級の1.25倍となるほか、1級および2級においては、配偶者加給年金が加算される。

◆遺族厚生年金

遺族厚生年金は、被保険者、あるいは老齢厚生年金の受給権者が死亡した場合などに、その者によって生計を維持していた一定範囲の遺族に対して支給される。なお、遺族の範囲については下記の通りである。

また、年金額については、報酬比例部分の年金額の4分の3に中高齢寡婦加算[8]などの加算額を加えた額となる。

*8 中高齢寡婦加算
遺族厚生年金を受給する遺族である妻が遺族基礎年金を受給できない場合（18歳未満の子がいない場合）に、遺族厚生年金に加算される。

厚生年金保険法における遺族の範囲（厚生年金保険法第59条第1項）
「配偶者」「子」「父母」「孫」「祖父母」で、以下の条件を満たす者。 ・夫、父母、祖父母については55歳以上であること。 ・子、孫については、18歳に達する日以後の最初の3月31日までの間にあるか、または20歳未満で障害等級1級もしくは2級に該当し、現に婚姻していないこと。

4 社会手当

社会手当とは、公費を財源とする無拠出制の金銭給付を行う制度のことを指す。社会手当は、加入や保険料拠出を給付要件とはせず、また資力調査（ミーンズテスト）[9]を要しないという点で社会保険制度や公的扶助とは異なる。

*9 資力調査（ミーンズテスト）
第7章 p.112参照。

わが国における社会手当としては、児童に係る児童手当、児童扶養手当、また、障害児・者に係る特別児童扶養手当、障害児福祉手当、特別障害者手当がある。ここからは、これら諸手当について概説していく。

◆児童手当

児童手当は、家庭等の生活の安定への寄与、次代の社会を担う児童の健やかな成長に資することを目的に設けられている。支給対象は、中学校修了まで（15歳到達後の最初の年度末まで）の間にある児童を監護し、かつ、一定の生計関係にある者となる。支給額については、3歳未満が一律1万5,000円、3歳以上小学校修了までの第1子および第2子が1万円、第3子以降は1万

5,000円、中学生は一律１万円となる。本手当には所得制限が設けられているが、所得制限額以上の者に対しても、当面の特例給付として月額一律5,000円が支給される（金額については、いずれも2020［令和２］年１月現在）。

◆児童扶養手当

児童扶養手当は、父母の離婚、父または母の死亡、父または母が一定程度の障害の状態にあるなどの理由により児童の養育が困難な状況にある父、母あるいは養育者に支給される。

なお、支給対象となる児童については、18歳に達する日以後、最初の３月31日までの間にある者、あるいは20歳未満の政令で定める程度の障害の状態にある者とされている。

手当（支給額）については、児童扶養手当法第５条および児童扶養手当法施行令第２条の２において規定されている。

◆特別児童扶養手当

特別児童扶養手当は、精神または身体に障害を有する20歳未満の児童を監護、養育している父母、養育者に対し支給される（ただし、児童が福祉施設に入所している場合は支給されない）。手当額については、１級が５万2,200円、２級が３万4,770円（2020［令和２］年１月現在）となっている。なお、本手当には所得制限が設けられており、父母、養育者の前年の所得が一定の額以上である場合は、支給されないこととなっている。

◆障害児福祉手当

障害児福祉手当は、精神または身体に重度の障害を有するため、日常生活において常時介護を必要とする状態にある在宅の20歳未満の者に対して支給される。

支給においては、施設に入所していないこと、障害を支給事由とする公的年金等を受けていないこと、受給者もしくはその配偶者または扶養義務者の所得が基準額以下であることが要件としてあげられている。なお、支給額は、月額１万4,790円となっている（2020［令和２］年１月現在）。

◆特別障害者手当

特別障害者手当は、精神または身体に著しい重度の障害を有するため、日常生活において常時特別の介護を必要とする状態にある在宅の20歳以上の者に対して支給される。支給額は、月額２万7,200円（2020［令和２］年１月現在）となっており、障害児福祉手当同様、受給者もしくはその配偶者または扶養義務者の所得が基準額以下であることが支給要件となる。

また、施設（障害者支援施設等）に入所している者、あるいは病院・診療所に継続して３か月以上入院している者に対しては本手当が支給されないも

のとなっている。

5 雇用保険制度

1 雇用保険制度とは

◆目的

　雇用保険は、労働者が失業した場合や雇用の継続が困難となった場合、または職業に関する教育訓練を受けた場合に必要な給付を行う制度である。この給付により、その生活および雇用の安定を図ることが目的の一つである。加えて、就職の促進や職業の安定のために、失業の予防、雇用状態の是正、雇用機会の増大および労働者の能力の開発・向上、その他労働者の福祉の増進を図ることもその目的の一つとしている。

◆保険者と被保険者

　雇用保険の保険者は国であり、被保険者は被雇用者である。被保険者は、一般被保険者、高年齢継続被保険者、短期雇用特例被保険者そして日雇労働被保険者に区分される。

◆適用対象

　雇用保険は、全産業のあらゆる規模の事業所に適用される。ただし、農林水産業のうち零細規模（常時雇用する労働者が5人未満）の事業所への適用は、任意である。また公務員には適用されていない。

◆保険料

　雇用保険料率は、表6-1の通りである。一般の事業の場合、保険料は、被保険者である被雇用者がその在職中に賞与を含む賃金の0.9％を使用者と折半して（被保険者0.3％、使用者0.6％）納付することになる。

表6-1　雇用保険料率（平成31年度）

事業の種類 ＼ 負担者	①+② 雇用保険料率	① 労働者負担（失業等給付の保険料率のみ）	② 事業主負担	失業等給付の保険料率	雇用保険二事業の保険料率
一般の事業	0.9%	0.3%	0.6%	0.3%	0.3%
農林水産清酒製造の事業	1.1%	0.4%	0.7%	0.4%	0.3%
建設の事業	1.2%	0.4%	0.8%	0.4%	0.4%

出典：厚生労働省資料

2 失業等給付

　雇用保険法上における給付は、図6−2に示した通りである。「失業等給付」は、「求職者給付」「就職促進給付」「教育訓練給付」「雇用継続給付」に分けられている。

◆求職者給付

　求職者給付は、被保険者が離職したときに給付されるものであり、一般の離職者への給付である「基本手当」が中心となる。これを受けるためには、①公共職業安定所（ハローワーク）で求職の申し込みをしていること、②適当な職がみつかればすぐにでも就職する意思があること、かつその職に就け

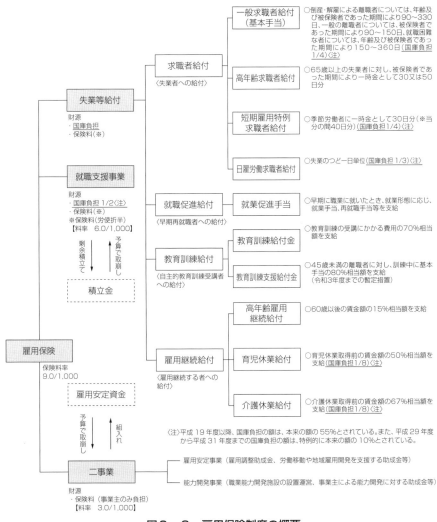

図6−2　雇用保険制度の概要

出典：厚生労働省編『平成30年度版 厚生労働白書（資料編）』日経印刷　2019年　p.155

る状態であること、③離職の日以前2年間に被保険者期間が通算して12か月以上あることなどが必要となる。

◆就職促進給付

就職促進給付は、離職者の再就職を促進するための給付である。

◆教育訓練給付

教育訓練給付金は、厚生労働大臣の指定する教育訓練を受講し修了した場合に、受講料の最大70％が給付される（給付上限額は10万円）。また、45歳未満の離職者に対し、訓練中に基本手当の80％相当額が給付される教育訓練支援給付金も設けられている（2021［令和3］年度までの暫定措置）。

◆雇用継続給付

雇用継続給付は、雇用継続する者への給付である。これには、「高年齢雇用継続給付」「育児休業給付」「介護休業給付」がある。

高年齢雇用継続給付は、60歳以降も同一事業所において雇用され、一定の要件を満たす者に支給される。育児休業給付は、一定の要件を満たす被保険者が育児休業を取る場合に支給される。介護休業給付は、一定の要件を満たす被保険者が配偶者や一定範囲の親族のため介護休業を取る場合に支給される。

6 労働者災害補償保険制度

1 労働者災害補償保険制度とは

◆目的

労働者災害補償保険は、業務上や通勤によって生じた労働者の負傷、疾病、障害、死亡等に対して迅速かつ公正な保護をするために、必要な保険給付を行うことを目的とする制度である。あわせて、業務上や通勤によって負傷などを負った労働者の社会復帰の促進、労働者自身とその遺族の援護、労働者の安全および衛生の確保等によって、労働者の福祉の増進に寄与することもその目的としている。

◆保険者

この制度の保険者は国であり、その実務は、各都道府県労働局と労働基準監督署が担っている。また、労働災害の認定は労働基準監督署が行う。

◆適用事業と適用労働者

原則として、労働者を使用するすべての事業所に対して適用される。中小企業の事業主や一人親方（労働者を使用しないで建設などの事業を行う者）

なども加入することができる。ただし、国家公務員、地方公務員などは別の
法律に規定があるため適用されない。また、零細規模の農林水産業事業所は
「暫定任意適用事業」とされ、加入の申請は任意である。

　適用事業所に雇用された労働者はすべて適用労働者となる。雇用形態や、
勤続期間の長短などは問われない。これは雇用保険制度と異なる点である。

◆保険料

　保険料は、事業主が全額負担する。保険料率は事業の危険性によって異な
り、賃金総額の0.25％〜8.8％（平成30年4月1日改定）となっている。

2　補償対象

◆業務災害

　業務災害とは、労働者が就業中に業務が原因となって生じた負傷、疾病、
障害または死亡のことをいう。

　業務災害による給付を受ける場合には、労働者が労災保険の適用される事
業場に雇われて、事業主の支配下にあるときに、業務が原因となって発生し
た災害であると認定されなければならない。

◆通勤災害

　通勤災害とは、通勤によって労働者に生じた負傷、疾病、障害または死亡
をいう。

　通勤災害も認定を要し、「通勤」と認められるためには、就業に関し、住
居と就業場所との間の往復、就業場所から他の就業場所への移動、単身赴任
先住居と帰省先住居との間の移動が、合理的な経路および方法で行われてい
ることを要する。

3　給付

　給付内容は、図6-3の通りである。業務災害の場合の給付には、「補償」
という語がつく。

◆療養（補償）給付

　療養（補償）給付は、業務災害または通勤災害による傷病によって療養す
る場合に支給される。保険給付の最も基本的なものである。労災病院・労災
指定病院で治療を受ける場合は現物給付（無償の治療）となり、それ以外の
病院等であれば療養費用の現金給付となる。

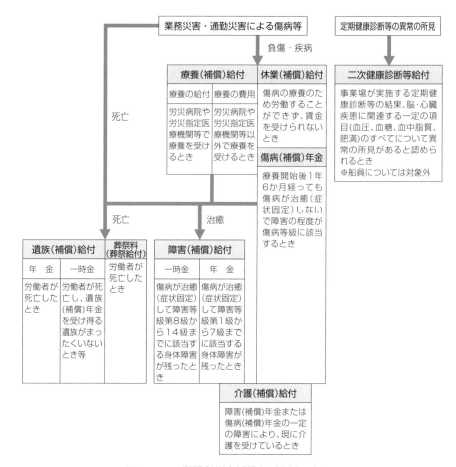

図6-3　労働者災害補償保険制度の概要

出典：厚生労働省・都道府県労働局・労働基準監督署『労災保険給付の概要』2019年　p.11を一部改変

◆休業（補償）給付

　休業（補償）給付は、労働者が業務災害または通勤災害による傷病によって休業を余儀なくされた場合、あるいは所定内労働時間に満たない就労を余儀なくされた場合になされる給付である。１日につき給付基礎日額の60%が支給される。

　なお、「給付基礎日額」とは、原則として「平均賃金」に相当する。平均賃金とは、災害の発生に先立つ３か月間に支払われた賃金総額を、その期間の総日数で除した場合に得られる１日当たりの賃金額のことである。

◆障害（補償）給付

　障害（補償）給付は、業務災害または通勤災害による傷病が治癒したが、一定の障害が残った場合に、その障害の程度（等級）に応じて支給される。

◆**遺族（補償）給付**

　遺族（補償）給付は、業務災害または通勤災害によって労働者が死亡した場合に、その遺族に対して年金または一時金の形で支給される。

◆**埋葬料（埋葬給付）**

　埋葬料（埋葬給付）は、業務災害または通勤災害によって死亡した労働者の埋葬を行う場合に、その葬祭を行う者に対して支給される。

◆**傷病（補償）年金**

　傷病（補償）年金は、業務災害または通勤災害による傷病が、治療開始後1年6か月を経てもなお治癒せず、かつ、その傷病等級1～3級に該当する場合に、休業（補償）給付から切り替わる形で給付される。

◆**介護（補償）給付**

　介護（補償）給付は、障害（補償）年金または傷病（補償）年金受給者のうち、神経・精神の障害および胸腹部臓器の障害の程度が1級または2級であって、現に介護を受けている場合に支給される。

◆**二次健康診断等給付**

　二次健康診断等給付は、労働安全衛生法に基づく健康診断のうち、直近のもの（一次健康診断）において、脳血管疾患および心臓疾患に関連する一定の項目について異常の所見があると診断された場合になされる二次健康診断および特定保健指導のことをいう。

●**学びの確認**

①国民年金についてまとめてみよう。
②国民年金との関連性をふまえ、厚生年金保険についてまとめてみよう。
③雇用保険・労働者災害補償保険の給付を受けるためには、どのような事情（要件）・手続きが必要であるか調べてみよう。

【参考文献】
・福祉臨床シリーズ編集委員会編『社会福祉士シリーズ12 社会保障　第6版』弘文堂 2019年
・社会福祉士養成講座編集委員会編『新・社会福祉士養成講座12 社会保障　第6版』中央法規出版　2019年
・椋野美智子・田中耕太郎『はじめての社会保障　第16版』有斐閣　2019年
・社会・労働保険実務研究会編『社会保険・労働保険の事務百科』清文社　2019年
・日本生産性本部生産性労働情報センター編『社会保険ポイント解説'18／'19 —制度改定の動向としくみ—』日本生産性本部生産性労働情報センター　2018年

・埋橋孝文・大塩まゆみ編『社会保障　第2版』ミネルヴァ書房　2018年
・医療情報科学研究所編『社会福祉士国家試験のためのレビューブック2019』メディックメディア　2018年
・一圓光彌編著『社会保障論概説』誠信書房　2013年

【参考ホームページ】
・厚生労働省　http://www.mhlw.go.jp/（令和元年7月1日閲覧）
・ハローワークインターネットサービス　https://www.hellowork.go.jp/（令和元年7月1日閲覧）

労災保険の実態

「お仕事でのケガ等には、労災保険！」

　これは、厚生労働省のホームページに掲載されている労災隠し対策についてのパンフレットのタイトルです。そこには、本来、労働災害にあたる傷病であるにもかかわらず、労働者災害補償保険による給付請求をせず、健康保険において治療を受ける者がある旨が報告されています。

　これには、労働者が常に弱い立場にあり、労災事故を起こしたことへの後ろめたさや会社に逆らう[*9]ことで解雇されるのではないかという恐れなどが背景にあるとも考えられます。とはいえ、そもそも健康保険は労働災害とは無関係の傷病に対するものであり、仮に労働災害としての傷病に対する治療を健康保険により行ったとしても全額自己負担（窓口負担分）となります。

　こうした事態を避ける意味でも、労働者は労働者災害補償保険制度の仕組みを含めた概要の把握に努めるとともに、労働災害にあたる傷病を負った際は労災保険を請求する権利を有していることも認識しておく必要があります。

　また、職場側（使用者）においては、労働災害の事実を真摯に受け止め、そして労働災害発生時においては所轄労働基準監督署に対し、速やかに報告書を提出する姿勢が何より大切になります。

　報告書の提出を怠るといった、いわゆる「労災隠し」が労働者に与える影響、弱い立場にある労働者の思い等を考慮し、適切な対応が図られる職場こそが、労働者にとってのよい職場環境であるといえます。

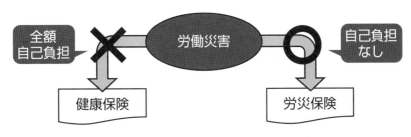

図6-4　お仕事でのケガ等には、労災保険！
出典：厚生労働省ホームページ

[*9]
労働者災害補償保険における職場側のデメリットとしては、保険料率の上昇、書類作成等に伴う事務作業の煩雑化、職場側が不利益を被る（本来は労働各法による規定を遵守することが当然であるが、労働・雇用条件等における基本事項が守られていない職場においては、その事実が明るみになってしまうことにより被る不利益のことをここでは想定している）ことなどが考えられ、このようなことが職場側が労災対応を拒む原因であるとも考えられる。こうしたことから、労災を申請することは「会社に逆らう」ことに通ずるととらえられる。

第7章 生活保護制度の理解

📋 なぜ、生活保護制度について学ぶのか

　現在わが国では、貧困・格差が深まっています。相対的貧困率（一定基準を下回る所得しか得ていない者の割合）、子どもの貧困率ともに増加しています。2013（平成25）年には「子どもの貧困対策法」が成立し、翌年にはその大綱が閣議決定され、国としての取り組みが示されました。そのなかで、貧困家庭で育つ子どもたちがその環境によって将来の選択肢を狭められること、親の貧困が子どもに連鎖することを解決すべき課題としています。

　また、社会における所得分配の不平等度を示すジニ係数（当初所得）も悪化しています。社会保障制度など再分配よって改善はみられるものの、依然大きな格差が存在しています。その背景として、非正規雇用者の増加に伴い、働いているにもかかわらず生活に困窮している「ワーキング・プア」の増加がみられます。不安定な雇用が不安定な生活につながっています。

　さらに、生活保護利用者が増加しています。1995（平成7）年以降増加し、2011（同23）年には戦後直後の水準を越えて、過去最高を更新しました。不安定な雇用は、何かあったときに備える社会保険に継続的に加入することも難しくします。そのため、国民の最低生活を保障する生活保護制度がさらに大きな役割を果たすことになります。

　生活保護制度とは、日本国憲法と深くかかわり、国民の生存権を国が保障し、国民の命と健康を守る重要な制度です。誰もが生活に困窮する可能性がある現在の社会において、その生活を支える生活保護制度はすべての人にとって不可欠な仕組みです。

　現在、本人もしくは家族が医療を必要としている生活保護世帯は多く、生活保護世帯全体の8割を越えています。そのため、医療機関では生活保護利用者にかかわることが多くなります。生活保護世帯の患者を理解するためには、その人・その世帯を支える生活保護制度の内容を知る必要があります。制度を知ることによって、彼らの生活に思いを巡らすことができます。たとえば、栄養が偏っていたり、不定期にしか医療機関に通うことができなかったりしたときに、その人の行動の背景を考えていくことができます。また、医療機関は、治療を通して、生活保護制度につなぎ、その人の自立に向けた支援にかかわることも可能です。その一方で、国民医療費の削減を名目として、医療扶助の適正化が掲げられています。2018（平成30）年からは、生活保護利用者は原則後発医薬品を使用することになりました。

　本章では、生活保護とは何か、その基本原理・原則を確認します。次に、保護（扶助）の種類、実際の基準生活費をみていきます。そのうえで、現在の利用状況、そして生活保護法の改正をふまえて、生活保護制度の課題について学んでいきます。

　それでは、「生活保護制度」についての学びをスタートしましょう。

1 生活保護法の概要

1 生活保護とは

　わが国では、日本国憲法第25条で生存権保障が規定され、それを実現するものとして生活保護制度が位置づけられている。生活保護制度は、「種々の理由から生活困窮の状況に陥った個々人の生活を、ナショナル・ミニマム*1として設定されている保護基準まで引き上げることを第一義的に担う」[1]。この制度は、社会保障制度のなかの一分野であり、社会保険制度を補完するものとして位置づけられている。

　社会保険と生活保護の違いは、事前に拠出が必要かどうかである。社会保険は、疾病、加齢、失業などの社会的リスクに備えて事前に社会保険料を支払い（拠出）、その発生により給付を受けるものである。一方生活保護は、事前の保険料の支払いはない無拠出の仕組みで、生活困窮の状況に対して給付される。ただし、困窮の事実を確定するために、世帯の収入、資産、能力などを明らかにする「資力調査（ミーンズ・テスト）」が行われる。その資力調査によって最低生活以下の生活を送っていることが明らかになると、生活保護費が支給される。そのため財源は、社会保険が被保険者の拠出金、雇主負担、国庫負担の三者からなるが、生活保護の場合は、全額国庫負担（税金）で賄われる（2019［平成31］年現在、国が75％、地方自治体が25％の負担割合になっている）。

*1　ナショナル・ミニマム
すべての国民に保障される最低限度の生存・生活水準で、健康で文化的な水準のことをいう。

2 生活保護法の基本原理

　生活保護法は、「日本国憲法第25条に規定する理念に基き、国が生活に困窮するすべての国民に対し、その困窮の程度に応じ、必要な保護を行い、その最低限度の生活を保障するとともに、その自立を助長することを目的とする」と第１条に規定され、憲法第25条との関係を明確にし、生存権保障を現実化・具体化すべき法制度として位置づけられている。その第１条から第４条に規定されている内容が、生活保護法の「基本原理」である。具体的には、「生存権保障」「国家責任」「自立助長」（第１条）、「保護請求権」「無差別平等」（第２条）、「最低生活保障」（第３条）、「補足性」（第４条）を盛り込んでいる。

◆国家の責任と自立助長

　第１条では、生活に困窮する国民の保護を国が直接実施することを規定し

ている。これは国が国民の生活に責任をもつということである。その最低生活保障とあわせて「自立助長」が目的となっている。「自立助長」については制定当初から解釈についての議論があり、生活保護を利用することで働く意欲を失い怠けてしまわないように「自立」を促すという解釈がある。その一方で、「その人をしてその能力に相応しい状態において社会生活に適応させることこそ、生存権を保障する所以である」[2]というように、単に現金給付だけではなく、個別的な対応、相談援助を利用して目指されるものを「自立」とする解釈がある。前者の考え方は、これまでの生活保護の運用、そして2013（平成25）年の生活保護法の「改正」における処遇に反映されている。そのため、制度から締め出すためではなく、広い「自立」観に立ったケースワーク（個別援助）の過程が重要な意味をもつことになる。

　なお、2004（平成16）年の「生活保護制度の在り方に関する専門委員会報告書」では、就労による経済的自立のための支援（就労自立支援）だけではなく、健康の回復・維持、自身による生活管理など、日常生活において自立した生活を送るための支援（日常生活自立支援）、社会的なつながりを回復・維持するなど、社会生活における自立の支援（社会生活自立支援）を含むものであるとされている。

◆保護請求権と不服申立て

　第2条では、「すべて国民は、この法律の定める要件を満たす限り、この法律による保護を、無差別平等に受けることができる」と規定している。第1条の国家の責任に対応して、国民に保護を請求する権利（保護請求権）を認めている。保護請求権は国民のすべてに無差別平等に与えられる。

　無差別平等とは、憲法第14条の「法の下の平等」によるもので、保護を要する状態に至った理由、信条、性別、社会的身分などにより生活保護の利用が制限されないことを意味している。つまり、困窮の程度に応じて必要な保護が行われることを規定している（必要即応の原則）。この保護請求権とあわせて、決定した内容に不服がある場合は、国民が不服申立て[*2]できる仕組みが用意されている。これにより国民の権利、国家の責任が確保されるのである。

　なお、外国人に対しては、生活保護法に準ずる取り扱いをすることとされている。そのため、生活に困窮する外国人は、国民に対する生活保護の決定実施の取り扱いに準じて、必要と認められる保護が行われる。また、保護の内容については差別されないこととなっている。しかし、外国人からの不服申立てについては、認められていない。

◆補足性の原理と資力調査

　第4条第1項では、「保護は、生活に困窮する者が、その利用し得る資産、

*2　不服申立て
都道府県知事への申立て（審査請求）、厚生労働大臣への申立て（再審査請求）、裁判所に対する訴訟の仕組みがある。

能力その他あらゆるものを、その最低限度の生活の維持のために活用することを要件として行われる」と、資産・能力の活用が保護を受ける要件となり、それらの活用を行ってもなお生活に困窮している人に対して、給付を行うことを規定している。また、第2項では、「民法に定める扶養義務者の扶養及び他の法律に定める扶助は、すべてこの法律による保護に優先して行われるものとする」として、扶養義務者の扶養、他法他施策の活用が保護に優先すると定めている。このことを「補足性の原理」という。この「補足性の原理」に基づいて、世帯の所得状況、資産・能力の活用、扶養義務者の扶養能力などを把握する「資力調査」が行われる。なお、資産と能力の活用については「要件」とし、扶養と他法他施策の活用は「優先」すべきであるとし、その位置づけが異なっている。

①資産の活用

　資産の活用にあたって、生活保護法による保護の実施要領（以下「実施要領」）では、「最低生活の内容としてその所有又は利用を容認するに適しない資産は、原則として処分のうえ、最低限度の生活の維持のために活用させること」と規定している。しかし、資産価値のないもの、自立に向けた準備に必要なものなど例外規定もあり、売却して現金にすることだけを求めるものではない。

②能力の活用

　ここでいう能力とは、「稼働能力」を指している。「稼働能力」の活用は、実際に雇用される職場があることが前提で、本人の意思に反して労働を強制するものではなく、要保護者の職業選択の自由は十分に尊重されなければならない。現実的には、「経済的自立」とあいまって、就労自立の強調に使われている面がある。

③扶養の優先

　生活保護制度の扶養義務者は、民法上の「生活保持義務者」と「生活扶助義務者」の概念を採用している。生活保持義務者は、夫婦相互間と未成熟子の親を指し、彼らは自身の最低生活費を超える部分を援助しなければならないとされている。生活扶助義務者は、成人した子の親、兄弟相互間などで、彼らは社会的地位を維持するにふさわしい生活をして、なおゆとりがある場合に扶養する義務を負うに過ぎないとされている。つまり、扶養義務者といっても関係性によって扶養者に求められる範囲が異なっている。

④他の法律による扶助の優先

　社会保険等の給付や最低生活の一部に充足し得る諸制度による給付は、最低生活の基底である生活保護制度の発動以前にその活用を図らなければなら

ないとなっている。

　他法優先の範囲は、実施要領に列挙されている。児童福祉法、国民年金法、母子保健法など、社会福祉、社会保障、医療公衆衛生の分野から39種類があげられている。

3　生活保護法の原則

　生活保護法では、生活保護制度の具体的な実施にあたって、「申請保護の原則」（第7条）、「基準及び程度の原則」（第8条）、「必要即応の原則」（第9条）、「世帯単位の原則」（第10条）の4つの原則が定められている。

◆申請保護の原則

　第7条では、「保護は、要保護者、その扶養義務者又はその他の同居の親族の申請に基いて開始するものとする」と規定されている。これは、生活保護が申請行為を前提としており、申請によってその権利の実現を図ることを明確化したものである。ただし，要保護者が急迫した状況にあるときは申請がなくても必要な保護を行えることも同条で規定されている。

◆基準及び程度の原則

　第8条では、「保護は、厚生労働大臣の定める基準により測定した要保護者の需要を基とし、そのうち、その者の金銭又は物品で満たすことのできない不足分を補う程度において行うものとする」（第1項）、「必要な事情を考慮した最低限度の生活の需要を満たすに十分なものであつて、且つ、これをこえないものでなければならない」（第2項）と規定されている。これは、生活保護が最低限度の生活の需要を満たすに十分であって、これを超えない範囲で行われることを示している。またその水準は「すべての国民を通じて最低限度の生活と客観的にみられるものを必ず一様に享受できるようにする生活水準」であり、具体的な金額が保護基準として告示されている。

◆必要即応の原則

　第9条では、「保護は、要保護者の年齢別、性別、健康状態等その個人又は世帯の実際の必要の相違を考慮して、有効且つ適切に行うものとする」と規定されている。これは、一律に決められた保護基準に対して、要保護者の需要、個別性に配慮することを規定している。したがって、健康状態、病気の種類、子どもの養育状況などを考慮する必要がある。

◆世帯単位の原則

　第10条では、「保護は、世帯を単位としてその要否及び程度を定めるものとする」と規定されている。これは、保護の要否や程度を世帯単位で判定す

ることを規定した原則である。ただし、世帯単位が実態と合わない場合は、個人を単位として認定できる（世帯分離）ことも同条で規定されている。

4　生活保護を利用するための手続き

　一般に、生活保護を利用するためには、本人もしくはその扶養義務者または同居の親族が住所地を管轄する福祉事務所に相談に行く。このことは困窮している本人もしくは家族が自ら申し出て、保護請求権を行使することができることを意味している。保護の実施機関は、面接相談の場で、生活保護や他に利用できる制度の内容を説明し、十分な理解を得る必要がある。申請の際、家族構成、収入状況、資産状況などを記入した「生活保護申請書」「資産申告書」「収入申告書」「同意書」を提出する。同意書は、申請者等にかかわる銀行、生命保険会社、就労先の雇主などに福祉事務所が本人を介さずに状況等を確認できることに同意するものである[3]。

　申請を受理した後は、地区担当のケースワーカー（生活保護世帯の担当職員）による調査が行われる。ケースワーカーは申請者宅（入院、入所先）を訪問して生活実態を把握する。また、保護基準と収入や資産を対比し、保護が必要かどうか判断する要否判定を行う。そして、生活保護を支給する必要があると判定されると、保護が開始される[4]。その際、支払われる額は、最低生活費[5]と収入認定額[6]の差額、つまり、その不足分が支給される。

　保護の開始が決定されると、担当ケースワーカーと利用者が相談しながら援助方針に基づいて援助計画を策定する。保護費は通常福祉事務所の窓口で支給される。そしてケースワーカーによる定期的な訪問により、相談支援、保護利用中の支援が行われる。なお、実施要領には、実施時のケースワーカーの留意点として「立場を理解し、そのよき相談相手となるようにつとめること」「（本人の）協力が得られるように常に配慮すること」などが記載されている。

　このように生活保護の利用は、本人の自由意思による申請を保護の原則としているが、第7条で「但し、要保護者が急迫した状況にあるときは、保護の申請がなくても、必要な保護を行うことができる」と急迫した状況への対応が、第25条では「保護の実施機関は、要保護者が急迫した状況にあるときは、すみやかに、職権をもつて保護の種類、程度及び方法を決定し、保護を開始しなければならない」と職権保護が規定されており、要保護者の発見に対する実施機関の責任が明らかになっている。

*3
生活保護の利用における資力調査や同意書が「スティグマ」を強めると言われている。「スティグマ（stigma）」とは「烙印を押すこと」を意味している。人間性が否定される屈辱的な意味合いである。それを払拭するための取り組みが必要である。

*4
申請受理後、福祉事務所は、原則2週間以内に開始または却下を決定し、申請者に文書で通知する。

*5　最低生活費
本章p.119を参照。

*6　収入認定額
「平均月額収入−（必要経費の実費＋各種控除）」が収入認定額となる。

2　保護の内容

1　扶助の種類と内容

　生活保護法における保護（扶助）の種類は、生活扶助、教育扶助、住宅扶助、医療扶助、介護扶助、出産扶助、生業扶助、葬祭扶助の８種類であり、これらの合計が最低生活費となる。支給方法には、現物給付と現金給付があり、医療扶助と介護扶助は、医療や介護サービスが直接給付される現物給付であり、その他の扶助は原則現金給付である。生活扶助、住宅扶助、葬祭扶助については、１級地から３級地の級地区分が設定されており、居住地（大都市および周辺地域、中都市、その他の市町村）によってその額が異なる。

◆生活扶助

　日常生活の需要を満たすための費用に相当する。食費、被服費などの個人単位で消費するものを第１類、光熱費、家具什器費など世帯全体の共通経費を第２類としている。第２類には、気候の寒冷の差を反映した都道府県別の暖房費に相当する冬季加算が定められている。また、病院や診療所に入院、介護施設に入所している生活保護利用者の一般生活費として入院患者日用品費、介護施設入所者基本生活費がある。生活扶助基準の基礎をなすこの基準生活費は、年齢別、所在地域別、世帯構成員別に定められている。

　さらに、基準生活費では配慮されていない個別的な特別需要（胎児のための栄養補給を必要とする妊産婦、障害により健常者に比べてより多くの費用を必要とする障害者など）を補填するために加算制度[*7]が設定されている。加算の種類は、妊産婦加算、母子加算、障害者加算、介護施設入所加算、在宅患者加算、放射線障害者加算、児童養育加算、介護保険料加算の８種類である。その他、予想外の事故や本来日常的な生活用品に含まれるものであっても保護開始にあたってそれを欠いている場合など、特別な需要に対応する臨時的な給付として一時扶助費が用意されている。

◆教育扶助

　児童が義務教育を受けるための扶助で、教材費、学校給食費、通学のための交通費、学習支援費が支給対象で、定められた基準額が支給される。

◆住宅扶助

　家賃、間代、地代等の費用で、住宅扶助基準額に示す範囲内の額が支給される。なお、基準額を超える特別基準が設けられている。

*7
生活保護問答集では「加算制度は、特別の需要に着目して基準生活費に上積みする制度で、加算によって初めて加算がない者と実質的な同水準の生活が保障されることになる」と説明されている。

◆医療扶助

疾病や負傷により通院、入院が必要な場合に「指定医療機関」を通して行われる給付である。診療を受ける場合の費用、薬剤または治療材料にかかわる費用、施術のための費用、移送費が支給対象である。医療扶助の支給にあたっては、医療の必要性、内容等について、専門的・技術的な判断が必要なため、「指定医療機関」による意見書（「医療要否意見書」）をもとに医療扶助の要否、程度が決定される。診療方針、診療報酬は国民健康保険法、高齢者医療に準ずる。原則として医療券方式による現物給付で、医療券は福祉事務所に申請して発行される。なお、要保護者が急迫した状況にあるときは、指定を受けていない医療機関で医療給付を受けることができる。

◆介護扶助

介護サービスを受けるための費用で、介護保険法に規定する要介護者および要支援者を対象とし、介護保険の給付対象サービスと同一の内容である。利用限度額内の介護費用の1割が直接介護事業者に支払われる。介護に関しては、医療とは異なり、介護保険に加入し、加入者がサービスを利用するという形をとっているので、介護保険料を払う必要がある。そのため、65歳以上の人については生活扶助の介護保険料加算が支給され、それを介護保険料として納め、第1号被保険者となる。本来第2号被保険者となる40〜65歳未満の人で医療保険に未加入の場合は、介護保険の被保険者になれないため、その場合の介護サービスの費用については全額介護扶助として介護事業者に支払われる。

◆出産扶助

出産に伴って必要となる費用で、分娩の介助、分娩前後の処置などに対して支給される。入院に必要な最小限度の費用が支給される。

◆生業扶助

仕事による収入を増加させ、またはその自立を助長することを目的に、生業に必要な費用、技能の修得のために必要な費用、就労の準備に必要な費用が支給される。高等学校等の就学に伴って必要となる授業料、入学金、入学考査料、交通費なども高等学校等就学費として支給される。

◆葬祭扶助

遺体の運搬、火葬または埋葬、納骨など、葬祭のために必要なものの範囲で現金給付を行う。

2　保護費の実際

保護基準は年齢別、世帯構成別、所在地域別に定められている。表7－1は生活扶助基準額の例であるが、この額に必要に応じて住宅扶助や教育扶助等が加えられ、最低生活費が算出される。そして、最低生活費から収入認定額を差し引いた額が保護費として支給される。

表7－1　生活扶助基準額の例（平成30年10月現在）

	東京都区部等	地方郡部等
3人世帯（33歳、29歳、4歳）	158,900円	133,630円
高齢者単身世帯（68歳）	79,550円	65,500円
高齢者夫婦世帯（68歳、65歳）	120,410円	100,190円
母子世帯（30歳、4歳、2歳）	189,190円	161,890円

出典：厚生労働省「生活保護制度の概要等について」

3　保護施設

保護の実施は、居宅によることが原則である。しかし、居宅で保護を行うことができない場合、生活保護の目的を達成するために生活保護施設で保護を受けることもできる。保護施設は次の5種類である（表7－2）。

表7－2　保護施設

救護施設	身体上または精神上著しい障害があるために日常生活を営むことが困難な要保護者を入所させて生活扶助を行うことを目的とする
更生施設	身体上または精神上の理由により養護や生活指導が必要な要保護者を入所させて生活扶助を行うことを目的とする
医療保護施設	医療を必要とする要保護者に医療の給付を行うことを目的とする
授産施設	身体上もしくは精神上の理由または世帯の事情により就業能力の限られている要保護者に対して、就労や技能の修得のために必要な機会および便宜を与えて、その自立を助長することを目的とする
宿所提供施設	住居のない要保護者の世帯に住宅扶助を行うための施設

3　生活保護の動向

本節では、厚生労働省の統計資料をもとに生活保護の動向をみていくことにする。

◆生活保護利用者・保護世帯数

　2019（令和元）年7月時点で生活保護を受けている人は207万7,526人、世帯数では163万7,264世帯である。これまでの生活保護利用者の動向をみると、生活保護法制定当初から1995（同7）年までは減少傾向にあったが、1995（同7）年度の88万2,229人（保護率*8 7.0‰）を底に、2017（同29）年度には212万4,631人（16.8‰）まで増加している（表7－3）。生活保護世帯も2005（同17）年度に100万世帯を超え、増加している。

*8　保護率
総人口に占める保護利用者数の割合。人口1,000人に対する値（‰：パーミル）で表される。

表7-3　生活保護世帯数・生活保護利用者数・保護率、扶助人員と扶助率の推移　　（1か月平均）

	生活保護世帯数(千世帯)	生活保護利用者数(千人)	保護率(‰)	生活扶助人員(千人)	住宅扶助人員(千人)	教育扶助人員(千人)	介護扶助人員(千人)	医療扶助人員(千人)	その他扶助人員(千人)	扶助率（実人員＝100.0）					
										生活扶助	住宅扶助	教育扶助	介護扶助	医療扶助	その他扶助
1975(昭和50)年度	708	1,349	12.1	1,160	705	229	—	785	5	86.0	52.2	16.9	—	58.2	0.4
80(55)	747	1,427	12.2	1,251	867	261	—	856	5	87.7	60.7	18.3	—	60.0	0.3
85(60)	781	1,431	11.8	1,269	968	252	—	910	4	88.7	67.6	17.6	—	63.6	0.3
1990(平成2)	624	1,015	8.2	890	730	136	—	711	3	87.7	71.9	13.4	—	70.1	0.3
95(7)	602	882	7.0	760	639	88	—	680	2	86.2	72.4	10.0	—	77.1	0.3
00(12)	751	1,072	8.4	943	824	97	67	864	2	87.9	76.9	9.0	6.2	80.6	0.2
05(17)	1,042	1,476	11.6	1,320	1,194	136	164	1,208	32	89.5	80.9	9.2	11.1	81.8	2.1
10(22)	1,410	1,952	15.2	1,767	1,635	155	228	1,554	56	90.5	83.7	8.0	11.7	79.6	2.9
15(27)	1,630	2,164	17.0	1,927	1,842	142	330	1,776	57	89.1	85.1	6.6	15.3	82.1	2.6
17(29)	1,641	2,125	16.8	1,886	1,816	125	366	1,765	52	88.7	85.5	5.9	17.2	83.1	2.4

注）「その他扶助人員」は、平成17年度より、高等学校等就学費が新たに創設されたことに伴い増加している。
資料：厚生労働省社会・援護局「被保護者調査」（平成23年度までは大臣官房統計情報部「福祉行政報告例」）
出典：厚生労働省編『平成30年度　厚生労働白書』日経印刷　資料編p.206を一部改変

◆年齢構成、世帯構成

　年齢階級別に保護利用者数をみると、2000（平成12）年度以降はほぼすべての年齢で増加し、2017（同29）年で0～19歳が11.3%、20～49歳が18.2%、50～64歳が21.3%、65歳以上が49.0%となっている（平成29年度被保護者調査）。1980（昭和55）年には50歳未満が59.4%を占めていたが、2017（平成29）年にはその比率は29.6%まで減少している。逆に65歳以上の比率は、1980（昭和55）年に21.4%であったが、1990年代以降急速に増加し、2007（平成19）年には40%を超え、2017（同29）年にはほぼ5割を占めている。

　保護世帯の世帯員数をみると、2017（平成29）年では、単身世帯が79.9%、2人世帯が14.2%で、単身世帯と2人世帯で9割を占めている。平均世帯人員は1.30人で、一般世帯の2.47人を大きく下回っていることがわかる。

　世帯類型別に生活保護世帯をみると、2017（平成29）年では、高齢者世帯が53.0%、傷病・障害者世帯が25.7%、その他の世帯が15.7%、母子世帯が5.7%となっている（表7－4）。特に高齢者世帯が増加しており、1992（同4）年に4割を超え、2017（同29）年には5割を占めている。その他の世帯は1998（同10）年以降増加している。

表7-4　世帯類型別生活保護世帯数の構成比の推移　　　　　　（単位：%）

	高齢者世帯	母子世帯	傷病・障害者世帯	その他の世帯
1975(昭和50)年	31.4	10.0	45.8	12.9
80(　55)	30.3	12.8	46.0	10.9
85(　60)	31.2	14.6	44.8	9.3
1990(平成 2)	37.2	11.7	42.9	8.1
95(　7)	42.3	8.7	42.0	6.9
00(　12)	45.5	8.4	38.7	7.4
05(　17)	43.5	8.7	37.5	10.3
10(　22)	42.9	7.7	33.1	16.2
15(　27)	49.5	6.4	27.3	16.8
17(　29)	53.0	5.7	25.7	15.7

資料：厚生労働省社会・援護局「被保護者調査」（平成22年度までは大臣官房統計情報部「福祉行政報告例」）
出典：厚生労働省編『平成30年度 厚生労働白書』日経印刷　資料編p.206を一部改変

◆扶助費の動向

　扶助別に利用者数をみると、2017（平成29）年度では、生活扶助を受けている者が一番多く88.7%で、次いで住宅扶助85.5%、医療扶助83.1%となっている（表7-3）。また、保護費の総額（3.8兆円）に占める扶助費の構成比をみると、医療扶助費が全体の48.6%を占めている。日常の生活費以外に、日常生活を送るにあたって、医療を必要としている人が多いことがわかる。

◆保護利用期間

　2017（平成29）年の保護利用期間をみると、1年未満が9.9%、1～5年が29.3%、5～10年が31.1%、10年以上が29.7%となっている。2000（同12）年には5年以上の利用期間が51.4%となり、それ以降ほぼ横ばいで推移しており、長期的な利用が半数を占めている。

◆保護の開始・廃止理由

　2017（平成29）年の保護の開始・廃止理由をみると、開始理由は、「貯金等の減少・喪失」が36.6%、「傷病」が24.9%、「働きによる収入の減少・喪失」が20.2%となっている。廃止理由は、「死亡」が39.8%、「働きによる収入の増加・取得」が17.6%、「失踪」が6.3%、「傷病の治癒」が1.0%となっており、開始理由の傷病が治癒し生活保護を廃止する比率は低く、「死亡」による廃止が多い。

4 生活保護法の改正と生活保護制度の課題

1 生活保護法の改正

　「必要な人には確実に保護を実施するという基本的な考え方を維持しつつ、今後とも生活保護制度が国民の信頼に応えられる」ものにしていくこととして、2014（平成26）年に生活保護法の大幅な改正が行われた。改正の内容としては、生活保護利用者の高止まり状況や生活保護費の増加に対して、財政負担の軽減に向けた見直しが主であり、具体的には、就労による自立の促進、不正受給防止の強化、医療扶助の適正化が図られた。また、生活保護基準についても引き下げの見直しが行われた。

◆就労による自立の促進

　ハローワークとの連携による「生活保護受給者等就労自立促進事業」の推進をはじめ、福祉事務所が他機関と連携しながら、生活保護利用者に対して切れ目のない就労支援・自立に向けた支援を段階的に実施していくことである。その一貫として、生活保護利用者の就労意欲を高めていくためとして「就労自立給付金」が創設された。これは、生活保護利用中に収入認定された金額が、生活保護を受給する必要がなくなったときに返還されるしくみである。

◆不正受給防止の強化

　生活保護の受給要件を満たしていないにもかかわらず、生活保護を受けている人がいるのではないかという報道等を受けて、「適正な保護の実施、制度への国民の信頼を確保する」ためとして不正受給防止の強化が掲げられた。具体的には、福祉事務所の調査権限の拡大、罰則の引き上げ等が実施された。そのなかで扶養義務者への扶養照会がより積極的に実施される方向が示された。

◆医療扶助の適正化

　2014（平成26）年の生活保護法の改正では、生活保護費の約半分を占める医療扶助の削減として、健康増進の支援とあわせて後発医薬品の使用が「努力義務」として推進された。2018（平成30）年の改正では「医師等が医学的知見から問題ないと判断するもの」について、後発医薬品の使用が「原則」化された。これは、生活保護利用者については、本人の意思にかかわらず、後発医薬品を使用することを意味している。

◆生活保護基準の見直し

　生活扶助基準の算定は、1983（昭和57）年以降水準均衡方式で行われている。

戦後の制度制定以降、大きな引き下げがなく改定が行われてきたが、2013（平成25）年に行われた見直しによって、生活保護世帯の96％におよぶ減額となった。これは戦後初めて大きな生活扶助基準の引き下げで、減額幅は平均6.5％、最大10％、国費としては670億円の削減であった。その際、住宅扶助、冬季加算の引き下げも行われた。それに引き続き、2018（同30）年の見直しによって、生活保護世帯の67％におよぶ減額が予定されている（実施は3年かけて行う）。減額幅は平均1.8％、最大5％で、国費としては160億円の引き下げとなる。それにあわせて、児童養育加算、母子加算等の有子世帯の扶助・加算の見直し、減額が進められている。これらの見直し・引き下げの根拠となっているのが、所得下位10％層である第1・十分位層の消費支出と生活保護基準の比較である。この手法については、厚生労働省の検討部会においてもその限界が指摘されてきた。生活保護の基準は、生活保護利用者だけでなく、就学援助、住民税の非課税限度額などの基準となっており、国民生活の根底に大きな影響を与えるものである。

◆教育支援

　生活保護世帯の子どもの教育支援として、生活保護費としては高校の入学考査料が1校のみしか認められていなかったが、2校目の受験の考査料について実額の支給が認められることとなった。大学等への進学については、進学の際の新生活立ち上げ費用として「進学準備給付金」が一時金として支給されることになった。

2　生活保護制度の課題

　国の定めた最低限度の基準以下の水準で生活している低所得世帯のうち、生活保護による援助が実際に行われている世帯または人員の割合を指す「捕捉率」という数値がある。厚生労働省の推計は32.1％（2007［平成19］年）、駒村康平は全国消費実態調査（個表）から18.47％（1999［同11］年）、唐鎌直義は国民生活基礎調査から10.56％（2009［同21］年）と推計している。捕捉率が10〜30％と幅はあるが、極めて低いことがわかる。

　先述の第1・十分位層についてみると、保護基準以下での生活を強いられている世帯が、ここに多く含まれている。そうした世帯が含まれた第1・十分位層との比較によって、保護基準を引き下げていくことは、際限のない引き下げにつながってしまう。

　また、要保護者に向き合い保護の実施を行うケースワーカー（現業員）の絶対的な不足が課題である。2016（平成28）年の福祉事務所人員体制調査を

みると、生活保護現業員の配置標準数に対する配置状況は90.4％となっており、1人のケースワーカーに対する世帯の数が標準数（市部では80世帯）を大きく越えている状況も散見されている。さらに、生活保護担当の社会福祉主事*9資格の取得率は82.0％で、社会福祉法が遵守されていない福祉事務所があることを示している。

＊9　社会福祉主事
第13章p.204参照。

5　生活困窮者自立支援制度

　これまでみてきたように、生活保護の利用者は増加してきた。社会保険制度が整備されたにもかかわらず、2011（平成23）年には国民皆保険皆年金体制以前の最高値を超えた。実際、国民年金および厚生年金を受給しながら生活保護を受けている割合が生活保護世帯の39.1％を占めている（平成29年度被保護者調査）。生活困窮の課題に対して、生活保護制度の役割がより大きくなっている。このような状況のなかで、生活保護に至る前段階での自立を支援することを目的として「生活困窮者自立支援法」が2015（平成27）年に制定された。

　さらに、2018（平成30）年の改正では、生活困窮者等の一層の自立を促すため、生活困窮者に対する包括的な支援体制の強化、子どもの学習支援事業の強化、居住支援の強化が図られた。

　また、この改正では基本理念と生活困窮者の定義が明確化された。その基本理念としては、①生活困窮者の尊厳の保持、②生活困窮者の状況に応じた包括的・早期的な支援、③地域における関係機関等との緊密な連携等支援体制の整備が掲げられている。生活困窮者については、「就労の状況、心身の状況、地域社会との関係性その他の事情により、現に経済的に困窮し、最低限度の生活を維持することができなくなるおそれのある者」と定義づけている。

　生活困窮者自立支援制度の具体的な支援としては、就労その他自立に関する相談支援などを行う「自立相談支援事業」と、有期で家賃相当の住宅手当を支給する「住居確保給付金」を、福祉事務所設置自治体の必須事業としている。あわせて、就労に必要な訓練を有期で実施する「就労準備支援事業」、家計管理に関する指導、貸付の斡旋等を行う「家計改善支援事業」を努力義務事業としている。さらに、一定期間宿泊場所や衣食の提供等を行う「一時生活支援事業」、学習支援に加え、生活習慣・育成環境の改善に関する助言等を行う「子どもの学習・生活支援事業」を任意事業としている。そのほか、

都道府県等が社会福祉法人等の自主事業を認定して行う「就労訓練事業」がある。費用負担は、必須事業が国庫負担4分の3で、任意事業は国庫の補助が3分の2もしくは2分の1となっている。事業の実施、費用負担ともに自治体の役割が大きくなっている。

●学びの確認

①生活保護における国の責務についてまとめてみよう。
②自分自身の1か月の生活費を計算して、生活保護費と比べてみよう。
　そのうえで、生活保護基準額について考えてみよう。
③現在、生活保護を利用している人の全体像をまとめ、生活保護制度が
　抱える課題について考えてみよう。

【引用文献】
1）川上昌子編『新版　公的扶助論』光生館　2007年　p.3
2）小山進次郎『改訂増補　生活保護法の解釈と運用（復刻版）』中央社会福祉協議会
　　1975年　p.92

【参考文献】
・岩永理恵『生活保護は最低生活をどう構想したか』ミネルヴァ書房　2011年
・埋橋孝文編著『生活保護』ミネルヴァ書房　2013年
・唐鎌直義編『どうする！あなたの社会保障④生活保護』旬報社　2008年
・吉永純『生活保護の争点』高菅出版　2011年
・『生活保護手帳 2014年度版』中央法規出版　2014年
・『生活保護手帳 別冊問答集 2014』中央法規出版　2014年
・駒村康平「低所得世帯の推計と生活保護制度」『三田商学研究』46巻3号　2003年
・河合克義編著『福祉論研究の地平』法律文化社　2012年
・工藤恒夫『資本制社会保障の一般理論』新日本出版社　2003年

コラム

生活保護利用者の生活実態

　70歳以上の高齢者については、2006（平成18）年度末まで老齢加算（70歳以上もしく
は68歳・69歳の病弱者に支給）という生活保護費に上乗せされる加算がありましたが、60
代と70歳以上の消費支出額の比較から、70歳以上に「特殊な需要」がないこと、生活扶助
費と低所得階層の生活費の平均を比較して、生活扶助の基準が低所得階層の生活費の平均を
上回っていたことを根拠に廃止されました。

　筆者は、2010（平成22）年に生活保護利用者28人（70歳以上の単身者）に聞き取り調
査を行いました。家計費のなかで負担に思う費目としてあげられたのは、冷暖房費も含めた
光熱費が35.7%、次いで食費が21.4%でした。そして、冠婚葬祭費、交通費があげられま
した。続いて、節約している費目は、食費が60.7%、光熱費39.3%、被服費14.3%でし
た。食費を節約している具体的な理由をみると、「近所とのつきあいを大切にして、冠婚葬祭
はほとんど参加するようにしている。そのため普段の生活費、特に食費を切り詰めている」「お
むつ代やリハビリ代が足りず、食費を削ってお金を捻出している」という回答がありました。
このように、食事を控えて、冠婚葬祭などのつきあいの部分や万が一に備えた予備費、他の
物にまわすということが行われている実状がわかります。

　光熱費の節約としては、冷暖房器具の使用を控えていることがあげられました。「クーラー
はあるが使用していない。暖房器具はこたつが中心で、本当に寒くないとストーブはつけない」
「扇風機はあるが普段は使わない。暖房器具は12月から3月の間だけで、4月からは使わない
ようにしている。入浴は市が支給する入浴券のみで、週に1回だけ」という回答がありました。
これらの回答から、健康で文化的な最低限度の生活とはほど遠い実態を垣間見ることができ
ます。

　改めて健康で文化的な最低限度の生活を意識する必要があります。憲法第25条の英訳は
「All people shall have the right to maintain the minimum standards of
wholesome and cultured living」です。健康にあたる言葉として"wholesome"という単
語が使われています。この意味は単に病気をしていないとか、ケガをしていないということ
ではなく、「欠けることがない」「十全な」「万全」ということを表します。それを実現する生
活保護制度。その意義を改めて確認し、理念に沿った制度にしていくことが、今こそ国民に
求められています。自らの生活問題と関連づけながら、自らの"健康"を守っていくために重
要な視点です。

第8章 子ども家庭福祉の理解

📋 なぜ、子ども家庭福祉について学ぶのか

　子ども家庭福祉とは、児童（子ども）や家庭に対して行われる福祉サービス・施策のことを言います。児童に対する福祉は、1947（昭和22）年に児童福祉法が制定される前は障害児や孤児あるいは母子家庭の児童といった、特別に支援を要する児童を対象とした施策を中心に行われてきましたが、児童福祉法の制定によって、その対象がすべての児童となりました。その後、2016（平成28）年に改正された児童福祉法では、国・地方公共団体の責務として、家庭と同様の環境における児童の養育を推進することなどが明記され、わが国の子ども家庭福祉は大きな転換を迎えることになりました。しかし、一方で児童の健全な育成を阻む問題点も多く浮上してきています。

　たとえば、わが国では急速な少子化の進行や家族構成、地域社会、雇用など、子ども・子育てを取り巻く環境が変化し、結婚・出産・子育てをするのに困難が生じる現状があります。また、子ども・子育て支援も質・量ともに十分ではなく、子育てへの孤立感と負担感が増しています。さらに、児童相談所における児童虐待に関する相談対応件数は増加の一途をたどり、また、児童虐待によって児童が死亡した件数は、高い水準で推移しています。そのため、2016（平成28）年の児童福祉法の改正では、すべての児童の健全育成のため、児童虐待について、発生予防から自立支援までの一連の対策のさらなる強化、抜本的見直しが行われるなど児童虐待防止対策の一層の強化とともに、虐待を受けた児童などへの対応として、社会的養護の充実が質・量ともに求められています。

　このように児童をめぐる問題が多々あるため、子ども・子育て家庭を社会全体で支援し、結婚・出産・子育ての希望が叶う社会の実現に向けた制度の構築や、児童の最善の利益を考慮し、すべての児童が尊重され、その育成が確実に保障されることが求められています。また、保護者が子育てに不安がなく、愛情をもって育児にかかわり、そのことに喜びが得られるよう、「親としての成長」を支援していくことも必要になってきます。

　本章では、子ども家庭福祉の理念や子ども家庭福祉の法律、子育てに関する新たな支え合いの仕組みを学んでいきます。そして、本書の学びを通して、児童の人権を率先して守ることや、児童や家族の心身の健康の回復・維持・増進に寄与し、児童の健全な育成を図ることが看護職の重要な責務であることを確認していきましょう。

1 子どもの権利の確立と変遷

　20世紀に入ると、子どもの権利を守ろうとする動きが世界的にみられるようになり、子どもに関するさまざまな宣言や条約が採択された。

　1909年、当時のアメリカ大統領であるセオドア・ルーズベルト（Roosevelt, T.）の提言により「第1回児童福祉ホワイトハウス会議（白亜館会議）」が開催された。そこで、世界で初めて子どもの福祉について検討され、「家庭は文明の最高の創造物」であると、子どもにとっての家庭の重要性が強調された。

　その後、1924年に国際連盟において「児童の権利に関するジュネーブ宣言（ジュネーブ宣言）」が採択された。これは、全5条からなる短いものであったが、すべての国が人種、国籍、信条などに関係なくすべての子どもに権利が保障されるべく明文化されている。また、前文には人類が子どもに対し最善のものを与える義務を負うことが掲げられた。

　第二次世界大戦後、戦時中の人権侵害等の反省をふまえて、1948年に国際連合で「世界人権宣言」が採択された。これは子どもを含めてすべての人間が生まれながらにもつ基本的人権を認める宣言であった。

　世界人権宣言を受けて、1959年に国際連合の総会において「児童の権利に関する宣言（児童権利宣言）」が採択された。この宣言は、前文と10条からなり、その第1条には、すべての子どもは、人種、皮膚の色、性、言語、宗教、政治上その他の意見、出身、財産、門地その他で差別を受けることなく、これらの権利が与えられなければならないと、子どものもつべき権利について定められた。この宣言が採択されて20周年となった1979年を国際児童年とされ、世界各地で子どもの福祉に関する多くの啓蒙活動が行われた。

　また、この宣言の30周年に合わせた1989年の国際連合の総会で「児童の権利に関する条約（子どもの権利条約）」が採択された。この条約は、世界で多くの子どもが飢え、貧困等の困難な状況に置かれていることを鑑み、世界的な観点から子どもの人権の尊重、保護の促進をめざしたものである。この条約は前文および54条からなり、子どもの権利について包括的に定めていること、子どもを「保護の対象」としてではなく、「権利をもつ主体」としている点に特徴がある。また、この条約の批准国は子どもの最善の利益のために行動をとらなければならないと定められており、わが国では1994（平成6）年にこの条約に批准した。

2 子ども家庭福祉の法律

1 わが国の子ども家庭福祉の考え方

　わが国の社会福祉に関する法令の根拠は、「日本国憲法」第25条の生存権を中心としている。その他にも第11条の基本的人権、第13条の幸福追求権、第14条の平等権などを根拠とし、社会福祉に関するさまざまな法令が定められている。

　子どもや子育て家庭等を対象とした子ども家庭福祉の中心的な法令としては、1947（昭和22）年に制定された「児童福祉法」がある。この法律を中心として、直接的かつ間接的に関連する多くの法令が定められており、子どもや子育て家庭の生活が守られ支えられている。

　さらに、1951（同26）年5月5日に制定された「児童憲章」では、ジュネーブ宣言等をモデルに、わが国における児童の権利が初めて示された。総則には「児童は、人として尊ばれる。児童は、社会の一員として重んぜられる。児童は、よい環境の中で育てられる」とされ、日本国憲法の精神をもとに、子どもに対する正しい観念を確立し、すべての子どもの幸福を図ることについて述べられている。

2 児童福祉法

◆児童福祉法制定の経緯と近年の改正

　児童福祉法は、戦後の戦災浮浪児・引揚孤児の保護や栄養不良児等に対する保健衛生対策を講ずる必要があったことを契機に、児童福祉の積極的増進や健全育成を基本理念とし、1947（昭和22）年に制定された。それまでの少年教護法・児童虐待防止法などのように、法の対象が一部の要保護児童等と限定的であったものから、すべての児童が対象とされ、児童福祉の大きな転換期を迎えることになった。

　制定当初は、戦後復興にあたり社会的急務であった戦争孤児対策などが主な中心であったが、近年では子どもを取り巻く社会環境の変化に伴い幾度となく改正されており、子どもだけでなく子育てを行う家庭への支援へと広がりをみせている。

　2016（平成28）年の改正では、児童福祉法の理念として子どもの権利条約の精神が明確に示された（第1条）。また、国および地方公共団体は子ども

が家庭において心身ともに健やかに養育されるよう、保護者へ支援するとともに、家庭と同様の環境における児童の養育を推進することや（第3条の2）、子どもや子育て家庭に関する国・都道府県・市町村の役割・責務が明確化された（第3条の3）。

◆児童福祉法の理念

第1条で「全て児童は、児童の権利に関する条約の精神にのっとり、適切に養育されること、その生活を保障されること、愛され、保護されること、その心身の健やかな成長及び発達並びにその自立が図られることその他の福祉を等しく保障される権利を有する」ことが規定されている。

また、第2条では「全て国民は、児童が良好な環境において生まれ、かつ、社会のあらゆる分野において、児童の年齢及び発達の程度に応じて、その意見が尊重され、その最善の利益が優先して考慮され、心身ともに健やかに育成されるよう努めなければならない」とし、児童の保護者は児童を心身ともに健やかに育成することについて第一義的責任を負うこと、また、国および地方公共団体は、児童の保護者とともに、児童を心身ともに健やかに育成する責任を負うことを明確に定めている。

◆児童福祉法の対象

法律の対象は、「児童」「妊産婦」「保護者」とされている。「児童」は、「満18歳に満たない者」と定義されており、年齢により1歳未満の者を「乳児」、1歳から小学校就学の始期に達するまでの者を「幼児」、小学校就学の始期から満18歳に達するまでの者を「少年」と区分されている。

3 児童虐待防止法

◆児童虐待の現状

近年、虐待により子どもの生命が奪われるなどの重大な事件が後を絶たず、2018（平成30）年における警察が検挙した児童虐待事件の被害児童数1,380人のうち、36人が死亡に至っている。

また、全国の児童相談所における児童虐待に関する相談対応件数は一貫して増加し続けており、2018（平成30）年度には15万9,850件と過去最多となっている。このことからも、児童虐待の防止は社会全体で取り組むべき急務の課題である。

◆児童虐待の防止等に関する法律の制定

2000（平成12）年、増え続ける児童虐待に対応するため「児童虐待の防止等に関する法律（児童虐待防止法）」が制定された。この法律では、児童虐

待の防止等に関する施策の促進や、子どもの権利利益を守ることを目的とし、児童虐待の定義や子どもに対する虐待の禁止、児童虐待の予防および早期発見、児童虐待の防止等に関する国および地方公共団体の責務、児童虐待を受けた子どもの保護および自立の支援のための措置等を定めている。

◆児童虐待の定義

　児童虐待の定義は、児童虐待防止法第2条で表8－1のように定義されている。

表8－1　児童虐待の定義

	定義	具体的内容
身体的虐待	児童の身体に外傷が生じ、または、生じるおそれのある暴行を加えること	殴る、蹴る、激しく揺さぶる、熱湯をかける、冬に戸外に閉め出す　など
性的虐待	児童にわいせつな行為をすることまたは児童をしてわいせつな行為をさせること	子どもへの性交、性的行為を強制する、性器や性交を見せる、ポルノ写真の被写体に強要する　など
養育の放棄・怠慢（ネグレクト）	児童の心身の正常な発達を妨げるような著しい減食または長時間の放置、保護者以外の同居人による別項に掲げる行為と同様の行為の放置、保護者として監護を著しく怠ること	適切な食事を与えない、風呂に入れない、極端に不潔な環境で生活させる、重大な病気になっても病院に連れて行かない、乳幼児を家に残したまま たびたび外出する、パチンコ店の駐車場の自動車内に乳幼児を放置する　など
心理的虐待	児童に対する著しい暴言または著しく拒絶的な対応、児童が同居する家庭における配偶者に対する暴力、その他の児童に著しい心理的外傷を与える言動を行うこと	言葉で脅す、無視する、心を傷つけることを繰り返し言う、他のきょうだいと激しく差別する　など

出典：山田美津子・稲葉光彦編『社会福祉を学ぶ』みらい　2013年　p.106を一部改変

◆児童虐待への対応

　児童虐待への対応は、「児童福祉法」「児童虐待防止法」に基づき行われている。子どもの命を守るため、児童虐待を受けたと思われる児童を発見した者には、速やかに通告する義務が定められており、児童相談所、市町村、福祉事務所が通告先となっている。

　また、保育所・幼稚園、学校、医療機関などといった地域の関係機関との連携をめざした「要保護児童対策地域協議会」が設置されており、子どもを虐待から守るため、要保護児童およびその保護者に関する情報の交換や支援内容の協議を行っている（図8－1）。

4　その他の子ども家庭福祉に関連する法律

◆母子及び父子並びに寡婦福祉法

　この法律の前身である「母子福祉法」は、母子家庭の福祉増進や原理を定

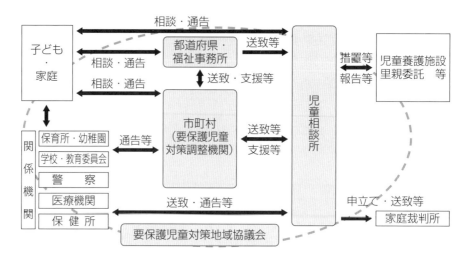

図8−1　地域における児童虐待防止のシステム

出典：厚生労働省編『平成30年版　厚生労働白書（資料編）』日経印刷　2019年　p.186を一部改変

めた法律として、1964（昭和39）年に制定された。1981（同56）年には、法律の対象を母子家庭および寡婦とし、「母子及び寡婦福祉法」と改称された。2002（平成14）年には対象が父子家庭まで広げられ、2014（同26）年の改正で、現在の「母子及び父子並びに寡婦福祉法」と改称された。

◆**児童扶養手当法**

　父または母と生計を同じくしていない児童が育成される家庭の生活の安定と自立の促進に寄与するため、当該児童について児童扶養手当を支給し、児童の福祉の増進を図ることを目的に、1961（昭和36）年に制定された[*1]。

◆**児童手当法**

　児童を養育している者に児童手当を支給することにより、家庭等における生活の安定に寄与するとともに、次代の社会を担う児童の健やかな成長に資することを目的に、1971（昭和46）年に制定された。対象年齢や所得制限、支給金額等は制定当初から改正されており、2019（令和元）年現在では、中学修了前までの児童を養育しているものに支給される[*2]。

◆**特別児童扶養手当等の支給に関する法律**

　精神または身体に障害を有する児童に「特別児童扶養手当」を、精神または身体に重度の障害を有する児童に「障害児福祉手当」を、精神または身体に著しく重度の障害を有する者に「特別障害者手当」を支給することが定められているとともに、これらの者の福祉の増進を図ることを目的とし、1964（昭和39）年に制定された[*3]。

＊1
第6章p.100も参照。

＊2
第6章p.101も参照。

＊3
第6章p.101も参照。

◆母子保健法

　母性並びに乳児および幼児の健康の保持および増進を図ることを目的とし、1965（昭和40）年に制定された。この法律では、母子保健に関する原理を明らかにするとともに、母性並びに乳幼児に対する保健指導、健康診査、医療等の措置についても定められている。

◆民法

　民法とは、契約、事故、家族における関係性などの基本的なルールを定めた法律である。民法では父母などの親権者が、子の利益のために子の監護や教育を行う権利と義務を負う「親権」について規定されている。また、懲戒、職業の許可、財産の管理などを行う権利についても定められている。しかし、しつけと称した虐待など親権の濫用があったときには、子どもの親族などが家庭裁判所に申し立てることにより、親権を奪うことができる「親権喪失」という制度が設けられている。また、親権を喪失させるほどではない場合、家庭裁判所が親権を最長2年間制限できる「親権停止制度」がある。

3 子ども家庭福祉の実施機関と施設

1 子ども家庭福祉の実施機関

　子ども家庭福祉施策は、国（厚生労働省）と都道府県、政令指定都市などによって行われる。そして具体的な業務は、児童相談所、福祉事務所、保健所等によって行われている。

◆児童相談所

　児童相談所は、児童福祉法に基づき、都道府県と政令指定都市には設置が義務づけられており、中核市（人口30万人以上）と、特別区*4にも設置できる行政機関である。

　その業務は、市町村と適切な役割分担・連携を図りつつ、①児童に関する家庭その他からの相談に応じる、②児童およびその家庭について必要な調査、判定をする、③調査、判定に基づき必要な指導を行う、④児童を一時保護する、⑤児童福祉施設等への措置を行うことなどである。

◆福祉事務所

　福祉事務所は、都道府県および市（特別区を含む）に必置され、いわゆる福祉六法*5に規定される援護、育成または更生の措置に関する事務を担当する社会福祉の総合的な中枢行政機関である（町村は任意設置となっている）。

*4
2016（平成28）年の児童福祉法改正により設置可能となった。

*5　福祉六法
児童福祉法、母子及び父子並びに寡婦福祉法、生活保護法、身体障害者福祉法、知的障害者福祉法、老人福祉法をさす。

児童家庭福祉に関する業務内容は、児童および妊産婦の福祉に関する実情把握・相談・調査・指導などである。

◆保健所

地域における公衆衛生の中核的な機関として、栄養改善、環境衛生、精神保健などの業務を担っている。都道府県、指定都市、中核市などに必置義務がある。

児童家庭福祉に関する業務内容は、未熟児訪問指導、乳幼児の発達支援、障害のある子どもへの療育相談などである。

◆児童委員・主任児童委員

児童委員は、児童相談所や福祉事務所等関係行政機関の業務に協力するなどして、担当する区域内の児童の福祉のために活動する民間ボランティアである。なお、1994（平成6）年に児童委員のなかから主任児童委員を指名する制度ができた。主任児童委員は担当する区域をもたず、子ども家庭福祉に関する事項を専門的に担当し、子育て支援などの活動を行う。

2 子ども家庭福祉の施設

児童福祉法による児童福祉施設（第7条）とは、助産施設、乳児院、母子生活支援施設、保育所、幼保連携型認定こども園、児童厚生施設（児童館、児童遊園）、児童養護施設、障害児入所施設、児童発達支援センター、児童心理治療施設、児童自立支援施設および児童家庭支援センターである（表8－2参照）。

4 少子化対策と次世代育成支援対策

今日のわが国は少子高齢社会と言われ、社会問題となっている。本節では、少子化対策の施策について学んでいくこととする。

1 エンゼルプラン～少子化対策プラスワン

＊6　1.57ショック
1989（平成元）年の合計特殊出生率が1.57で、「丙午（ひのえうま）」にあたる1966（昭和41）年の1.58を下回り、過去最低を記録したことの衝撃を指した言葉。

1990（平成2）年の「1.57ショック」＊6を契機に、政府は、仕事と子育ての両立支援など、子どもを生み育てやすい環境づくりに向けた対策の検討を始め、1994（同6）年に「今後の子育て支援のための施策の基本的方向について（エンゼルプラン）」を策定した。エンゼルプランでは、重点施策として保育サービスや放課後児童対策の拡充があげられた。

表8－2　児童福祉施設

施設名	施設の目的と対象者
助産施設	保健上必要があるにもかかわらず、経済的理由により、入院助産を受けることができない妊産婦を入所させて、助産を受けさせる
乳児院	乳児(保健上、安定した生活環境の確保その他の理由により特に必要のある場合には、幼児を含む)を入院させて、これを養育し、あわせて退院した者について相談その他の援助を行う
母子生活支援施設	配偶者のない女子またはこれに準ずる事情にある女子およびその者の監護すべき児童を入所させて、これらの者を保護するとともに、これらの者の自立の促進のためにその生活を支援し、あわせて退所した者について相談その他の援助を行う
保育所	保育を必要とする乳幼児を日々保護者の下から通わせて保育を行う
幼保連携型認定こども園	満3歳以上の幼児に対する教育および保育を必要とする乳児・幼児に対する保育を一体的に行い、これらの乳児または幼児の健やかな成長が図られるよう適当な環境を与えて、その心身の発達を助長する
児童厚生施設	児童に健全な遊びを与えて、その健康を増進し、または情操を豊かにする
児童養護施設	保護者のない児童(乳児を除く。ただし、安定した生活環境の確保その他の理由により特に必要のある場合には、乳児を含む)、虐待されている児童その他環境上養護を要する児童を入所させて、これを養護し、あわせて退所した者に対する相談その他の自立のための援助を行う
障害児入所施設	障害児を入所させて、保護、日常生活の指導、独立自活に必要な知識技能の付与および治療を行う
児童発達支援センター	障害児を日々保護者の下から通わせて、日常生活における基本的動作の指導、独立自活に必要な知識技能の付与または集団生活への適応のための訓練および治療を提供する
児童心理治療施設	家庭環境、学校における交友関係、その他の環境上の理由により社会生活への適応が困難となった児童を、短期間、入所させまたは保護者の下から通わせて、社会生活に適応するために必要な心理に関する治療および生活指導を主として行い、あわせて退所した者について相談その他の援助を行う
児童自立支援施設	不良行為をなし、またはなすおそれのある児童および家庭環境その他の環境上の理由により生活指導等を要する児童を入所させ、または保護者の下から通わせて、個々の児童の状況に応じて必要な指導を行い、その自立を支援し、あわせて退所した者について相談その他の援助を行う
児童家庭支援センター	地域の児童の福祉に関する各般の問題につき、児童、母子家庭、地域住民などからの相談に応じ、必要な助言を行うとともに、保護を要する児童またはその保護者に対する指導および児童相談所等との連携・連絡調整等を総合的に行う

出典：厚生労働統計協会編『国民の福祉の動向2014／2015』厚生労働統計協会　2014年　pp.318－319をもとに筆者作成

　エンゼルプラン策定から5年後の1999（平成11）年に、2004（同16）年までの新たな少子化対策の実施計画の数値目標等を定めた、「重点的に推進すべき少子化対策の具体的実施計画について（新エンゼルプラン）」が策定された。新エンゼルプランは、子育てサービスの充実や母子保健体制の整備等、子育てに関する環境整備などの施策を中心とするものであった。

　また、2002（平成14）年には、男性を含めた働き方の見直し、地域における子育て支援等に総合的に取り組む「少子化対策プラスワン」が示された。

2　次世代育成支援対策推進法と少子化社会対策基本法

　「次世代育成支援対策推進法」は、急速な少子化の進行をふまえ、家庭や地域の子育て力の低下に対応して、次世代を担う子どもが健やかに生まれ、かつ育成する家庭を社会全体で支援することを目的として、2003（平成15）

年に制定された。同法は、次世代育成支援対策に関して、国、地方公共団体、事業主および国民の責務を明らかにするとともに、地方公共団体および事業主が次世代育成支援のための取り組みを促進するために、行動計画を策定することを義務づけた。

　また、次世代育成支援対策推進法と同年の2003（平成15）年に制定された「少子化社会対策基本法」は、少子化社会における施策の基本理念と国と地方公共団体の責務、政府が総合的かつ長期的な少子化対策の大綱（少子化社会対策大綱）を定めることなどを規定した法律であり、少子化に対処するための施策の総合的な推進を目的とした。

3　子ども・子育て応援プランと子ども・子育てビジョン

　2004（平成16）年に少子化社会対策大綱が作成され、大綱に盛り込まれた施策の効果的な推進を図るため、「少子化社会対策大綱に基づく重点施策の具体的実施計画について（子ども・子育て応援プラン）」が策定された。子ども・子育て応援プランは、新エンゼルプランの改定という位置づけで、4つの重点課題に沿って、2005（同17）年度から2009（同21）年度までの5年間に講ずる具体的な施策内容と目標が掲げられた。

　その後、2010（同22）年に「少子化社会対策大綱」と「子ども・子育て応援プラン」を見直す形で、「子ども・子育てビジョン」が閣議決定された。子ども・子育てビジョンは、子どもと子育てを応援する社会を実現するために、4つの政策と、12の主要施策が示された。

4　新たな少子化社会対策大綱

　2015（平成27）年に3回目の少子化社会対策大綱が閣議決定された。新たな大綱では、従来の少子化対策の枠組みを越えて、新たに結婚の支援が加えられた。これをふまえ、①子育て支援策の一層の充実、②若い年齢での結婚・出産の希望の実現、③多子世帯への一層の配慮、④男女の働き方改革、⑤地域の実情に即した取組強化の5つの重点課題を設けている。また、重点課題に加え、長期的視点に立ったきめ細かな少子化対策を総合的に推進することとしている。

5 子ども・子育て支援新制度

　2012（平成24）年８月に、質の高い幼児期の学校教育・保育の総合的な提供、保育の量的拡大・確保、教育・保育の質的改善、地域の子ども・子育て支援の充実を図ることを目的に「子ども・子育て関連３法」[*7]が成立し、それらに基づく「子ども・子育て支援新制度」が2015（同27）年４月より実施されている。

　具体的には、幼保連携型認定こども園の普及、待機児童の多い都市部や子どもの減っている地域などで少人数の子どもを保育する事業の創設（小規模保育や家庭的保育等）、共働き家庭だけではなく、すべての子育て家庭を支援するための「一時預かり」や、身近なところで子育て相談が受けられる「地域子育て支援拠点事業」等のサービスの拡充があげられる。

　また2019（令和元）年には、子ども・子育て支援法の改正により、子育てのための施設等利用給付が創設された。これにより同年10月から、保育の必要性がある０〜２歳までの住民税非課税世帯の子どもと、３〜５歳の子どもの幼稚園・保育所・認定こども園等の利用料が原則無償化された。

＊7　子ども・子育て
関連３法
子ども・子育て関連３法とは、「子ども・子育て支援法」「就学前の子どもに関する教育、保育等の総合的な提供の推進に関する法律の一部を改正する法律」「子ども・子育て支援法及び就学前の子どもに関する教育、保育等の総合的な提供の推進に関する法律の一部を改正する法律の施行に伴う関係法律の整備等に関する法律」の３法をいう。

6 待機児童等への対応

　最近の待機児童の施策としては、2017（平成25）年に打ち出された「待機児童解消加速化プラン」に基づき、保育の受け皿の整備が進められた。また、これに必要な保育士を確保するため「保育士確保プラン」や「ニッポン一億総活躍プラン」のなかで、保育士の処遇改善やキャリアアップ等の仕組みを構築することなどが図られた。しかし、女性就業率の上昇による保育の申し込み者数の増加や、依然として２万人を超える水準にある待機児童の解消に対応するため、2017（同29）年に「子育て安心プラン」が策定された。このプランでは、待機児童の解消と、2022（令和４）年度末[*8]までに女性就業率が80％となるよう、さらなる保育の受け皿を整備することとされた。

＊8
2017（平成29）年に閣議決定された新しい経済政策パッケージのなかで、このプランは前倒しされ2020（令和２）年度までに整備されることとなった。

5 子ども家庭福祉の施策

1 障害児への支援

　障害児支援については、身近な地域で支援が受けられるようにするため、

2012（平成24）年4月から施設体系の一元化が行われた。具体的には、知的障害児施設、知的障害児通園施設、盲ろうあ児施設、肢体不自由児施設、重症心身障害児施設等の障害種別ごとに分かれていた施設体系についての見直しが行われた。

通所による支援は「障害児通所支援（児童発達支援、医療型児童発達支援、放課後等デイサービス、保育所等訪問支援、居宅訪問型児童発達支援）」に、入所による支援は「障害児入所支援（福祉型障害児入所施設、医療型障害児入所施設）」にそれぞれ一元化された。

また、18歳以上の障害児施設入所者については、年齢などに応じた適切なサービスが受けられるように、障害者施策（障害者総合支援法に基づく障害福祉サービス）により対応する。

＊9　医療的ケア児
在宅生活を継続していくうえで、たんの吸引や経管栄養などの医療的ケアが必要な障害児。

また、医療的ケア児＊9の増加を受け、2016（平成28）年に改正された児童福祉法では、地方公共団体に対し、医療的ケア児が必要な支援を円滑に受けることができるよう、保健、医療、福祉等の各関連分野の支援を行う機関と連絡調整を行うための体制の整備に関する努力義務規定が設けられた。

2　要保護児童への支援

要保護児童（保護者のない児童や保護者に監護させることが適当でない児童）を公的責任で社会的に養育し保護するとともに、養育に大きな困難を抱える家庭への支援を行うことを社会的養護という。社会的養護は「子どもの最善の利益のために」と「社会全体で子どもを育む」ことを理念としており、さまざまな支援が行われている。

社会的養護は、かつては親のない場合や、親に育てられない子どもへの施策であったが、現在では、虐待を受けて心に傷をもつ子ども、何らかの障害のある子ども、ＤＶ被害の母子への支援を行う施策へと役割が変化している。特に、2016（平成28）年の児童福祉法の改正を受け、里親委託の推進、ファミリーホームの設置運営の促進、施設の小規模化および家庭的養護の推進、親子関係再構築支援などの動きが加速している。

＊10　ファミリーホーム（小規模住居型児童養育事業）
児童福祉法で定められた「第二種社会福祉事業」の一つとして位置づけられている。定員5～6名の子どもを、養育者の住居において子どもの養育を行う。

社会的養護の方法には、「家庭養護」と「施設養護」がある。家庭養護としては、里親やファミリーホーム＊10といった制度があり、施設養護としては、乳児院、児童養護施設などがある。

3　ひとり親家庭への支援

　「平成28年度全国ひとり親世帯等調査」によると、母子世帯は123.2万世帯、父子世帯は18.7万世帯と推計されている。同調査によると、母子世帯になった理由は、離婚が79.5%、死別が8.0%、父子世帯になった理由は、離婚が75.6%、死別が19.0%であった。また、就労率は母子家庭が81.8%、父子家庭では85.4%で、生活保護受給者は母子家庭、父子家庭ともに約1割である。さらに、「福祉行政報告例」によると、ひとり親家庭の児童扶養手当受給者は97.3万人（2018［平成30］年3月末現在）である。これらの現状を考慮すると、ひとり親家庭の経済状況は決して楽観視できない状況にある。

　ひとり親家庭に対する経済的な支援としては、児童扶養手当、母子父子寡婦福祉貸付金などがあり、就業のための支援として、母子家庭等就業・自立支援事業、母子家庭等自立支援給付金事業などがある。また、子育てや生活のための支援として、ひとり親家庭等日常生活支援事業がある。

　これらの支援は母子家庭が中心であったが、2014（平成26）年に「母子及び寡婦福祉法」が「母子及び父子並びに寡婦福祉法」と改称されたことと同時に、支援策の対象が父子家庭にも拡大された。

4　母子への支援

　母子保健施策は、母子保健法や児童福祉法を中心に行われている。具体的には、母子健康手帳の交付、保健指導、訪問指導（妊産婦、新生児）、健康診査（妊産婦、乳幼児、1歳6か月児、3歳児）、未熟児訪問指導、養育医療、療育の給付、小児慢性特定疾患治療研究事業などである。

　今般は乳幼児健診と母子手帳を基盤とする母子保健施策の普及により、乳児死亡率が急速に減少し、わが国の母子保健水準は世界最高水準となっている。しかしながら、少子化の急激な進行や社会状況の変化により、乳幼児健診に子育て支援を組み込むことが必要となってきた。その背景には育児の孤立化があり、そのため乳児家庭全戸訪問事業[*11]が行われるようになった。

　また、周産期医療の進歩により、新生児死亡が減少し救命率が向上する一方で、NICU（Neonatal Intensive Care Unit：新生児集中治療室）退院後に在宅医療的ケアを必要とする子どもたちが増えている。

＊11　乳児家庭全戸訪問事業
生後4か月までの乳児のいるすべての家庭を訪問し、子育てに関するさまざまな不安や悩みを聞き、情報提供等を行うとともに、親子の心身の状況や養育環境等の把握・助言を行い、支援が必要な家庭に対しては適切なサービス提供につなげる事業である。

非行少年に対しては、児童福祉法と少年法の２つの法律に基づき対応がなされる。児童福祉法では非行少年は要保護児童として位置づけられ、少年法における非行少年は、犯罪少年（罪を犯した14歳〜20歳未満の少年）、触法少年（刑罰法令に触れる行為をした14歳未満少年）、虞犯少年（罪を犯すおそれのある少年）の３種類に分類される。

罪を犯した非行少年は、児童福祉法と少年法に基づき、児童相談所や家庭裁判所へ通告され、審判に付される。その後、家庭での指導、児童自立支援施設や少年院への入所等の対応がなされる。

●学びの確認

①児童やその保護者に対する社会手当について、内容や種類、支給額を調べ、まとめてみよう。

②児童相談所の役割について、まとめてみよう。

③これまでの子育て支援・少子化対策についての施策・制度の動向をまとめてみよう。

【参考文献】
・内閣府『令和元年版 子供・若者白書』日経印刷　2019年
・厚生労働省『平成30年版 厚生労働白書』日経印刷　2019年
・厚生労働統計協会編『国民の福祉と介護の動向2019/2020』厚生労働統計協会　2019年
・社会福祉の動向編集委員会編集『社会福祉の動向2012』中央法規、2012年
・橋本好市・宮田徹編『保育と社会福祉』みらい　2012年
・山田美津子・稲葉光彦『社会福祉を学ぶ』みらい　2013年
・中村強士『仏教大学大学院紀要』社会福祉学研究科篇　第37号　2009年

【参考ホームページ】
・厚生労働省　http://www.mhlw.go.jp/（平成27年２月１日閲覧）
・内閣府　http://www.cao.go.jp/（平成27年２月１日閲覧）

障害児・者への尊厳・尊重をもったかかわり方とは？

　私が看護師になる以前の話、まだ大学の社会福祉学科で障害者倫理の講義を受けている際、教授から「福祉に携わる人は、障害のある方への偏見をもってはいけません。常に尊厳・尊重をもったかかわりが必要です。では尊厳・尊重をもったかかわりとはどういうことを言うでしょうか？」と突然質問されました。私はとっさに「丁寧な言葉使い、その方を大切に思う気持ち…」と答えましたが、緊張のあまりその後の教授の回答をあまり覚えていません。そしてこの"尊厳・尊重"のすっきりした解釈を把握・得心できないまま大学、看護学校を経て国立病院の看護師になり、20年以上の時間が経過していきました。

　そんなとき、看護師の先輩から、「ある重症心身障害児（者）施設で多くの看護スタッフの退職があり利用者の転院を余儀なく行っている。その施設の立て直しのために力を貸してほしい」という内容の電話がありました。私は病棟師長の経験はあったものの、「施設の立て直し？　そんな大業は病院をつくった経験のある人にしかできない」と考え、1年間に渡り依頼が続きましたが断っていました。しかし、ある日その先輩から「わかった、あきらめた。でもせっかくだから、一度施設に見学に来てよ！」と誘いを受け、「見学くらいなら・・・」と承諾しました。

　施設開所から10年というその建物はとてもきれいに管理されていました。病棟を順番に案内されて男の子4人の病室に「こんにちは！」と声掛けしながら入ると、一人の小学生の男の子（Y君）の気切口から喀痰の吹き出し音が聞こえました。覗き込むと満面の笑顔の彼が見えました。先輩の説明では彼はいつも人が来ると笑ってくれるらしく、私が名前を呼ぶと全身を震わせて初めて会う私に笑顔で応えてくれました。Y君は出産時のトラブルにより低酸素脳症で産まれ、NICU（新生児集中治療室）でしばらく呼吸器管理されていましたが、ルームエアーでも生活が可能になり、直接この施設に入所し現在に至ったとのことでした。そのため彼は自宅での温かみ、母親の布団で眠る安心感も知らない、と先輩から説明を聞きました。そして私はふと、Y君の"楽しみ"について考えてみました。「お風呂が大好き！」「行事やレクリエーションが好き！」「お母さんが来てくれるとうれしい！」「寝る前に優しい看護師さんに頭をなでられながらお話してもらうことが大好き！」。経口で食事を摂れない彼の楽しみは片手にも余りました。逆に「私の楽しみは・・・」と数えると数知れず無限にありました。しかし、そんな私は彼のように毎日笑顔で過ごせているだろうか？　人が訪室するだけで満面の笑みを人に与えられているだろうか？　そんな自分に気づいたときに彼から何かを学べたことに気づきました。そして、Y君を心から敬う気持ちがもてました。私自身が尊厳・尊重をもって人と接するという意味が実感できた瞬間でした。

　看護師は患者さんからたくさんのことを学んで成長するといわれます。その人と人との関

係になくてはならないものが尊厳・尊重であり、患者さんから学ぼうとする姿勢がまさに成長の好機だということをＹ君から学び、私はその施設で働くことを決めました。そして彼らを通してたくさんのことを学ぶことができました。これからも許される限り患者さんを通じて自分自身の人間的成長をめざしていきたいと思っています。

　看護職をめざすみなさんも是非多くの方とかかわること、そしてそのなかから学ぶ姿勢を大切に、日々の生活を送っていただきたいと願っています。

第9章　障害者福祉の理解

📋 なぜ、障害者福祉について学ぶのか

　従来の「自立」は経済的自立のことを意味し、重度の障害があり支援を必要とする者は、自立困難で周囲に「依存」する存在とされていました。しかし、1980年代に、自分の信念に基づいた人生を送ることが「自立」であり、自己選択・自己決定に基づくものである、という概念へと変化しました。本章で学ぶ障害者福祉サービスは、このような理念に基づいた制度です。

　また、かつてリハビリテーションの目的は、ADL（日常生活動作）の自立、職業的自立が目標でした。しかし、1980年代に、リハビリテーションの目的は、ADLの向上からQOL（生活の質）の向上へと変化しました。リハビリテーションとは全人間的復権であり、障害をもったその人の生き方を支援するものです。現在は、残存能力の活用や廃用症候群（活動性の低下による心身機能の低下）の予防、その他、福祉用具や住宅改修、医療福祉サービスの利用支援といった社会資源の活用による環境整備も必要となっています。つまり、障害者が利用できるあらゆる法制度についての知識が必要になるのです。

　第2章で学んだ社会福祉基礎構造改革を機に、障害者福祉サービスの利用も「措置」から「契約」へ移行しました。行政の判断でサービスの種類、機関を決定する「措置」とは違い、「契約」では利用者がサービスの種類、機関を決定するため、利用者とサービス機関が対等な関係となり、自己決定、自己選択が可能となりました。しかし、同時に、情報収集、意思表示、判断能力が不十分な人への各段階での支援、権利擁護（アドボカシー）が重要となりました。たとえば、相手に意思表示できない、制度についてよく知らない、情報を得られない、判断能力が不十分であるといった場合には、①知る、②理解する、③判断する、④意思表示・手続き、⑤確認・モニタリング、⑥苦情申し立ての各段階での支援、権利擁護が必要となってきます。意思表示支援の必要性や障害者虐待についても理解しておく必要があります。

　また、今日の保健・医療・福祉は、チーム医療、チームケアであり、関連職種の連携が必須となっています。これらを円滑にするものであり、患者、利用者本人も参加することを可能とする共通言語が、国際生活機能分類（ICF）です。この定義が広く理解されることで、共通言語を確立し、障害のある人々を含む、保健・医療従事者、研究者、政策立案者、一般市民などさまざまな利用者間のコミュニケーションが改善することになります。

　このように、看護職をめざすみなさんが、障害者福祉の理念、定義、法制度を理解することで、障害者への理解が深まり、またかかわりの幅も広がり、関連職種や関係機関との連携が可能となります。看護職をめざすみなさんが障害者福祉を学ぶ意義も意識しながら学びを深めていきましょう。

1 障害者福祉の理念

1 「ノーマライゼーション」の理念

　1950年代後半、デンマークのバンク・ミケルセン（Bank-Mikkelsen,N.E.）が提唱し、デンマークの「1959年法」で導入された概念である。知的障害者の親の会による脱施設化の運動が発端で、障害のある人たちに、障害のない人々と同じ生活条件をつくりだすこと、つまり障害者をノーマルにするのではなく、生活条件をノーマルにすることが当初の訴えであった。当時は、障害があるとわかると、郊外にあるコロニーという施設群にある障害者施設に入所させていた。しかし、ノーマライゼーションの理念により、脱施設化が進み、コロニーは解体されていった。「誰もが当たり前に、ありのままに、生活したい場所で生活すること」というノーマライゼーションの理念は、次第に周辺諸国へ広まっていった。

2 「自立」の概念の変化

　障害者の権利擁護運動である自立生活運動（IL運動）がきっかけとなり、自立の概念が変化した。1962年にアメリカのカリフォルニア大学バークレイ校に、重い身体障害をもつエドワード・ロバーツが入学した。彼を中心とした学生たちが、重い障害があっても地域で学生生活が送れるようにするために、介助など必要な援助を大学および地域に求めた。これが自立生活運動（IL運動）の始まりである。「支援を受けながら生活することは自立ではなく依存である」という考え方から、「必要な支援を受けながら自分らしい生活を送ることが自立である」という考え方に変化したことにより、社会がさまざまな支援を行うことや環境を整備することが求められるようになった。

3 エンパワメント

　エンパワメントとは、黒人、女性、移民、障害者などが、自分たちを差別、無力化する社会状況と対決する当事者運動のなかから出てきた概念である。心理的、社会的、経済的あるいは政治的な要因で抑圧され、自らの主体性を発揮する力を奪われている人たちが、その主体性を回復し、自己実現に向けた力を獲得していくプロセスである。

4　ソーシャルインクルージョンとソーシャルエクスクルージョン

　ソーシャルインクルージョンは社会的包摂（生活上の困難を抱えた人を排除しないで、社会の構成員として取り込む）を指し、障害の有無にかかわらず生活の場（地域社会）における共生をめざす概念であり、地域包括ケアシステム*1の構築にも不可欠な概念である。ソーシャルインクルージョンを実現するためには、すべての人に社会における地位と役割が保障されていること、およびニーズに応じて必要なサービスが提供されることが求められる。

　ソーシャルエクスクルージョンは、社会的排除のことであり、ＥＵ（欧州連合）は「貧困、生涯教育の機会や基本的能力の欠如、差別のために社会参加ができず、社会の隅に追いやられていく個人の過程で、社会や地域コミュニティーの活動だけでなく、雇用、収入、教育機会が得られなくなっていくことを指す。社会的排除の状態では、日常生活に影響を与える意思決定に関与する機会が少なく、無力感ゆえに参加できない状態」と定義している。

*1　地域包括ケアシステム
第13章p.206参照。

2　障害者福祉の国際的な動向

1　ノーマライゼーションの理念の広まり

　国際連合（以下「国連」）は、1975年に「障害者の権利宣言」でノーマライゼーションの理念を世界に示した。また、1981年を「国際障害者年」とし、障害者の完全参加と平等を進めた。さらに、1982年の「障害者に関する世界行動計画」で、①予防、②リハビリテーション、③機会均等化の3つを提唱し、1983年からの10年間を「国連・障害者の十年」とした。

　1990年に、アメリカで成立したADA法（障害を持つアメリカ人法）は、あらゆる分野で障害者差別を禁じ、機会平等を保障した画期的な法律である。障害者が雇用において差別的な取り扱いを受けず、また、交通機関や公共的施設の利用、情報手段の確保などができるようにすることを義務化し、公的機関や一定以上の従業員を有する民間企業がこれらに違反した場合の罰則規定も定めた。法施行後には、バスには車椅子リフト、駅にはエレベーターが設置されバリアフリー化した。また、公共施設には、出入口にスロープが設置され、トイレは車椅子の使用を可能とし、盲導犬・介助犬の入場が可能となった。この法律は、国連における障害者の権利に関する条約（以下「障害者権利条約」）への議論に影響を与えた。

障害者権利条約は、国連で2006年に成立した。あらゆる分野での障害者差別を禁止し、移動、コミュニケーション、教育、就労における合理的配慮（環境整備、支援）が義務化され、これらが制限されると条約違反となる。わが国は2014（平成26）年１月に批准した。

障害者権利条約では、障害者に対して障害のない人と実際的に平等な機会が保障されるよう環境整備や配慮を行うのは社会的責務であるという考えから、障害者が建物や交通機関の利用、道路の使用、情報やコミュニケーションサービスを得ることなどの「アクセシビリティ」を重視している。

3 国際生活機能分類（ICF）

世界保健機関（WHO）は、1980年に国際障害分類（ICIDH：International Classification of Impairments, Disabilities and Handicaps）を定義した（図９−１）。「障害」を構造的にとらえる画期的な定義であり、障害者を多面的に理解することに寄与し、効果的なアプローチにもつながった。

その後、さらなる検討を重ね、2001年には新たに国際生活機能分類（ICF：International Classification of Functioning, Disability and Health）を定義した（図９−２）。

ICFでは、「障害」ではなく「生活機能」を示した。「生活機能」とは、「生きる」ことの３つのレベル（生命、生活、人生）をすべてとらえたもので、ICIDHの「機能障害」を「心身機能・身体構造」、「能力障害」を「活動」、「社会的不利」を「参加」という表現に変更し、マイナス面（「機能・構造障害」「活動制限」「参加制約」）だけでなくプラス面も評価する表現となっている。さらに、背景因子として「環境因子」「個人因子」が新たに追加されている（表９−１）。ICFの構成要素は、互いに双方向の矢印で結ばれており、相互に影響し合っていることを表している。

図９−１　国際障害分類（ICIDH）
出典：厚生省『WHO国際障害分類試案』厚生統計協会　1985年

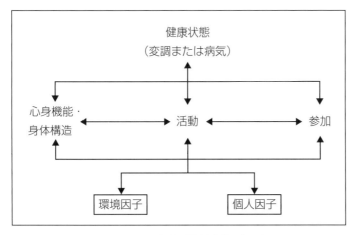

図9－2　国際生活機能分類（ICF）
出典：厚生労働省『国際生活機能分類－国際障害分類改訂版－』（日本語版）2002年

表9－1　ICFの構成要素

健康との関連において	
生活機能	心身機能：身体系の生理的・心理的機能
	身体構造：器官・肢体とその構成部分などの、身体の解剖学的部分
	⊖機能障害（構造障害を含む）：心身機能または身体構造上の問題
	活動：課題や行為の個人による遂行。ADL（日常生活動作）、IADL（手段的日常生活動作）*2など。
	⊖活動制限：個人が活動を行うときに生じる困難
	参加：生活・人生場面へのかかわり。社会生活、地域活動、対人関係など。
	⊖参加制約：個人が何らかの生活・人生場面にかかわるときに経験する困難
背景因子	環境因子：人々が生活している物的な環境、社会的環境、人々の態度
	⊕促進因子　⊖阻害因子
	個人因子：個人の人生や生活背景。性別、趣味、思想、生育歴、職歴、家族関係等

*2　IADL（手段的日常生活動作）
日常生活を送るうえで必要な動作のうち、買い物や家事など、ADL（日常生活動作）より複雑で高次な動作をいう。

出典：厚生労働省『国際生活機能分類－国際障害分類改訂版－』（日本語版）2002年をもとに筆者作成

3 障害児・者の状況

　厚生労働省の統計によると、わが国における障害児・者数の推計は787.9万人である。内訳は、身体障害児・者が393.7万人（在宅386.4万人、施設入所7.3万人）、知的障害児・者が74.1万人（在宅62.2万人、施設入所11.9万人）、精神障害者が320.1万人（外来患者287.8万人、入院患者32.3万人）となっている（表9－2）。

表9－2　障害者数（推計）　　　　　　　　　　　　　　　　　　　　（単位：万人）

		総数	在宅者数^{注4}	施設入所者数^{注5}
身体障害児・者	18歳未満	7.1	6.8	0.3
	18歳以上	419.4	412.5	6.9
	年齢不詳	9.3	9.3	—
	総計	436.0	428.7	7.3
知的障害児・者	18歳未満	22.1	21.4	0.7
	18歳以上	84.2	72.9	11.3
	年齢不詳	1.8	0.1	—
	総計	108.2	96.2	12.0
精神障害者	20歳未満	26.9	26.6	0.3
	20歳以上	365.5	334.6	30.9
	年齢不詳	1.0	1.0	0.1
	総計	392.4	361.1	31.3

注1）精神障害者の数は、ICD-10の「V精神及び行動の障害」から知的障害（精神遅滞）を
　　除いた数に、てんかんとアルツハイマーの数を加えた患者数に対応している。
　　また、年齢別の集計において四捨五入をしているため、合計とその内訳の合計は必ず
　　しも一致しない。
注2）身体障害児・者の施設入所者数には、高齢者関係施設入所者は含まれていない。
注3）四捨五入で人数を出しているため、合計が一致しない場合がある。
注4）精神障害者においては外来患者。
注5）精神障害者においては入院患者。

資料：
「身体障害者」
在宅者：厚生労働省「生活のしづらさなどに関する調査」（平成28年）
施設入所者：厚生労働省「社会福祉施設等調査」（平成27年）等より厚生労働省社会・援護
局障害保健福祉部で作成
「知的障害者」
在宅者：厚生労働省「生活のしづらさなどに関する調査」（平成28年）
施設入所者：厚生労働省「社会福祉施設等調査」（平成27年）より厚生労働省社会・援護局
障害保健福祉部で作成
「精神障害者」
外来患者：厚生労働省「患者調査」（平成26年）より厚生労働省社会・援護局障害保健福祉
部で作成
入院患者：厚生労働省「患者調査」（平成26年）より厚生労働省社会・援護局障害保健福祉
部で作成
出典：内閣府『平成30年版障害者白書』p.237

4　障害者に関する法制度

1　国内の障害者関連法等の変遷

　戦後わが国においては、各福祉法に基づいて障害者福祉制度が整備された。
1993（平成5）年の障害者対策に関する新長期計画では国の障害者施策の方
向性が示され、1995（同7）年の障害者プランではノーマライゼーションの
理念が、2002（同14）年の新障害者プランでは、共生、インクルージョンの
理念が盛り込まれた（表9－3）。
　障害者福祉サービスについては、2005（平成17）年に成立した「障害者自
立支援法」（現：障害者総合支援法）に基づき、障害種別にかかわらず基本
的人権を享有する個人としての尊厳にふさわしい日常生活や社会生活を送る
ことができるよう、サービスの提供がなされている（本章第5節参照）。

表9－3　国内の障害者関連法等の変遷

年	関連事項
1947（昭和22）年	児童福祉法の制定
1949（ 同24 ）年	身体障害者福祉法の制定
1950（ 同25 ）年	精神衛生法の制定
1960（ 同35 ）年	精神薄弱者福祉法の制定
	身体障害者雇用促進法の制定
1970（ 同45 ）年	心身障害者対策基本法の制定：法の対象は2障害（身体・知的）
1987（ 同62 ）年	身体障害者雇用促進法改正：法律名を「障害者の雇用の促進等に関する法律」に改題
	精神衛生法改正：法律名を「精神保健法」に改題
1993（ 平成5 ）年	障害者対策に関する新長期計画の策定
	心身障害者対策基本法改正：法律名が「障害者基本法」に改題され、法の対象が3障害（身体・知的・精神）となる
1994（ 同6 ）年	高齢者、身体障害者等が円滑に利用できる特定建築物の建築の促進に関する法律（ハートビル法）の制定
1995（ 同7 ）年	精神保健法改正：法律名を「精神保健及び精神障害者福祉に関する法律」に改題
	障害者プラン～ノーマライゼーション7か年戦略～の策定
1998（ 同10 ）年	精神薄弱者福祉法改正：法律名を「知的障害者福祉法」に改題
2000（ 同12 ）年	高齢者、身体障害者等の公共交通機関を利用した移動の円滑化の促進に関する法律（交通バリアフリー法）の制定
2002（ 同14 ）年	障害者基本計画、新障害者プラン（重点施策実施5か年計画）の策定
2003（ 同15 ）年	障害者の支援費制度導入（措置から契約へ）
2004（ 同16 ）年	発達障害者支援法の制定
2005（ 同17 ）年	障害者自立支援法の制定
2006（ 同18 ）年	高齢者、障害者等の移動等の円滑化の促進に関する法律（バリアフリー新法）の制定
2007（ 同19 ）年	重点施策実施5か年計画（後期）の策定
2011（ 同23 ）年	障害者虐待の防止、障害者の養護者に対する支援等に関する法律の制定
	障害者基本法改正：法の対象が4障害（身体・知的・精神・発達）となる
2012（ 同24 ）年	障害者自立支援法改正：法律名が「障害者の日常生活及び社会生活を総合的に支援するための法律」に改題され、難病も法の対象となる
2013（ 同25 ）年	障害を理由とする差別の解消の推進に関する法律の制定（2016［同28］年4月施行）
	障害者基本計画（第3次）の策定
2014（ 同26 ）年	障害者権利条約の批准
2018（ 同30 ）年	障害者基本計画（第4次）の策定

出典：筆者作成

2 障害者基本法

　障害者基本法は、障害者の自立促進や社会、経済、文化等あらゆる分野の活動への参加促進を定める「完全参加と平等」の考え方に基づいた法律で、国・地方公共団体の役割、障害者施策、共生社会の実現、および障害者の定義を示している。また、差別の禁止、教育および療育の充実、雇用の促進、住宅の確保、意思疎通手段の確保、公共的施設のバリアフリー化、情報の利用におけるバリアフリー化を定めている。

＊3　社会的障壁
障害がある者にとって
日常生活または社会生
活を営むうえで障壁と
なるような社会におけ
る事物、制度、慣行、
観念その他一切のもの
をいう。

＊4
障害者基本計画の実施
計画として、2003
（平成15）年度から
の5年間を対象とし
た「重点施策実施5か
年計画（前期）」と、
2008（同20）年度
からの5年間を対象と
した「重点施策実施
5か年計画（後期）」
が示された。その後、
2013（同25）年か
らの5年間を対象とし
た「障害者基本計画（第
3次）」が示された。

障害者基本法における障害者とは、身体障害、知的障害、精神障害（発達障害を含む）その他の心身の機能の障害がある者で、障害および社会的障壁＊3により継続的に日常生活または社会生活に相当な制限を受ける状態にある者をいう。

障害者基本法では、国に対して、障害者のための施策に関する基本的な計画（障害者基本計画）を策定するよう定めている。2018（平成30）年度からの5年間を対象とした障害者基本計画＊4（第4次）では、社会的障壁の除去、障害者の意思決定支援、および障害者差別の解消を推進するための各施策の目標値を設定している（表9－3参照）。なお、都道府県と市町村にはそれぞれ都道府県障害者計画、市町村障害者計画を国が定めた基本計画をもとに策定するよう定めている。

3　身体障害者福祉法

身体障害者福祉法は、身体障害者の自立と社会経済活動への参加を促進するため、身体障害者を援助し、必要に応じて保護することによって、身体障害者の福祉の増進を図ることを目的としている。

この法律における身体障害者とは、身体障害者福祉法の別表（身体障害者障害程度等級表）にある障害（①視覚障害、②聴覚または平衡機能の障害、③音声機能・言語機能・咀嚼機能の障害、④肢体不自由、⑤内部障害［心臓・腎臓・呼吸器・膀胱または直腸・小腸・肝臓の機能障害、HIV］）をもつ18歳以上の者で、身体障害者手帳の交付を受けた者である。

身体障害者手帳は、市町村が窓口となり都道府県知事から交付され、1～6級まである。なお、18歳未満であっても手帳は交付される。

4　知的障害者福祉法

知的障害者福祉法は、知的障害者の自立と社会経済活動への参加を促進するため、知的障害者を援助するとともに必要な保護を行うことによって、知的障害者の福祉を図ることを目的としている。

この法律において知的障害者の定義は特に示されていないが、知的障害児（者）基礎調査では、「知的機能の障害が発達期（おおむね18歳まで）にあらわれ、日常生活に支障が生じているため、何らかの特別の援助を必要とする状態にあるもの」としている。

児童相談所または知的障害者更生相談所の判定によって知的障害児・者と

判定された場合は、市町村が窓口となり、都道府県知事から療育手帳が交付される。療育手帳は、A1（最重度）、A2（重度）、B1（中度）、B2（軽度）に区分されている。

5　精神保健福祉法

精神保健及び精神障害者福祉に関する法律（精神保健福祉法）は、精神障害者の医療および保護、社会復帰の促進や自立、社会経済活動への参加促進のために必要な援助を行い、その発生の予防や国民の精神的健康の保持・増進に努めることによって、精神障害者の福祉の増進および国民の精神保健の向上を図ることを目的としている。

この法律における精神障害者とは、統合失調症、精神作用物質による急性中毒またはその依存症、知的障害、精神病質、その他精神疾患を有する者である。

各都道府県の判定によって精神障害者と判定された場合には、市町村が窓口となり、都道府県知事から精神障害者保健福祉手帳が交付される。精神障害者保健福祉手帳は1～3級がある。

6　発達障害者支援法

発達障害者支援法は、発達障害者の自立および社会参加のための生活全般にわたる支援を図り、障害の有無によって分け隔てられることなく（社会的障壁の除去）、相互に人格と個性を尊重（意思決定の支援に配慮）しながら共生する社会の実現に資することを目的としている。個人としての尊厳に相応しい日常生活・社会生活を営むことができるように発達障害の早期発見と発達支援を行い、支援が切れ目なく行われることに関する国および地方公共団体の責務を明らかにしている。

この法律における発達障害者は、発達障害および社会的障壁により日常生活または社会生活に制限を受けるものである。発達障害とは、自閉症[*5]、アスペルガー症候群[*6]その他の広汎性発達障害[*7]、学習障害[*8]、注意欠陥多動性障害[*9]その他これに類する脳機能の障害（言語障害、協調運動障害、心理的発達障害、行動情緒障害など）で、症状が通常低年齢において発現するものである。

知的障害を含む発達障害の場合は療育手帳の対象になる場合があり、知的障害を含まない発達障害の場合は精神障害者保健福祉手帳の対象になる場合

*5　自閉症
自閉症とは、3歳位までに現れ、①他人との社会的関係を構築する困難さ、②言葉の発達の遅れ、③興味や関心が狭く特定のものにこだわることを特徴とする行動の障害であり、中枢神経系に何らかの要因による機能不全があると推定される。

*6　アスペルガー症候群
知的発達の遅れを伴わず、かつ、自閉症の特徴のうち言葉の発達の遅れを伴わないものをいう。

*7　広汎性発達障害
自閉症、高機能自閉症（知的発達の遅れを伴わない自閉症）、アスペルガー症候群を含む発達障害の総称をいう。

*8　学習障害
全般的な知的発達に遅れはないが、聞く、話す、読む、書く、計算するまたは推論する能力のうち、特定のものの習得と使用に著しい困難を示すさまざまな状態を指す。

*9　注意欠陥多動性障害
年齢あるいは発達に不釣り合いな注意力、衝動性、多動性を特徴とする行動の障害で、社会的な活動や学業の機能に支障をきたすものである。

がある。

7 障害者総合支援法

　障害者の日常生活及び社会生活を総合的に支援するための法律（障害者総合支援法）は、障害者基本法の基本的な理念にのっとり、障害者および障害児の福祉に関する法律と相まって、障害者および障害児が基本的人権を享有する個人としての尊厳にふさわしい日常生活または社会生活を営むことができるよう、必要な障害福祉サービスに係る給付、地域生活支援事業その他の支援を総合的に行い、障害者および障害児の福祉の増進を図るとともに、障害の有無にかかわらず国民が相互に人格と個性を尊重し、安心して暮らすことのできる地域社会の実現に寄与することを目的としている（障害者総合支援法の概要は第5節を参照のこと）。

　なお、障害者総合支援法では、障害福祉サービスの提供体制の確保および障害者総合支援法に基づく業務の円滑な実施に関する計画（障害福祉計画）を都道府県と市町村に策定するよう義務づけている。

8 障害者雇用促進法

*10　職業リハビリ
テーション
障害者雇用促進法では、「障害者に対して職業指導、職業訓練、職業紹介その他この法律に定める措置を講じ、その職業生活における自立を図ることをいう」としている。

　障害者の雇用の促進等に関する法律（障害者雇用促進法）は、身体障害者または知的障害者の雇用義務等に基づく雇用の促進等のための措置、職業リハビリテーション*10の措置、障害者がその能力に適合する職業に就くこと等を通じてその職業生活において自立することを促進するための措置を総合的に講じ、障害者の職業の安定を図ることを目的としている。障害者雇用促進法における障害者とは、身体障害、知的障害、精神障害（発達障害を含む）である。

　一定規模以上の民間企業（従業員45.5人以上の事業所）、特殊法人、国および地方公共団体、都道府県等の教育委員会には、身体障害者・知的障害者を雇用しなければならないとする障害者雇用率制度が採用されている。法定雇用率は民間企業が2.2%、特殊法人、国および地方公共団体が2.5%、都道府県等の教育委員会が2.4%である。重度の障害者の場合は、1人を2人としてカウントする。法定雇用率は、2021（令和3）年4月までにさらに0.1%引き上げられる予定である。その際、対象となる事業所の範囲が従業員43.5人以上に拡大される予定である。

　従業員が100人以上の企業で法定雇用率を下回っている事業主には納付金

が徴収され、それを財源に法定雇用率を上回っている事業主に調整金、報奨金が支給される（障害者雇用納付金制度）。また、特例子会社という、障害者が働きやすい環境、業務内容を整備した職場を独立させた子会社が認められており、ここで働く障害者は、親会社の雇用率にカウントされる。

　民間企業の障害者雇用の現状として、2018（平成30）年の実雇用率は2.05％（前年は1.97％）で、法定雇用率を達成している企業の割合は、いまだ45.9％に過ぎない。

9　障害者虐待防止法

　障害者虐待の防止、障害者の養護者に対する支援等に関する法律（障害者虐待防止法）は、被虐待者の保護と自立支援、養護者への支援、障害者虐待の防止を目的としている。障害者虐待防止法では、①養護者による虐待、②障害者福祉施設従事者等による虐待、③使用者による虐待の３つを障害者虐待として規定している。障害者虐待の類型は、次の５つが定義されている（表9－4）。

　虐待を受けたと思われる障害者を発見した者には、市町村または都道府県に対する通報の義務がある。市町村には通報・相談窓口として「市町村障害者虐待防止センター」が設置され、都道府県には「都道府県障害者権利擁護センター」が設置されている。

表9－4　障害者虐待の定義

	定義	具体的内容
身体的虐待	障害者の身体に外傷が生じ、もしくは生じるおそれのある暴力を加え、または正当な理由なく障害者の身体を拘束すること	平手打ちをする、殴る、蹴る、無理矢理食事を口に入れる、やけど・打撲させる、ベッドに縛り付けるなどの不当な身体拘束、過剰な投薬 など
性的虐待	障害者にわいせつな行為をすることまたは障害者をしてわいせつな行為をさせること	性器への接触、性的行為を強要する、わいせつな映像を見せる など
心理的虐待	障害者に対する著しい暴言または著しく拒絶的な対応など、障害者に著しい心理的外傷を与える言動を行うこと	障害者を侮辱する言葉を浴びせる、怒鳴る、ののしる、人格をおとしめるような扱いをする、意図的に無視する など
放棄・放置（ネグレクト）	障害者を衰弱させるような著しい減食または長時間の放置、第三者による虐待行為の放置等養護を著しく怠ること	食事や水分を十分に与えない、排せつの介助をしない、介護・世話の放棄、病院に行かせない など
経済的虐待	障害者の財産を不当に処分することその他障害者から不当に財産上の利益を得ること	日常生活に必要な金銭を渡さない(使わせない)、年金や預貯金を本人の意思・利益に反して使用する など

出典：厚生労働省「市町村・都道府県における障害者虐待の防止と対応」2014年　p.6をもとに筆者作成

*11 成年後見制度
第10章p.168参照。

養護者による障害者虐待を発見した人が市町村に通報した場合、市町村は立ち入り調査等で事実確認を行い、一時保護や成年後見制度*11の利用開始に関する審判の請求等の措置を行う。

障害者福祉施設従事者等による障害者虐待の通報を市町村が受けた場合、都道府県に報告し、都道府県知事は監督権限等の適切な行使や措置等の公表を行う。また、障害福祉サービス事業者は、職員研修の実施、利用者からの苦情処理体制を整備するなど、虐待の防止等のための措置を講じなければならない。なお、内部通報者は、通報したことを理由とする解雇等の不利益な取扱いを受けない。

事業所等の使用者による障害者虐待は、市町村や都道府県を介して虐待の通報を受けた労働局が監督権限等の適切な行使や措置等の公表を行う。

10 障害者差別解消法

障害を理由とする差別の解消の推進に関する法律（障害者差別解消法）は、すべての国民が、障害の有無によって分け隔てられることなく、相互に人格と個性を尊重し合いながら共生する社会の実現に向け、障害を理由とする差別の解消を推進することを目的としている。

この法律では、①国の行政機関や地方公共団体等および民間事業者による「障害を理由とする差別」を禁止すること、②差別を解消するための取り組みについて政府全体の方針を示す「基本方針」を作成すること、③行政機関等ごと、分野ごとに障害を理由とする差別の具体的内容等を示す「対応要領」「対応指針」を作成すること、④相談および紛争の防止等のための体制の整備、啓発活動等の障害を理由とする差別を解消するための支援措置について定めている。

5 障害者福祉制度の概要

1 障害者総合支援法制定までの経緯

わが国の障害者福祉サービスの提供システムは、2003（平成15）年4月に措置制度から支援費制度へと大きく転換した。支援費制度では、利用者が福祉サービスを自由に選択し、契約できるようになったが、障害種別（身体障害・知的障害・精神障害）間のサービス利用の格差等の課題が表面化し、支

援費制度は見直しを迫られることとなった。

　この課題を解消するため、2005（平成17）年に障害種別ごとに定められていた施設・事業体系を三障害共通のサービス体系として再編するなどの見直しをふまえた障害者自立支援法が制定された。しかし、障害程度区分（現：障害支援区分）認定の仕組みなどの課題が指摘されたため、2012（同24）年に障害者自立支援法を改正し、新たに総合的な福祉法制を実施するなどの内容を規定した障害者総合支援法が制定された。

2　障害者総合支援法のサービス体系

　障害者総合支援法のサービス体系は、自立支援給付と地域生活支援事業の2つからなる（図9－3）。対象者は、身体障害者、知的障害者、精神障害者、発達障害者および難病の者である。難病は、358疾患が対象となっており、難病等に該当するかどうかの判断は、個々の市町村において、医師の診断書等で確認する。

　自立支援給付には、障害福祉サービス・自立支援医療・補装具がある（表9－5）。地域生活支援事業は、都道府県事業および市町村事業があり、地域の現状に合わせて設定される（表9－6）。サービスを利用する際には、日中活動の場と住まいの場の支援を組み合わせて選択できる（図9－4）。

　障害福祉サービスを利用するまでの流れとして、介護給付を希望する場合は、利用申請を行い、障害支援区分（区分1〜6）の認定を受け、サービス等利用計画案を作成し、支給決定となる。訓練等給付を希望する場合は、障害支援区分の認定は不要である。支給決定後はサービス等利用計画が作成され、サービス利用が開始される。サービス等利用計画は生活や人生をとらえた全体的な支援計画であり、相談支援事業所が作成する。なお、各サービス

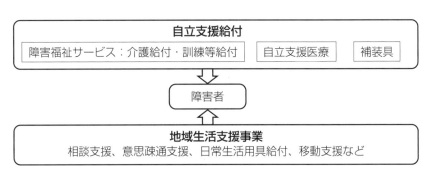

図9－3　制度のしくみ

出典：全国社会福祉協議会「障害福祉サービスの利用について　2018年4月版」2018年　p.3
　　　をもとに筆者作成

提供事業所は個別支援計画を作成し、支援にあたる。

　障害支援区分の認定の流れは、訪問による認定調査の結果を1次判定にかけ、それをもとに審査会で二次判定を行い、市町村が認定する。認定調査の項目は80項目である。

　障害福祉サービスを利用した場合の利用者負担は、応能負担（利用者の所得等に応じた負担）が原則となっている。

表9-5　自立支援給付

障害福祉サービス	介護給付	居宅介護（ホームヘルプ）	自宅で、入浴、排せつ、食事の介護等を行う
		重度訪問介護	重度の肢体不自由者または重度の知的障害・精神障害により、行動上著しい困難を有する人で常に介護を必要とする人に、自宅で、入浴、排せつ、食事の介護、外出時における移動支援などを総合的に行う
		同行援護	視覚障害により、移動に著しい困難を有する人に、移動に必要な情報の提供（代筆・代読を含む）、移動の援護等の外出支援を行う
		行動援護	自己判断能力が制限されている人が行動するときに、危険を回避するために必要な支援、外出支援を行う
		重度障害者等包括支援	介護の必要性がとても高い人に、居宅介護等複数のサービスを包括的に行う
		短期入所（ショートステイ）	自宅で介護する人が病気の場合などに、短期間、夜間も含め施設で、入浴、排せつ、食事の介護等を行う
		療養介護	医療と常時介護を必要とする人に、医療機関で機能訓練、療養上の管理、看護、介護および日常生活の支援を行う
		生活介護	常に介護を必要とする人に、昼間、入浴、排せつ、食事の介護等を行うとともに、創作的活動または生産活動の機会を提供する
		施設入所支援（障害者支援施設での夜間ケア等）	施設に入所する人に、夜間や休日、入浴、排せつ、食事の介護等を行う
	訓練等給付	自立訓練（機能訓練・生活訓練）	自立した日常生活または社会生活ができるよう、一定期間、身体機能または生活能力の向上のために必要な訓練を行う
		就労移行支援	一般企業等への就労を希望する人に、一定期間、就労に必要な知識および能力の向上のために必要な訓練を行う
		就労継続支援A型（雇用型）・B型（非雇用型）	一般企業等での就労が困難な人に、働く場を提供するとともに、知識および能力の向上のために必要な訓練を行う
		共同生活援助（グループホーム）	夜間や休日、共同生活を行う住居で、相談や日常生活上の援助を行う。また、入浴、排せつ、食事の介護等の必要性が認定されている人へサービスを提供する。さらに入居者間の交流を保ちながら一人で暮らしたいというニーズに応えるためのサテライト型住居がある
		就労定着支援	就労支援等を利用して一般就労した人に、一定期間、就労の継続を図るために必要な連絡調整、相談等を行う
		自立生活援助	施設入所支援又は共同生活援助を受けていた人が居宅で生活するにあたり、一定期間、巡回訪問、連絡調整等を行う
自立支援医療			・育成医療 ・更生医療 ・精神通院医療
補装具			障害者等の身体機能を補完し、または代替し、かつ、長期間にわたり継続して使用されるもの等。表9-7を参照

出典：図9-3に同じ　p.4を一部改変

表9-6　主な地域生活支援事業

相談支援	相談、情報提供、権利擁護など必要な援助を行う。また、（自立支援）協議会を設置し、地域の相談支援体制やネットワークの構築を行う
意思疎通支援	聴覚、言語機能、音声機能、視覚等の障害のため、意思疎通を図ることに支障がある人と、その他の人の意思疎通を仲介するために、手話通訳や要約筆記、点訳等を行う者の派遣などを行う
日常生活用具給付等	重度障害のある人等に対し、自立生活支援用具等日常生活用具の給付または貸与を行う（表9-8参照）
移動支援	屋外での移動が困難な障害のある人について、外出のための支援を行う
地域活動支援センター	障害のある人が通い、創作的活動または生産活動の提供、社会との交流の促進等の便宜を図る

出典：図9-3に同じ　p.10を一部改変

日中活動の場
療養介護
生活介護
自立訓練（機能訓練・生活訓練）
就労移行支援
就労継続支援（A型、B型）
地域活動支援センター

住まいの場
障害者支援施設の施設入所支援
または
居住支援（グループホーム、福祉ホームの機能）

図9-4　日中活動と住まいの場の組み合わせ

出典：図9-3に同じ　p.5を一部改変

表9-7　主な補装具

	義肢	義足、義手
肢体不自由	装具	下肢、靴型、体幹、上肢
	車いす	普通型、手押型、電動型
	歩行補助杖	歩行補助杖、松葉杖、ロフストランドクラッチ、多点杖
	その他	座位保持装置、歩行器、頭部保持具
視覚障害	眼鏡	矯正眼鏡、遮光眼鏡
	その他	盲人安全杖、義眼、白杖
聴覚障害	補聴器	標準型、高度難聴型、挿耳型、特別補聴器
その他	重度障害者用意思伝達装置	

表9-8　主な日常生活用具

下肢・体幹障害	歩行補助杖、火災警報器、自動消火器、便器、特殊尿器、特殊寝台、入浴補助用具、移動用リフト
上肢障害	特殊便器、火災警報器、自動消火器
視覚障害	視覚障害者用ポータブルレコーダー、盲人用時計、視覚障害者用活字文書読み上げ装置、点字タイプライター、電磁調理器、点字ディスプレイ、拡大読書器、点字器、火災警報器、自動消火器、点字図書
聴覚障害	屋内信号装置、聴覚障害者用通信装置、文字放送デコーダー、火災警報器、自動消火器
内部障害	透析液加温器、酸素ボンベ運搬車、ストマ用装具、人工喉頭、電気式たん吸引器、ネブライザー
知的障害	頭部保護帽、電磁調理器、火災警報器
その他	携帯用会話補助装置、酸素吸入器、吸引器
貸与	福祉電話、ファックス、緊急通報装置

●学びの確認

①障害者の理念について、整理してみよう（ノーマライゼーション、エンパワメント、ソーシャルインクルージョン、自立、権利擁護など）。

②国際生活機能分類（ICF）を用いて、対象者を理解してみよう。具体的には、生活機能（心身機能・身体構造、活動、参加）および背景因子（環境因子、個人因子）に分類し、プラス要因とマイナス要因につ

いて考えてみよう。

③障害者総合支援法に基づく障害者福祉サービスの体系について整理してみよう（全体の枠組み、各サービス内容、利用までの流れ、計画作成など）。

【参考文献】

・佐藤久夫・小澤温『障害者福祉の世界』有斐閣アルマ　2013年

・社会福祉士養成講座編集委員会編『相談援助の基盤と専門職』中央法規出版　2013年

・厚生省『WHO国際障害分類試案』厚生統計協会　1985年

・障害者福祉研究会編『ICF 国際生活機能分類』中央法規出版　2002年

・社会福祉学習双書編集委員会編『障害者福祉論』全国社会福祉協議会　2013年

・内閣府『平成25年度障害者白書』佐伯出版

・厚生労働省職業安定局「平成25年障害者雇用状況の集計結果」

・文部科学省「今後の特別支援教育の在り方について（最終報告）」参考資料　2003年

コラム

児童発達支援センターで働く看護師

　子どもが大好きな私は小児科病棟で13年間勤務した後、急性期を脱した障害児が地域・在宅でどのような暮らしをしているのだろうかということに興味をもち、現在の社会福祉施設で勤めることになりました。小児科病棟では急性期の患者がほとんどであり、今思えば業務に追われ、いつのまにか受け持ち患者は急性期を脱して症状が落ち着き、知らないうちに退院していることが多かったように思います。しかし、そのなかで小児の基本的成長発達、病気に対する知識、病態生理などを学ぶことができました。また自分自身、3人の子どもの母親となり育児も経験しました。

　当施設は、医療型児童発達支援センター（旧：肢体不自由児通園施設）、福祉型児童発達支援センター（旧：知的障害児通園施設、旧：重症心身障害児通園事業）があり就学前までの療育を行っています。また、重症心身障害者といわれる18歳以上（高校卒業後）の生活支援事業も行っています。そのなかで看護師は、ケガ等に対する処置や、流行病（感染症）に対する予防対策と早期発見の注意喚起を含めた「ほけんだより」の発行と保護者への指導、医療的ケアを必要とする重症心身障害児・者（以下「利用者」）への医療の提供など、安心して安全な療育（保育）が受けられるよう援助しています。

　一日の業務は、登園時の検温・全身状態のチェックと家族からの聞き取りから始まります。あくまでも、療育が中心であるため、療育を受けながら同時に必要な医療ケアを実施します。時には、保育者の一員として歌をうたったり、ブランコ遊びをすることもあります。利用者は言葉で喜びを表現することが難しいのですが、とびっきりの笑顔を見せてくれたり、モニター上で心拍数を上げたり、身体をピーンと緊張させたり色々な形でうれしいという気持ちを表現してくれ、私たちをいつも癒してくれています。

　医療的ケアには、吸引、気管切開管理、生体情報モニタ装着と管理、酸素吸入、注入（鼻注・胃瘻管理）、導尿、浣腸等があります。近年、医療技術や医療機器の進歩により、高度な医療を必要とする子どもがかなり早い時期に在宅へと移行できるようになっています。しかし、障害児の子育てには不安や大変なこともあるため、初めて登園された時に精神的疲労が強く、不安定な家族（母親）が少なくありません。そこで、医療面だけのかかわりだけでなく、家族も含め精神面での援助が重要となっています。寄り添うだけではなく、今、この家族が必要としていることは何かを早急にアセスメントし、多職種（医師・理学療法士・作業療法士・保育士・心理相談員等）のなかで、それぞれが専門性を発揮してかかわりをもっています。私自身、時には看護師、時には母親としてのアドバイスもします。

　今までの看護師としての経験、母親としての経験、とにかく多くの人との出会いが今の看護に生かされていると思えるこの職場が私は大好きです。これからも利用者だけでなく、家

族へもケアを提供し、家族を取り巻くさまざまな機関と連携を図り、よりよい在宅療育が継続できるよう支援していきたいと思います。

　これから看護職をめざす皆さんに大切にしてほしいことは、私自身がそうであったように、経験や人との出会いは必ず自分を成長させてくれるということです。笑顔を引き出せる看護の仕事を一緒に楽しみましょう。

第10章　高齢者福祉の理解

📋なぜ、高齢者福祉について学ぶのか

　第１章でも学びましたが、わが国の高齢化率は1970（昭和45）年に７％を超え、1994（平成６）年に14%、2019（令和元）年に28.4%となり、2060（令和42）年には38.1%にまで達することが予想されています。急速な高齢化とともに、認知症や寝たきりといった介護問題や経済的な問題、閉じこもりや孤独死・孤立死、高齢者虐待などさまざまな問題が発生しています。問題が多様化、複雑化するなか、高齢者福祉の現場では、保健・医療・福祉の連携がこれまで以上に求められています。多職種が連携し、包括的支援を行うためには、高齢者福祉に関する諸制度について学ぶとともに、高齢者の生活状況についても理解を深めておく必要があります。

　そのため、第10章では、高齢者福祉について多面的に理解することを目的とし、第１節で、高齢化の状況、高齢者の世帯、高齢者の健康、高齢者の経済について学習を進め、高齢者を取り巻く状況について理解していきます。

　第２節では、福祉六法の一つである老人福祉法や高齢者虐待防止法、日常生活自立支援事業、成年後見制度等について学び、高齢者を支える法律と施策についての理解を深めます。

　そして、第３節において高齢者の生きがいと社会参加活動について学習し、生きがいとは何か、社会参加活動の現状とその意義について考察していきます。

　加齢は誰しもが経験する普遍的な現象であり、避けて通ることはできません。自分とは関係のない、どこか遠くの他人のこととしてとらえるのではなく、自分自身もいつかは迎えるという意識で「高齢期」の生活を考えていく必要があります。また、高齢期は突然訪れるものではありません。第９章までの学習内容をふまえ、高齢期の特徴を理解するように努めてください。

　看護職は多くの高齢者とかかわる機会を有しており、医療や介護の現場では、今まで以上に看護職に対する期待が高まっています。高齢者福祉分野における看護職の重要性を理解し、その役割について考察するとともに、第10章での学びから医療と福祉の共通点や類似点、また相違点について理解を深めてほしいと思います。

　それでは、「高齢者福祉」についての学びをスタートしましょう。

1 高齢者を取り巻く状況

1 高齢化の状況

　2019（令和元）年の高齢者人口は、3,588万人、高齢化率は28.4%に達し、過去最高の水準となっている。高齢者人口は、2042（令和24）年にピークを迎え、その後減少していく。一方、高齢化率は上昇を続け、2060（同42）年には38.1%に達することが見込まれている。特に、75歳以上の後期高齢者割合の増加は顕著であり、それに伴い認知症高齢者や寝たきり高齢者等の要介護高齢者も増加することが予想される。

2 高齢者の世帯

　厚生労働省「平成30年国民生活基礎調査」によると、65歳以上の高齢者のいる世帯は2,492万世帯と全世帯（5,099万世帯）の48.9%を占めている（表10－1）。65歳以上の者のいる世帯のうち、最も多いのが「夫婦のみの世帯」の32.3%で、次いで「単独世帯」の27.4%、「親と未婚の子のみの世帯」の20.5%、「三世代世帯」の10.0%となっている。1986（昭和61）年には最も多い世帯類型であった「三世代世帯」は減少傾向が続き、2010（平成22）年以降「その他の世帯」を除き、最も少ない世帯類型となっている。高齢者の単身世帯や夫婦のみ世帯の増加は家庭内における介護力の低下を意味している。家庭内の介護力が低下することで、介護や福祉サービスに対するニーズはさらに拡大すると見込まれる。

3 高齢者の健康

◆高齢者の健康状態

　内閣府「平成29年度高齢者の健康に関する意識調査」によると、現在の健康状態について「あまり良くない」「良くない」と回答した高齢者（55歳以上）の割合は18.1%である。これを年齢階級別にみると、55〜59歳では10.6%、65〜69歳では13.0%、75〜79歳では26.2%となっている。このことから、年齢階級が上がるほど現在の健康状態について「良くない」と回答する者の割合は増加する傾向にあることがわかる。また、内閣府「平成26年度一人暮らし高齢者に関する意識調査」によれば、日常生活全般で不安に感じることとして、

表10-1　世帯構造別にみた65歳以上の者のいる世帯数及び構成割合の年次推移

年　次	65歳以上の者のいる世帯	全世帯に占める割合（%）	単独世帯	夫婦のみの世帯	親と未婚の子のみの世帯	三世代世帯	その他の世帯	（再掲）65歳以上の者のいる世帯
	推　　計　　数　　（単位：千世帯）							
1986(昭和61)年	9,769	(26.0)	1,281	1,782	1,086	4,375	1,245	2,339
1989(平成元)年	10,774	(27.3)	1,592	2,257	1,260	4,385	1,280	3,035
1992(平成4)年	11,884	(28.8)	1,865	2,706	1,439	4,348	1,527	3,666
1995(平成7)年	12,695	(31.1)	2,199	3,075	1,636	4,232	1,553	4,370
1998(平成10)年	14,822	(33.3)	2,724	3,956	2,025	4,401	1,715	5,597
2001(平成13)年	16,367	(35.8)	3,179	4,545	2,563	4,179	1,902	6,636
2004(平成16)年	17,864	(38.6)	3,730	5,252	2,931	3,919	2,031	7,855
2007(平成19)年	19,263	(40.1)	4,326	5,732	3,418	3,528	2,260	8,986
2010(平成22)年	20,705	(42.6)	5,018	6,190	3,837	3,348	2,313	10,188
2013(平成25)年	22,420	(44.7)	5,730	6,974	4,442	2,953	2,321	11,594
2016(平成28)年	24,165	(48.4)	6,559	7,526	5,007	2,668	2,405	13,252
2018(平成30)年	24,927	(48.9)	6,830	8,045	5,122	2,493	2,437	14,041
	構　　成　　割　　合　　（単位：%）							
1986(昭和61)年	100.0	－	13.1	18.2	11.1	44.8	12.7	23.9
1989(平成元)年	100.0	－	14.8	20.9	11.7	40.7	11.9	28.2
1992(平成4)年	100.0	－	15.7	22.8	12.1	36.6	12.8	30.8
1995(平成7)年	100.0	－	17.3	24.2	12.9	33.3	12.2	34.4
1998(平成10)年	100.0	－	18.4	26.7	13.7	29.7	11.6	37.8
2001(平成13)年	100.0	－	19.4	27.8	15.7	25.5	11.6	40.5
2004(平成16)年	100.0	－	20.9	29.4	16.4	21.9	11.4	44.0
2007(平成19)年	100.0	－	22.5	29.8	17.7	18.3	11.7	46.6
2010(平成22)年	100.0	－	24.2	29.9	18.5	16.2	11.2	49.2
2013(平成25)年	100.0	－	25.6	31.1	19.8	13.2	10.4	51.7
2016(平成28)年	100.0	－	27.1	31.1	20.7	11.0	10.0	54.8
2018(平成30)年	100.0	－	27.4	32.3	20.5	10.0	9.8	56.3

注1）平成7年の数値は、兵庫県を除いたものである。
注2）「親と未婚の子のみの世帯」とは、「夫婦と未婚の子のみの世帯」「ひとり親と未婚の子のみの世帯」をいう。
資料：厚生労働省「平成30年度国民生活基礎調査の概況」を一部改変

「健康や病気のこと」をあげる者の割合が58.9%と最も多く、「寝たきりや身体が不自由になり介護が必要な状態になること」が42.6%と続いている（図10-1）。これらの結果からも高齢者にとって健康や病気、介護は日常生活における最大の関心事であることがわかる。

◆健康寿命と平均寿命

　健康寿命とは、健康上の問題で日常生活が制限されることなく生活できる期間のことを指し、2016（平成28）年時点で男性が72.14年、女性が74.79年となっている。同年の平均寿命をみてみると、男性が80.98年、女性が87.14年となっており、健康寿命との差は男性で8.84年、女性で12.35年となっている（図10-2）。この平均寿命と健康寿命との差は、日常生活に制限のある「不健康な期間」を指しており、この期間が長期化することは医療費や介護給付費といった社会保障給付費の増大を意味している。また、「不健康な期間」

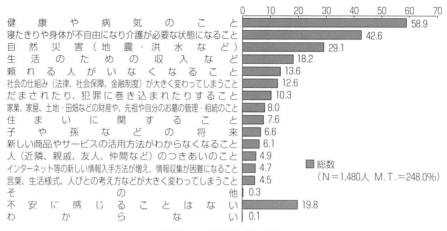

健康や病気のこと　58.9
寝たきりや身体が不自由になり介護が必要な状態になること　42.6
自然災害（地震・洪水など）　29.1
生活のための収入など　18.2
頼れる人がいなくなること　13.6
社会の仕組み（法律、社会保障、金融制度）が大きく変わってしまうこと　12.6
だまされたり、犯罪に巻き込まれたりすること　10.3
家業、家屋、土地・田畑などの財産や、先祖や自分のお墓の管理・相続のこと　8.0
住まいに関すること　7.6
子や孫などの将来　6.6
新しい商品やサービスの活用方法がわからなくなること　6.1
人（近隣、親戚、友人、仲間など）のつきあいのこと　4.9
インターネット等の新しい情報入手方法が増え、情報収集が困難になること　4.7
言葉、生活様式、人びとの考え方などが大きく変わってしまうこと　4.5
その他　0.3
不安に感じることはない　19.8
わからない　0.1

■総数
（N＝1,480人　M.T.＝248.0%）

図10-1　日常生活の不安

資料：厚生労働省「平成26年度一人暮らし高齢者に関する意識調査」

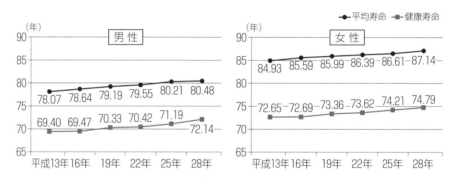

図10-2　平均寿命と健康寿命の推移

注：平均寿命は、平成13、16、19、25、28年は、厚生労働省「簡易生命表」、平成22年は「完全生命表」。
　　健康寿命は、平成13、16、19、22年は厚生労働科学研究費補助金「健康寿命における将来予測と生活
　　習慣病対策の費用対効果に関する研究」、平成25、28年は「第11回健康日本21（第二次）推進専門委員
　　会資料」

資料：内閣府「令和元年版高齢社会白書」

の長期化は経済的な問題だけでなく、高齢者の生活の質（QOL）の低下を
引き起こす要因ともなっている。

4　高齢者の経済

　内閣府「平成28年高齢者の経済生活に関する意識調査」によれば、60歳以
上で「家計にゆとりがあり、まったく心配なく暮らしている」と回答した者
は15.0％、「家計にあまりゆとりはないが、それほど心配なく暮らしている」
と回答した者は49.6％と、現在の経済的な暮らし向きに心配はないと感じて
いる者の割合が64.6％を占める結果となった。

　厚生労働省「平成30年国民生活基礎調査」によると高齢者世帯の平均所得
金額は334万9,000円であり、全世帯の551万6,000円を大きく下回っているこ
とがわかる（表10-2）。高齢者世帯における平均所得金額の内訳をみてみ
ると「公的年金・恩給」が61.1％を占めており、「稼働所得」の割合は25.4％
にとどまっている。全世帯では「稼働所得」が73.4％、「公的年金・恩給」
が20.3％となっており、高齢者世帯の生活保障において「公的年金・恩給」
が大きな役割を担っていることがわかる。

表10-2　所得の種類別にみた1世帯当たり平均所得金額及び構成割合

世帯の種類	総所得	稼働所得	公的年金・恩給	財産所得	年金以外の社会保障給付金	仕送り・企業年金・個人年金・その他の所得
	1世帯当たり平均所得金額（単位：万円）					
全　世　帯	551.6	405.0	112.0	17.3	6.1	11.2
高齢者世帯	334.9	85.1	204.5	26.7	2.6	16.1
児童のいる世帯	743.6	682.6	29.4	9.1	18.5	4.0
	1世帯当たり平均所得金額の構成割合（単位：％）					
全　世　帯	100.0	73.4	20.3	3.1	1.1	2.0
高齢者世帯	100.0	25.4	61.1	8.0	0.8	4.8
児童のいる世帯	100.0	91.8	4.0	1.2	2.5	0.5

資料：厚生労働省「平成30年国民生活基礎調査の概況」を一部改変

2　高齢者に関する法律と施策

1　老人福祉法

　老人福祉法は「老人の福祉に関する原理を明らかにするとともに、老人に
対し、その心身の健康の保持及び生活の安定のために必要な措置を講じ、も
つて老人の福祉を図ること」（第1条）を目的に、1963（昭和38）年7月に
制定され、同年8月より施行された。老人福祉法では第2条と第3条に基本
理念が示され、第4条で老人福祉の増進に関する国および地方公共団体の責
務が規定されている。また、第5条では「国民の間に広く老人の福祉につい
ての関心と理解を深めるとともに、老人に対し自らの生活の向上に努める意
欲を促すため」に9月15日を老人の日、9月15日から9月21日を老人週間と
することが定められている。

> **老人福祉法第2条**
> 　老人は、多年にわたり社会の進展に寄与してきた者として、かつ、豊富な知識と経験を有する者として敬愛されるとともに、生きがいを持てる健全で安らかな生活を保障されるものとする。
>
> **第3条**
> 1　老人は、老齢に伴つて生ずる心身の変化を自覚して、常に心身の健康を保持し、又は、その知識と経験を活用して、社会的活動に参加するように努めるものとする。
> 2　老人は、その希望と能力とに応じ、適当な仕事に従事する機会その他社会的活動に参加する機会を与えられるものとする。

2　老人福祉計画

◆市町村老人福祉計画

　老人福祉法第20条の8第1項により、市町村は、老人居宅生活支援事業および老人福祉施設による事業（老人福祉事業）の供給体制の確保に関する計画（市町村老人福祉計画）を定めることが規定されている。市町村老人福祉計画には、①当該市町村の区域において確保すべき老人福祉事業の量の目標、②老人福祉事業の量の確保のための方策について定めるよう努めることとされている。また、市町村老人福祉計画は、介護保険法に規定する市町村介護保険事業計画[*1]と一体のものとして作成され、さらに、社会福祉法に規定する市町村地域福祉計画[*2]その他の法律の規定による計画であって、老人の福祉に関する事項を定めるものと調和のとれたものでなければならないとされている。

◆都道府県老人福祉計画

　老人福祉法第20条の9第1項により、都道府県は、市町村老人福祉計画の達成に資するため、各市町村を通ずる広域的な見地から、老人福祉事業の供給体制の確保に関する計画（都道府県老人福祉計画）を定めることが規定されている。都道府県老人福祉計画では、①当該区域における養護老人ホームおよび特別養護老人ホームの必要入所定員総数その他老人福祉事業の量の目標、②老人福祉施設の整備および老人福祉施設相互間の連携のために講ずる措置に関する事項、③老人福祉事業に従事する者の確保または資質の向上のために講ずる措置に関する事項を定めることとされている。また、市町村老人福祉計画と同様に、介護保険法に規定する都道府県介護保険事業支援計画[*3]と一体のものとして作成され、さらに、社会福祉法に規定する都道府県地域福祉支援計画[*4]その他の法律の規定による計画であって、老人の福祉に関する事項を定めるものと調和が保たれたものでなければならないとされている。

＊1　市町村介護保険事業計画
第5章p.87参照。

＊2　市町村地域福祉計画
第11章p.182参照。

＊3　都道府県介護保険事業支援計画
第5章p.87参照。

＊4　都道府県地域福祉支援計画
第11章p.182参照。

3 高齢者虐待防止法

　高齢化の進展に伴い、高齢者が他者から不適切な扱いを受け権利利益を侵害されるケースや、生命や健康、生活が損なわれるといったケースが発生し深刻な社会問題となっている。このような状況をふまえ、2006（平成18）年4月に高齢者に対する虐待の防止と虐待を受けた高齢者に対する保護のための措置、養護者*5の負担の軽減等を規定した「高齢者虐待の防止、高齢者の養護者に対する支援等に関する法律」（以下「高齢者虐待防止法」）が施行された。高齢者虐待防止法では、高齢者を65歳以上の者と定め、①養護者による虐待、②養介護施設従事者等による虐待を高齢者虐待として定義している。高齢者虐待の類型は、表10-3の通りである。

*5　養護者
ここでいう養護者とは、高齢者を現に養護するものであって養介護施設従事者等以外の者をさす。

表10-3　高齢者虐待の定義

	定義	具体的内容
身体的虐待	高齢者の身体に外傷が生じ、または生じるおそれのある暴行を加えること	平手打ちをする、つねる、殴る、蹴る、無理矢理食事を口に入れる、やけど・打撲させる、ベッドに縛り付けるなどの身体拘束 など
介護・世話の放棄・放任（ネグレクト）	高齢者を衰弱させるような著しい減食または長時間の放置、養護者以外の同居人による虐待行為の放置等養護を著しく怠ること	入浴しておらず異臭がする、髪が伸び放題だったり、皮膚が汚れている、水分や食事を十分に与えられていないことで、脱水症状や栄養失調の状態にある など
心理的虐待	高齢者に対する著しい暴言または著しく拒絶的な対応その他の高齢者に著しい心理的外傷を与える言動を行うこと	排せつの失敗を嘲笑したり、それを人前で話すなどにより高齢者に恥をかかせる、怒鳴る、ののしる、悪口をいう など
性的虐待	高齢者にわいせつな行為をすることまたは高齢者をしてわいせつな行為をさせること	排せつの失敗に対して懲罰的に下半身を裸にして放置する、性器への接触、性行為を強要する など
経済的虐待	高齢者の財産を不当に処分することその他当該高齢者から不当に財産上の利益を得ること	日常生活に必要な金銭を渡さない（使わせない）、年金や預貯金を本人の意思・利益に反して使用する など

出典：厚生労働省資料「高齢者虐待防止の基本」をもとに筆者作成

4 日常生活自立支援事業と成年後見制度

◆日常生活自立支援事業（地域福祉権利擁護事業）

　日常生活自立支援事業は、判断能力が不十分な者が地域において安心して自立した生活が送れるよう、利用者との契約に基づき、福祉サービスの利用援助等を行う事業である。実施主体は原則として都道府県社会福祉協議会であり、事業の一部を適切な事業運営ができる社会福祉法人や公益社団・財団法人等に委託することができる。日常生活自立支援事業は、認知症高齢者、知的障害者、精神障害者等の判断能力が不十分な者であって、日常生活を営むのに必要な福祉サービス等を自己の判断で適切に選択・利用することが困難な者を対象としている。また、日常生活自立支援事業は契約に基づき支援が行われるため、事業の内容について理解し契約を締結するための能力を有している必要がある。

◆成年後見制度

　成年後見制度は認知症や知的障害、精神障害などの精神上の障害により判断能力が不十分な状態にある人の意思を尊重し、財産管理や身上監護を本人に代わって行い、その人らしい生活を支援するための制度である。成年後見制度は、法定後見制度と任意後見制度の2つの制度からなっている。

　法定後見制度とは、法律の定めによる後見の制度であり、本人の判断能力の程度に応じて、後見・保佐・補助の3つから構成されている（表10-4）。法定後見制度を利用するには本人の住所地の家庭裁判所に審判の申立てを行う必要があり、本人以外に配偶者、四親等内の親族、検察官、市町村長等に申立権が認められている。申立てを受けた家庭裁判所は、一人ひとりの状況に適した成年後見人等[*6]を選任する。選任された成年後見人等には、本人が行った法律行為に対し同意することで法律的に効果が認められる「同意権」、同意を得ないで行われた行為を取り消すことのできる「取消権」、本人に代わって契約などの行為を行うことのできる「代理権」が付与される。「同意権」「取消権」「代理権」の範囲は後見、保佐、補助の制度によって異なる。後見制度の場合、日用品の購入など日常生活に関する行為を除き、「取消権」が付与され、財産に関するすべての法律行為に「代理権」が与えられる。保佐制度では、民法第13条第1項所定の行為について「同意権」と「取消権」が与えられ、申立ての範囲内で家庭裁判所が審判で定める「特定の法律行為」に限り、「代理権」が付与される。補助制度では、申立ての範囲内で家庭裁判所が審判で定める「特定の法律行為」に限り、「同意権」「取消権」「代理権」が与えられる。

*6　成年後見人等
ここでは、成年後見人、保佐人、補助人をいう。

表10-4　法定後見制度の概要

	後見	保佐	補助
対象者	判断能力が欠けているのが通常の状態の方	判断能力が著しく不十分な方	判断能力が不十分な方
申立権者	本人、配偶者、四親等以内の親族、検察官、市町村長など[注1]		
同意が必要な行為	－	民法第13条第1項所定の行為[注2・3・4]	申立ての範囲内で家庭裁判所が審判で定める「特定の法律行為」（民法第13条第1項所定の行為の一部）[注1・2・4]
取消しが可能な行為	日常生活に関する行為以外の行為	同上[注2・3・4]	同上[注2・4]
代理権の範囲	財産に関するすべての法律行為	申立の範囲内で家庭裁判所が審判で定める「特定の法律行為」[注1]	同左[注1]

注1）本人以外の者の請求により、保佐人に代理権を与える審判をする場合、本人の同意が必要となる。補助開始の審判や補助人に同意権・代理権を与える審判をする場合も同じ。
注2）民法第13条第1項では、借金、訴訟行為、相続の承認・放棄、新築・改築・増築などの行為があげられている。
注3）家庭裁判所の審判により、民法第13条第1項所定の行為以外についても、同意権・取消権の範囲を広げることができる。
注4）日用品の購入など日常生活に関する行為は除かれる。
資料：法務省ホームページ「成年後見制度〜成年後見登記制度〜」を一部改変

　任意後見制度とは、判断能力のある時点で、判断能力が不十分になった際の任意後見人および後見事務の内容をあらかじめ決めておくものである。任意後見契約の効力は家庭裁判所による任意後見監督人の選任により発生する。任意後見人は任意後見監督人の監督のもと、事前の契約で定められた後見事務を行うことになる。

3 高齢者の生きがいづくりと社会参加活動

1 生きがいづくり

　『広辞苑』によれば生きがいとは「生きるはりあい。生きていてよかったと思えるようなこと」であり、高齢期を豊かに過ごすための重要な要素となっている。高齢社会対策大綱では、「高齢社会においては、価値観が多様化する中で、社会参加活動や学習活動を通じての心の豊かさや生きがいの充足の機会が求められるとともに、社会の変化に対応して絶えず新たな知識や技術を習得する機会が必要とされる」とし、生きがいづくりとしての社会参加活

動や生涯学習活動の重要性を指摘している。

2 社会参加活動の状況

　内閣府「平成25年度高齢者の地域社会への参加に関する意識調査」の結果をみると、60歳以上の高齢者のうち何らかのグループ活動に参加している者は61.0％となっている。活動に参加して良かったこととして「新しい友人を得ることができた」（48.8％）、「生活に充実感ができた」（46.0％）、「健康や体力に自信がついた」（44.4％）、「お互いに助け合うことができた」（33.9％）など、社会参加活動が生きがいや健康、新たなつながりの創出に効果をあげていることがわかる（図10－3）。また、社会参加活動への参加意向では、「参加したい」が72.5％と7割を超えており、参加意欲の高い高齢者が多数いることがわかる。

　高齢者が地域社会の一員として自らの能力を発揮し、生きがいをもって豊かな生活を営むことができるよう社会参加の機会を創出していくことが求められている。

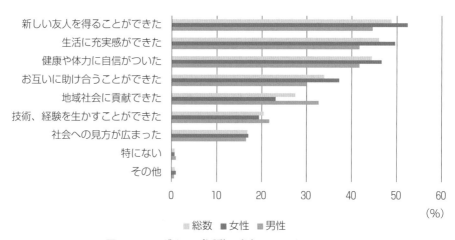

図10－3　グループ活動に参加してよかったこと
資料：内閣府「平成25年高齢者の地域社会への参加に関する意識調査」より筆者作成

●学びの確認

　①日本の高齢化率の推移とその特徴についてまとめてみよう。
　②老人福祉法成立の経緯について調べ、まとめてみよう。
　③高齢者虐待を引き起こす要因を調べ、予防策を考えてみよう。

【参考文献】
・一般社団法人厚生労働統計協会『国民の福祉と介護の動向・厚生の指標』増刊・第60
　巻第10号　2013年
・小田利勝『サクセスフル・エイジングの研究』学文社　2004年
・『健康日本21（第二次）の推進に関する参考資料』厚生労働省　2012年
・『平成17年版厚生労働白書』厚生労働省　1995年
・社会福祉の動向編集委員会『社会福祉の動向2014』中央法規出版　2013年

コラム

介護療養型医療施設で働く看護師

　私が勤める病院は、基本方針の「急性期医療、療養型医療を両軸に、地域への保健・医療・福祉サービスの充実をはかる」に基づき急性期病院として発足し、現在は急性期病床・介護療養病床・グループホーム・デイサービス・訪問看護ステーションを有する社会医療法人です。

　私は看護専門学校を卒業後入職し内科病棟に配属され、その後整形外科病棟・外科・脳神経外科病棟と急性期病棟で15年間勤務しましたが、当時は高齢者にとって快適な入院環境とはいえず、慢性疾患をもつ高齢患者が入院後の急激な環境変化や臥床生活による廃用症候群を起こし、在宅退院が困難になることが多くありました。在宅の受け入れ調整も整わず日々元気を失っていく患者に看護の無力さを感じることもありました。

　その後、2000（平成12）年の介護保険導入と同時に当院も介護療養型医療施設を開設することとなり、介護支援専門員の資格を取得し病棟師長として配属されました。

　現在病棟師長・介護支援専門員として10名の看護職、15名の介護職とともに60名の利用者を看護させていただいています。利用者は平均年齢80歳以上で平均介護度4と高く、気管切開、経管栄養等何らかの医療ケアを必要とする利用者が30％以上を占めています。年々高齢で医療度の高い利用者が増えてきています。そのようななかで看護職には利用者の一般状態の観察、気管カニューレや尿路カテーテル等のライン関連の管理や、薬剤の管理、医師、介護職、他の専門職、家族との調整等多岐にわたる業務があります。

　介護病床では急性期病床と違い慢性期にある高齢者の療養生活をどう看護していくかという視点をもつことが大切です。入院時には利用者や家族の療養生活に対するご要望をお聞きし、介護施設サービスを立案、ご了解を得ますが、このことで私たちの看護サービスが一方的に提供されるのではなく、利用者中心の参加型のものとなります。開設当初は利用者・家族にご希望をお聞きしても「特に無いです」と答えられる方が多く、当たり前のことですが、私たちだけでなく利用者や家族にもそのような視点がなかったことに改めて気づかされました。現在では色々なご希望を話される利用者・家族も多く、看護の専門職として常に利用者の傍にいる私たちが代弁者となり、その思いを医師や他職種たちに伝え調整していくことで、

利用者のQOLが向上し、よりその人らしい療養生活を送ることができています。

　私たち看護師には専門的知識に加え、介護職への教育、他職種との調整や交渉能力等さまざまな能力が必要となってきます。今後は利用者を中心に療養環境を整えるチームリーダーとして重要な役割を担っていかなくてはならないと思います。介護保険が導入され15年が経過し、高齢者を取り巻く環境も変化してきました。高齢者の４分の１が認知症かその予備軍と言われています。また、急性期病床の在院日数が短縮化され、医療度の高い利用者が増え、年々介護度も高くなり大変なこともありますが、利用者と家族の笑顔に癒され頑張っています。

　看護職にとって専門的な知識や技術を習得することはもちろん大切ですが、それ以上に相手を想う心と相手を受け入れられる柔軟な考え方が大切です。現場に出てまず悩むのはいかに相手の立場に立った考え方ができるかです。そのためにまずさまざまな考え方があることを知ってほしいと思います。学生時代にはさまざまな人と交流をもち、友人をたくさんつくってください。また、旅行に行ったり、本をたくさん読んで豊かな感受性を養ってください。さまざまな経験が皆さんを柔軟な考えのできる看護職に成長させてくれると思います。

第11章　地域福祉の理解

📋 なぜ、地域福祉について学ぶのか

　看護職は病院や診療所、社会福祉施設・事業所などにおいて、医療的ケアや健康管理、保健、リハビリテーションの場面でたくさんの患者・住民と出会い、心身の健康を支える重要な役割を果たします。では、患者・住民一人ひとりの立場に立って考えてみるとどうでしょうか。看護職との出会いは心身の健康を守る意味で重要であるものの、それは生活のなかのごく一部の場面に限られています。

　人は誰もが、人生の主役として「生活」をしています。多様な人生経験・価値観のなかで友人と遊んだり、学校で学んだり、会社で働いたり、家族や住民同士で支え合ったりして自分らしい生活をしています。そして、その生活の基盤となるのは、住まいのある地域社会です。

　地域にはさまざまな人が暮らしています。そのなかでも、地域で生活するうえで生きづらさや生活上の課題を抱えやすい人たちがいます。たとえば、認知症などの疾病や身体的な衰えで支援を必要とする高齢者、社会参加や自立・就労に課題を抱える障害者、家庭や地域での健全な育ちの環境を必要とする子ども、介護や子育てのストレスを抱える家族、さらには引きこもりの若者や失業した中高年者などは、地域社会からの孤立や排除に遭うこともあります。このような人たちも含めて誰もが住み慣れた地域のつながりのなかで、地域社会の一員としてさまざまな活動に参加し、安心・安全・快適な自立生活を送ることができる地域社会をめざす必要があります。特に、同じ地域で生活する住民同士の日常的・継続的な関係性のなかで、住民が主体となって共通の生活課題の解決・改善に取り組み、ともに生きる仕組みをつくっていくこと、まさに地域福祉の推進が今日の大きなテーマとなっています。

　看護職が地域福祉の推進にかかわる機会は、今後ますます増えていくでしょう。なぜなら、これまで長い年月をかけて高齢者福祉、障害者福祉、児童家庭福祉、社会保障や生活保護といった公的な制度・サービスが分野別に整備・充実されてきましたが、今後は入院・入所ではなく地域社会（在宅）での分野横断的な生活支援に重点が置かれていくからです。たとえば、高齢者を中心とする地域包括ケアシステムの構築（第13章参照）、入院・入所している障害者の地域生活への移行、地域共生社会の実現といった流れのなかで、看護職は地域住民や関係機関とともに連携・協働し、医療的ケアなどを必要とする人の生活を支える役割を果たすことになります。

　以上の内容をふまえ本章では、地域福祉の理念について確認するとともに、看護職が連携・協働することが多い地域福祉の推進機関・担い手などについて学んでいきます。

　それでは、「地域福祉」についての学びをスタートしましょう。

1 地域福祉の理念

1 地域福祉の考え方

　私たちが生活する地域では、高齢者や障害者が行うゴミ出しや電球交換、買い物や移動場面での困難といった生活の困りごとをはじめ、介護や子育てに伴う苦悩・ストレスにより生じる虐待、判断能力に不安のある人を狙った消費者被害、認知症高齢者の徘徊によって生じる行方不明、障害者等への差別や偏見などの深刻な問題が発生している。その背景の一つには、地域社会からの孤立や排除、家族や住民同士の「つながり」の希薄さがある。どの地域でも、これらの問題を抱える人への援助の必要性は認識されている。同じ地域で暮らす住民が力を合わせて今日的な「つながり」の再構築を図り、行政や地域の専門機関などと協力して支え合いながら問題解決に取り組んでいく必要がある。

　地域福祉は、誰もが普通の生活ができるように社会環境を整える「ノーマライゼーション」や、誰も排除することのない「ソーシャルインクルージョン（社会的包摂）」、さまざまな人が共に生きる「共生」といった社会福祉の基本的な思想に基づいている。つまり、①疾病や障害のあるなしにかかわらず、誰もが同じ地域社会の一員として排除されないこと、②住み慣れた地域の馴染みの関係のなかで、選択と決定と参加を基本とする尊厳ある自立生活ができることが考え方の原点となる。地域福祉は、この考え方をふまえた安心・安全な地域社会をめざし、住民自身が主体となって地域共通の生活、福祉課題の解決・改善の活動や仕組みづくりをしていくことといえる。

2 地域福祉の推進

◆地域福祉の歴史的経過

　わが国の地域福祉が活発に理論化されたのはノーマライゼーションやコミュニティ・ケア*1の影響を受けた1970年代で、当時は地域における人のつながりや社会資源*2のネットワーク構築などの「地域組織化」に焦点が当てられた。1980年代に入ってからは、寝たきり高齢者やケアの必要な障害者を地域で支えようとする機運が高まった。従来の施設福祉偏重の入所型処遇から地域での生活を支える在宅福祉へ転換するため、在宅福祉サービスの開発・推進に重点が置かれるようになった。併せて日本の高度経済成長に伴

*1　コミュニティ・ケア
高齢、身体・知的・精神障害などの福祉課題を抱えている人たちを、大規模施設に長期入所させるのではなく、住み慣れた自宅や地域社会（コミュニティ）においてできる限り自立した生活ができるよう必要なサービスや援助（ケア）を行うこと。1960年代のイギリスに端を発する。

*2　社会資源
たとえば、制度やサービス、支援機関・組織、専門家やボランティア、資金や物品、役立つ情報など、福祉課題を解決するために活用できる社会のあらゆる資源のこと。

う家族形態、地域社会、ライフスタイルの変容を背景に、公的な制度だけでは解決できない生活上の問題・課題が生じ、住民が主体的に身近な地域で解決に取り組む動き（市民活動）が広がった。

この流れを受けて1990年代にはホームヘルプサービスやデイサービスなどの在宅福祉サービスの充実と基盤整備が進むと同時に、住民参加型の福祉、地域に根づいた小地域の福祉活動が展開されていった。さらには、1995（平成7）年の阪神淡路大震災を契機としてボランティア活動が全国的に活発に行われることとなり、地域福祉の実体化が進んだ。

◆地域福祉推進の時代

2000（平成12）年には社会福祉基礎構造改革*3により社会福祉事業法が改正され、新たに社会福祉法が成立した。同法の目的の一つに地域における社会福祉の推進（地域福祉の推進）が規定された。そのなかで、社会福祉法第4条に「地域住民、社会福祉を目的とする事業を経営する者及び社会福祉に関する活動を行う者は、相互に協力し、福祉サービスを必要とする地域住民が地域社会を構成する一員として日常生活を営み、社会、経済、文化その他あらゆる分野の活動に参加する機会が確保されるように、地域福祉の推進に努めなければならない」と定められている。

＊3　社会福祉基礎構造改革
第2章p.44参照。

これにより、地域社会を構成する地域住民、社会福祉事業者、福祉活動者が地域福祉を推進する主体として位置づけられ、誰もが地域で尊厳ある自立生活ができるように、それぞれが連携・協働しながら地域福祉を推進していくこととされた。そして2008（平成20）年の厚生労働省による「これからの地域福祉のあり方に関する研究会報告書」では、「地域における『新たな支え合い』を求めて－住民と行政の協働による新しい福祉－」を見出しとして、多様で複雑化する地域の問題や公的な福祉サービスだけでは予防や対応が難しい問題に対し、つながりの再構築とともに住民と行政の協働を重視する方向性を打ち出している。

◆地域共生社会の実現に向けて

2016（平成28）年6月には、少子高齢・人口減少社会が直面する課題に取り組むため、「ニッポン一億総活躍プラン」が閣議決定された。その中で、支援や活動の支え手側と受け手側に分かれるのではなく、誰もが役割を持ち、活躍できる地域コミュニティを育成し、福祉サービスと協働して助け合いながら暮らすことのできる「地域共生社会」の実現が求められており、各種の福祉制度・施策が推進されている。

この地域共生社会の実現に向け、2017（平成29）年9月に公表された「地域における住民主体の課題解決力強化・相談支援体制の在り方に関する検討

会 最終とりまとめ」の中では、①それぞれの地域で共生の文化を創出する挑戦、②すべての地域の構成員の参加・協働、③重層的なセーフティネットの構築、④包括的な支援体制の整備、⑤福祉以外の分野との協働を通じた、「支え手」「受け手」が固定されない、参加の場、働く場の創造、という5つの視点を重視しながら、地域の実情に応じた取り組みを進めていく必要があるとしている。

2 地域福祉を推進する主な団体・組織・活動者

　地域では、日常的に発生するさまざまな福祉課題の解決・改善をめざして、さまざまな団体・組織・活動者が活動している。団体・組織としては、行政や社会福祉協議会をはじめ、共同募金会、社会福祉法人、特定非営利活動法人（NPO法人）、ボランティア組織、地域福祉推進基礎組織[*4]、自治会・町内会、生活協同組合、農業協同組合など多数ある。また、活動者として福祉活動専門員、地域福祉コーディネーター、民生委員・児童委員、ボランティア、福祉委員、認知症サポーターなどがいる。第2節では、地域福祉の推進を担う代表的な団体・組織・活動者を取り上げる。

*4　地域福祉推進基礎組織
住民の福祉活動組織である「地区社会福祉協議会」や、まちづくり推進のための住民組織である「コミュニティ協議会」などの総称。自治会・町内会などの地縁組織に基盤を置くことが多い。

1 社会福祉協議会

◆社会福祉協議会とは

　社会福祉協議会は、1951（昭和26）年施行の社会福祉事業法（現：社会福祉法）に基づき設立された地域福祉推進の中核的な役割を担う民間の社会福祉団体である。社会福祉法においても「地域福祉の推進を図ることを目的とする団体」として規定されている。都道府県社会福祉協議会の相互の連絡および事業の調整等を行う全国社会福祉協議会をはじめ、広域的な観点から取り組む都道府県社会福祉協議会、そして住民の生活に身近な市町村社会福祉協議会が設置されており、「ともに生きる豊かな福祉社会をめざして」活動に取り組んでいる。特徴として、住民や民生委員・児童委員、ボランティアなどの福祉活動者や福祉サービスを提供する社会福祉施設・事業者、保健・医療・福祉などの行政・民間関係者が参画する協議体であり、地域の実情に応じた活動を展開している点があげられる。

◆都道府県社会福祉協議会の活動

　都道府県社会福祉協議会の主な活動は、①広域的な社会福祉を目的とする事業の企画および実施、②広域的な社会福祉に関する活動への住民参加のた

めの援助、③広域的な社会福祉を目的とする事業に関する調査、普及、宣伝、連絡、調整および助成、④社会福祉事業に従事する者の養成および研修、⑤社会福祉事業の経営に関する指導および助言、⑥市町村社会福祉協議会の相互の連絡および事業の調整である。

◆市町村社会福祉協議会の活動

住民の生活の場に最も近い市町村社会福祉協議会の主な活動は、①社会福祉を目的とする事業の企画および実施、②社会福祉に関する活動への住民参加のための援助、③社会福祉を目的とする事業に関する調査、普及、宣伝、連絡、調整および助成、④社会福祉を目的とする事業の健全な発達を図るために必要な事業を実施することであり、地域住民が抱える個別の生活課題や地域共通の福祉課題の解決を図ることを目的に活動を展開している。

具体的には、住民同士の見守りや支え合いを目的とする小地域ネットワーク活動とふれあいいきいきサロン等の推進、ボランティアセンター[5]の運営による福祉活動ボランティアの育成や活動の支援、福祉課題を抱える本人とその家族などの当事者の組織化・団体の支援、共同募金や歳末たすけあい募金などの寄附金募集への協力、地域の福祉課題の把握と課題解決に向けた地域福祉活動計画の策定などに取り組み、住民の参加と協働による地域福祉活動を支援している。加えて、地域住民の相談援助や生活支援を行うために地域総合相談・生活支援事業[6]、日常生活自立支援事業[7]、生活福祉資金貸付事業[8]などを行うほか、高齢者や障害者の在宅生活を支えるための在宅福祉サービスも提供し、誰もが安心して暮らせる福祉のまちづくりに取り組んでいる。

2　共同募金会

共同募金は、一般に「赤い羽根共同募金」の名称で知られており、都道府県共同募金会が実施主体となって、毎年1回、厚生労働大臣の定める期間内（例年は10月から3月の6か月間）に限って行う寄附金の募集のことである。住民の自発的な協力による寄附を通じた地域の支え合い活動という意味合いをもつ。

共同募金は、戦後間もない1947（昭和22）年から民間社会福祉事業や社会福祉施設への資金援助を目的に民間の運動として広がり、1951（同26）年の社会福祉事業法の成立によって法制化された。そして、2000（平成12）年に成立した社会福祉法に第1種社会福祉事業[9]として規定され、地域福祉を図る募金活動として位置づけられた。推進団体として都道府県共同募金会と

＊5　ボランティアセンター
本章p.181参照。

＊6　地域総合相談・生活支援事業
地域の相談・支援機関をはじめ、関係者の連携・協働により、住民の相談を確実に受けとめ、切れ目のない生活の支援を行う取り組み。

＊7　日常生活自立支援事業
第10章p.168参照。

＊8　生活福祉資金貸付事業
実施主体は、都道府県社会福祉協議会。低所得者世帯、障害者世帯、高齢者世帯を対象に低利で資金の貸付を行い、生活の安定につなげる。

＊9　第1種社会福祉事業
第3章p.54参照。

中央共同募金会が設置されており、「じぶんの町を良くするしくみ」として普及・啓発を図っている。

　共同募金として個人や団体、企業などから幅広く寄せられた寄附金は、配分委員会の承認を経て、社会福祉事業、更生保護事業[*10]、その他の社会福祉を目的とする事業を経営する者に配分され、民間社会福祉事業や地域福祉活動などの地域福祉推進の財源として活用されている。

＊10　更生保護事業
犯罪や非行をした人たちの立ち直りの援助や、犯罪予防などを目的とした事業。

3　社会福祉法人

　社会福祉法人は、公益性を有する社会福祉事業を行うことを目的に、社会福祉法に基づいて設立された公共性の高い民間の法人である。社会福祉法において地域福祉の推進主体の一つに位置づけられている。営利を目的としない法人で、主に社会福祉法に規定される第1種社会福祉事業と第2種社会福祉事業[*11]を実施し、サービス利用者個々に対する専門性の高い福祉サービスを提供している。歴史的にみると、社会福祉法人は公的な制度・サービスが整備される以前から公益法人として住民と地域の福祉ニーズに応える形で先駆的・開拓的な社会福祉実践を展開してきた。その流れを汲んで近年では地域福祉推進のために、①在宅サービス・施設機能の提供、②住民の福祉参加へ向けた支援・福祉教育の実践、③地域福祉実践の視点をふまえて、住民や地域の福祉ニーズの解決に向けた公益的な取り組みを進めている。

＊11　第2種社会福祉事業
第3章p.54参照。

4　特定非営利活動法人（NPO法人）

　特定非営利活動法人は、1998（平成10）年に施行された特定非営利活動促進法に基づき、民間のボランティア団体や住民参加型福祉サービスを行う団体等が法人格を取得した組織のことを指す。NPO法人とも呼ばれ、現在の活動分野は20分野と幅広い（表11－1）。所轄庁は、主となる事務所が所在する都道府県もしくは政令指定都市である。2019（平成31）年3月31日までに5万1,604法人が認証を受けている。民間のボランティア活動を行う団体等が法人格を取得することの利点として、人員体制や財政面などの組織基盤が強化され、安定的・継続的な活動を推進しやすくなると言われている。

　地域福祉の推進の場面では、公的な制度に基づく福祉サービスを提供すると同時に、公的な福祉サービスだけでは対応が難しい生活課題や制度の狭間にある人の支援などにも柔軟に取り組む点で存在感を発揮している。

表11-1　特定非営利活動の分野と法人数

号数	活動の種類	法人数
第1号	保健、医療又は福祉の増進を図る活動	30,237
第2号	社会教育の推進を図る活動	24,818
第3号	まちづくりの推進を図る活動	22,741
第4号	観光の振興を図る活動	2,913
第5号	農山漁村又は中山間地域の振興を図る活動	2,465
第6号	学術、文化、芸術又はスポーツの振興を図る活動	18,350
第7号	環境の保全を図る活動	13,684
第8号	災害救援活動	4,177
第9号	地域安全活動	6,186
第10号	人権の擁護又は平和の活動の推進を図る活動	8,690
第11号	国際協力の活動	9,366
第12号	男女共同参画社会の形成の促進を図る活動	4,778
第13号	子どもの健全育成を図る活動	24,057
第14号	情報化社会の発展を図る活動	5,729
第15号	科学技術の振興を図る活動	2,826
第16号	経済活動の活性化を図る活動	9,100
第17号	職業能力の開発又は雇用機会の拡充を支援する活動	12,872
第18号	消費者の保護を図る活動	3,072
第19号	前各号に掲げる活動を行う団体の運営又は活動に関する連絡、助言又は援助の活動	23,986
第20号	前各号で掲げる活動に準ずる活動として都道府県又は指定都市の条例で定める活動	262

注1）一つの法人が複数の活動分野の活動を行う場合があるため、合計は51,604法人にはならない。
注2）第14号から第18号までは、平成14年改正特定非営利活動促進法（平成14年法律第173号）施行日（平成15年5月1日）以降に申請して認証された分のみが対象。
注3）第4号、第5号及び第20号は、平成23年改正特定非営利活動促進法（平成23年法律第70号）施行日（平成24年4月1日）以降に申請して認証された分のみが対象。
出典：内閣府資料「特定非営利活動法人の活動分野について」（平成31年3月31日現在）

5　福祉活動専門員

　福祉活動専門員は、民間社会福祉活動の推進方策について調査、企画、連絡調整、広報などの実践活動の推進に従事する市町村社会福祉協議会の職員を指す。コミュニティワーカーと呼ばれることもある。任用は、社会福祉士または社会福祉主事の有資格者とされている。業務の一例として、地域の福祉課題の解決に向けて、小地域ネットワーク活動とふれあいいきいきサロン等の住民同士の主体的な見守りや支え合い活動を支援すること、住民だけでは解決できない福祉課題について行政・専門機関・関係団体と協働して解決を図っていくためのコーディネート業務・組織化などがある。

6　地域福祉コーディネーター

　近年、社会的孤立や生活困窮などを背景にしたゴミ屋敷や引きこもり、就労支援、社会参加など個別の支援を必要とする人が増えており、生活課題を抱える個人に寄り添いながら地域を基盤にしたソーシャルワーク*12を行う

*12　ソーシャルワーク
第12章参照。

専門職の必要性が指摘されている。厚生労働省の「これからの地域福祉のあり方に関する研究会報告書」においては、地域福祉コーディネーターという名称が使われているが、コミュニティソーシャルワーカーと呼ばれることもある。主に社会福祉協議会に配置され、その役割は同報告書に次の通り記載されている。

①専門的な対応が必要な問題を抱えた者に対し、問題解決のため関係するさまざまな専門家や事業者、ボランティア等と連携を図り、総合的かつ包括的に支援する。また、自ら解決することのできない問題については、適切な専門家等につなぐ。

②住民の地域福祉活動で発見された生活課題の共有化、社会資源の調整や新たな活動の開発、地域福祉活動にかかわる者によるネットワーク形成を図るなど、地域福祉活動を促進する。

7 民生委員・児童委員

　民生委員は、民生委員法に規定されている社会奉仕の精神をもつ無給の民間ボランティアである。当該地域の20歳以上の地域住民のなかから選ばれることとなっており、都道府県知事の推薦を受けて厚生労働大臣が委嘱する。任期は3年である。民生委員法第1条には、「社会奉仕の精神をもつて、常に住民の立場に立つて相談に応じ、及び必要な援助を行い、もつて社会福祉の増進に努めるものとする」と定められている。その職務は、①住民の生活状態を必要に応じ適切に把握しておくこと、②援助を必要とする人の生活に関する相談に応じ、助言その他の援助を行うこと、③援助を必要とする人に対し、福祉サービスを適切に利用するために必要な情報の提供その他の援助を行うこと、④社会福祉施設・事業者や福祉活動者と密接に連携し、その事業または活動を支援すること、⑤福祉事務所その他の関係行政機関の業務に協力すること、⑥住民の福祉の増進を図るための活動を行うこと、と民生委員法第14条に定められている。また、民生委員は児童福祉法に基づく児童委員も兼務する。そのため民生委員・児童委員という名称となっている。

　児童委員の職務は、①児童および妊産婦の生活と取り巻く環境の状況を適切に把握しておくこと、②児童および妊産婦の保護や、児童および妊産婦が保健・福祉に関するサービスを適切に利用するために必要な情報の提供や援助・指導を行うこと、③児童および妊産婦に係る社会福祉施設・事業者や児童の健やかな育成に関する活動者と密接に連携し、その事業または活動を支援すること、④児童福祉司または福祉事務所の社会福祉主事の行う職務に協

力すること、⑤児童の健やかな育成に関する機運の醸成に努めること、⑥必要に応じて、児童および妊産婦の福祉の増進を図るための活動を行うこと、と児童福祉法第17条に規定されている。

　地域福祉の推進において民生委員・児童委員は、住民に最も身近な地域で活動する活動者であり、個々の住民が抱える生活課題を把握しやすい立場にある。そのため、問題の解決に向けて専門機関や専門職と連携を図るほか、地域の実情に応じた形で住民同士やボランティアによる支え合いの体制をつくっていく重要な役割を果たしている。

8　ボランティア

　ボランティアは、個人の自発的な自由意思に基づいて、援助を必要とする人や社会に貢献する活動者である。1995（平成7）年に発生した阪神淡路大震災時に数多くのボランティアが支援活動をしたことをきっかけに、全国的にボランティア活動の機運が高まり、地域住民の問題解決に取り組むボランティアが増えていくこととなった。ボランティア活動の基本理念には、①自らの主体的な意思に基づく「自発性」、②報酬や対価を求めない「無償性」、③社会連帯の精神による社会貢献活動としての「公共性」、④よりよい社会をつくっていく「先駆性」があげられる。

　なお、ボランティア活動の主な支援機関として都道府県社会福祉協議会や市町村社会福祉協議会が設置するボランティアセンターがある。その役割は、住民のニーズとボランティアとの調整・マッチングだけでなく、ボランティアの育成や活動プログラムの開発、ボランティア団体の支援などがあり、住民がボランティアとして地域福祉の活動に参加することを促進している。

3　地域福祉の推進策

1　計画による地域福祉の推進

　地域福祉を分野横断的に着実に推進するための方策として、住民参加・参画を原則とする地域福祉に関する計画の策定がある。さらに言えば、計画策定による活動実施と評価のサイクルをつくることが地域福祉の推進には重要である。主な計画の一つには、地方公共団体が策定する行政計画がある。具体的には、社会福祉法において定められている市町村地域福祉計画と都道府

県地域福祉支援計画である。これらの策定は任意としていたが、国は、地域共生社会の実現に向けた取り組みを推進するため、2018（平成30）年4月の社会福祉法の一部改正において、策定を努力義務とし、計画のさらなる充実を図った。そして、計画の策定に際しては、「地域における高齢者の福祉、障害者の福祉、児童の福祉その他の福祉の各分野における共通的な事項」を記載することとし、横断的・総合的な「上位計画」として位置づけた。

　一方、民間計画として地域住民や民間社会福祉事業者等の協議により市町村社会福祉協議会が策定する地域福祉活動計画がある。これらの行政計画と民間計画が相互に補完・補強しながら地域福祉を具体的に推進していくことになる。

2　地域福祉計画と地域福祉支援計画

　各市町村が策定する市町村地域福祉計画は、地域住民の生活課題や地域の福祉問題を把握したうえで、その解決に向けた取り組みの内容や基盤整備を図っていく計画である。地域福祉の推進に関する事項として、①地域における高齢者の福祉、障害者の福祉、児童の福祉、その他の福祉に関し、共通して取り組むべき事項、②地域における福祉サービスの適切な利用の推進に関する事項、③地域における社会福祉を目的とする事業の健全な発達に関する事項、④地域福祉に関する活動への住民の参加の促進に関する事項、⑤地域福祉の推進に資する包括的な支援体制の整備に関する事業についての事項を一体的に定めることとされている。

　一方、各都道府県が策定する都道府県地域福祉支援計画は、市町村地域福祉計画の達成に向けて広域的な見地から、①地域における高齢者の福祉、障害者の福祉、児童の福祉、その他の福祉に関し、共通して取り組むべき事項、②市町村の地域福祉の推進を支援するための基本的方針に関する事項、③社会福祉を目的とする事業に従事する者の確保または資質の向上に関する事項、④福祉サービスの適切な利用の推進および社会福祉を目的とする事業の健全な発達のための基盤整備に関する事項、⑤市町村による地域福祉の推進に資する包括的な支援体制の整備に関する事業の実施の支援に関する事項を一体的に定める計画である。

　上記2つの計画で定める事項から明らかなように、その対象は高齢者や障害者、児童など幅広い。そのため、高齢者福祉における老人福祉計画[*13]や介護保険事業計画[*14]、障害者福祉における障害者計画[*15]や障害福祉計画[*16]、児童家庭福祉における次世代育成支援行動計画[*17]などの各分野別の計画で

＊13　老人福祉計画
第10章 p.166参照。

＊14　介護保険事業計画
第5章 p.87参照。

＊15　障害者計画
第9章 p.150参照。

＊16　障害福祉計画
第9章 p.152参照。

＊17　次世代育成支援行動計画
第8章 p.136参照。

共通する部分について横断的・総合的に計画化し、実行していくこととなる。また、策定の際には住民参加・参画を原則として公聴会の開催やパブリックコメント[*18]による住民からの意見募集などの措置を講じる必要があるとされている。また、策定した地域福祉（支援）計画については、定期的に調査、分析、評価の手続きを行い、必要に応じて見直しを行うよう努めることとされている。

*18　パブリックコメント
行政機関が命令等（政令、省令など）を制定する際に行う意見公募のこと。事前に命令等の案を示し、広く国民から意見や情報を募集する。

3　地域福祉活動計画

　地域福祉活動計画は、市町村社会福祉協議会が住民や地域福祉の活動者、福祉サービス事業者、ボランティア、NPO法人、関係団体等に呼びかけを行い、地域福祉の推進に向けて相互に協力して策定する民間の活動・行動計画のことである。計画の目標は「誰もが安心して暮らせる福祉のまちづくり」（いわゆる福祉コミュニティづくり）であり、主な内容として、地域福祉推進の理念や方向性をはじめ、住民参加や協働のための基盤づくり、援助を必要とする人の個別支援の取り組み・連携・支援ネットワークの構築、福祉サービスの質の評価と充実、福祉サービスの開発、地域福祉を担う人材の育成と財源の確保などが盛り込まれる。

　地域福祉の推進にあたっては、地域住民やボランティア、社会福祉法人、NPO法人などの住民主体の活動を中心に据える地域福祉活動計画と、分野横断的・総合的に取り組んでいくための市町村地域福祉計画が、相互に整合性をもって連動し、補完・補強し合っていく関係にあることが大切である。これからは、住民の生活課題や地域の福祉課題の解決に向けて、両計画を重視しながら、住民をはじめとする多様な団体・組織・活動者の参加によって地域福祉が一層推進されることとなる。

●学びの確認

①地域福祉の理念について、大切な思想（ノーマライゼーションや共生の概念）をふまえてまとめてみよう。
②社会福祉協議会と民生委員・児童委員の役割を、それぞれまとめてみよう。
③地域福祉計画と地域福祉活動計画について、両計画の特徴をまとめてみよう。

【参考文献】
・「社会福祉学習双書」編集委員会編『社会福祉学習双書2019　第8巻
　地域福祉論 地域福祉の理論と方法』社会福祉法人全国社会福祉協議会　2019年
・全国社会福祉協議会『これからの地域福祉のあり方に関する研究会報告地域における
　「新たな支え合い」を求めて－住民と行政の協働による新しい福祉』社会福祉法人全国
　社会福祉協議会　2008年
・牧里毎治ほか編『ビギナーズ地域福祉』有斐閣　2013年

ふれあい・いきいきサロンと5つの「あい」

　市町村社会福祉協議会が推進している「ふれあい・いきいきサロン」は、住民の生活に身近な地域で行われる小地域福祉活動の一つで、高齢者や障害者、子育て中の親などを対象とし、「地域を拠点に、住民である当事者とボランティアとが協働で企画をし、内容を決め、共に運営していく楽しい仲間づくりの活動」[1]と定義されています。

　たとえば、一人暮らしや閉じこもりがちな高齢者を対象にした「ふれあい・いきいきサロン」では、男性でも女性でも気軽に参加できるよう茶話会や昼食会、健康維持や介護予防のための体操、カラオケや簡単なゲーム等のレクリエーションなどが行われています。会場は主に公民館や集会所ですが、地域によっては民家や小学校の空き教室を利用しています。活動に参加していた男性高齢者は「一人暮らしなので家に閉じこもっていると人と話すことがないし、笑うこともない。ここに来ると友人や知り合いがいてうれしいし、笑顔で過ごせるから楽しい」と語ってくれました。高齢者にとっては「ふれあい・いきいきサロン」に参加して、なじみの友人や知人とのつながりを実感することが、生活の質を向上させることにつながっています。また同時に、担い手である住民・ボランティアは楽しい場を提供するだけでなく、そのなかで高齢者を見守り、不参加であれば電話や訪問により様子を確認するなど、生活状態の変化に気づけるよう注意を払って活動しています。

　「ふれあい・いきいきサロン」のような住民主体の小地域福祉活動のなかには5つの「あい」が含まれています。それは、高齢者や障害者が抱える困りごとや悩みごとをキャッチする「気づき合い」、生活上の問題を理解して解決の方法を探す「学び合い」、解決に向けた方策や役割分担を行う「話し合い」、困りごとを抱える本人の思いを尊重する「認め合い」、そして最後に地域住民が参加して実践する「支え合い」です。地域住民一人ひとりがお互いを思いやり、尊重しながら取り組む活動こそまさに地域福祉の実践といえます。

【引用文献】
１）「ふれあい・いきいきサロン」による高齢者の介護予防活動普及事業検討委員会編『「ふれあい・
　　いきいきサロン」のすすめ』全国社会福祉協議会　2000年　p.11

第12章　ソーシャルワークの理解

📋 なぜ、ソーシャルワークについて学ぶのか

　近年の医療の高度化は目覚ましく、死亡率は激減し平均寿命は延伸しました。しかし、入院治療は終了したものの、退院後も疾患管理が必要であったり、セルフケアを要求されたりすることがあります。また、高度な治療には多額の医療費が必要な場合や、今までとは違う生活を余儀なくされることがあり、本人や家族は、不安や心配事を抱えていることが少なくありません。次の事例は、このような身体的負担や精神的負担、社会的課題をもつ患者の具体的な例です。

　脳梗塞を発症し入院した一人暮らしの女性Aさん（75歳）は、急性期を脱しリハビリ期間を経て退院許可が出ましたが、後遺症として左半身麻痺の状態となってしまいました。Aさんが一人暮らしを始めるには多くの課題があります。買い物、洗濯、家事、入浴、身支度などに手助けが必要です。
　筋萎縮性側索硬化症（ALS）の男性Bさん（40歳）は、自宅で人工呼吸器を装着し在宅療養生活を送っています。吸引行為や体位変換は、日常的に妻が行っていますが、体調管理を目的に訪問看護サービスを受けています。最近、唾液分泌が多くなり、夜間の口腔吸引回数が増え、妻の介護負担が増しています。

　Aさんの場合、退院後の一人暮らしが可能にならなければ、退院は不可能です。Bさんの場合は、介護者である妻の身体的・精神的な負担の軽減を図る必要があります。このような、日常生活の営みに支障のある人々のニーズを充足することを目標にした専門職による援助方法がソーシャルワークです。ソーシャルワークの方法を看護活動に統合することで、複雑多岐にわたるニーズをもつ生活者の療養生活はうまく継続されます。また、さまざまな生活課題を抱えた人々の療養生活を支えるには、多職種の連携や協働が必要です。ソーシャルワークを理解しておくことは、この手法を専門とする医療ソーシャルワーカー等、社会福祉職との連携や協働に有効です。
　病院完結型の医療ではなく、さまざまな人的、物的社会資源を動員して退院後の生活を再構成する退院支援や、在宅療養生活を送る人々の生活の質を向上させるために、社会資源を動員するといったソーシャルワークの手法を用いた活動は、看護活動としてすでに展開されています。
　それでは、「ソーシャルワーク」についての学びをスタートしましょう。

1 ソーシャルワークとは

1 ソーシャルワークの体系

　ソーシャルワークを端的に説明すると、援助者（ソーシャルワーカー）が社会資源を活用して生活課題を解決する社会福祉援助の方法といえる。

　ソーシャルワークはこれまで、個人を対象としたケースワーク（個別援助技術）、集団を対象としたグループワーク（集団援助技術）、地域を対象としたコミュニティワーク（地域援助技術）の３方法に分かれ、それぞれ特有の援助展開がなされてきた。これらの援助活動には、ニーズの把握が必要であり、特に地域のニーズ把握にはソーシャルワーク・リサーチ（社会福祉調査法）が必要となる。この調査結果をもとに立案する社会福祉計画がソーシャル・プランニング（社会福祉計画法）であり、計画に基づいて社会福祉政策や行政等を運営することがソーシャル・アドミニストレーション（社会福祉運営管理）である。もし、改善または開発すべきことがあれば、ソーシャル・アクション（社会活動法）の手法を用いて福祉実現のために世論や行政への働きかけを行うことになる。なお、ソーシャルワークは、クライエント（利用者）へのかかわり方によって直接援助技術、間接援助技術、関連援助技術に分類することができる。

　以上がソーシャルワークの全貌であるといえるが、このような分類は、伝統的分類によるものである。詳しくは次節で学ぶが、生活モデル*¹の登場以降、ソーシャルワークは、クライエントの状況に応じて選択した手法を、単独あるいは組み合わせて活用する統合的展開がなされるようになった。

*１　生活モデル
本章p.193参照。

2 直接援助技術

◆ケースワーク

　ケースワークの構成要素として「４つのＰ」を示したパールマン（Parlman,H.）は、「ケースワークは、人々（person）が社会的に機能する間に起こりうる問題（problem）をより効果的に解決することを支援するために福祉機関（place）によって用いられる過程（process）」と定義した。過程は、信頼関係で進められる始まりから終わりまでの経過であり、クライエントと援助者との間で結ばれる援助関係なくして成立するものではない。この援助関係の形成に必要な援助者の基本的態度として整理されたものにバイステッ

ク（Biestek,P.F.）の7原則がある。

　7原則の内容は、その人を個人としてとらえる「個別化」、肯定・否定を問わず感情が出せるよう働きかける「意図的な感情表現」、出された感情に戸惑うことなくかかわる「統制された情緒関与」、批判をしない「非審判的態度」、ありのままに受け入れる「受容」、自分で選び自分で決めることができるよう支援する「自己決定」、知り得た秘密を厳守する「秘密保持」である。この7原則は、クライエントが援助者に対して望む態度として、あるいは両者の間の望ましい相互作用のあり方という観点から導き出されたものであり、看護職と対象者との関係においても参考となる視点である。

◆グループワーク

　グループワークは、グループでの経験を通して、個人の社会的に機能する力を高めることを目的として行われる。グループワークの主要な要素は、プログラム活動、相互作用、社会資源である。プログラムは、話し合い、学習活動、レクリエーションなど、グループの目的に応じて決定される。参加者は、他の参加者の意見や話を聞くことで、自分の状況を理解したり、癒されたり、参考にすることを見つけたりすることができる。援助者は、集団のなかで発生する人間関係（グループ・ダイナミックス）を理解し、効果的に相互作用を促す技量が求められる。また、それぞれの集団がもつ雰囲気や、目標に合わせて社会資源を効果的に選択し、活用することも援助者の役割である。

　グループワークの原則には、コノプカ（Konopka,G.）がまとめた14の原則がある。この原則の主な内容は、グループであっても、個人の背景、目標を理解する「個別化」、ありのままに受け入れる「受容」、相互の影響を活用する「相互作用」、主体的な参加を支援する「参加と自立」、自己実現に向かえるよう「体験」を通した支援、集団活動の限界とルールを共通理解しておく「制限」、援助過程においても適宜プログラムの検討や修正を行う「評価」などである。

　グループワークは、難病の患者会、高齢者や精神疾患在宅療養者のデイケア、公衆衛生看護における集団教育などの看護活動において参考になる視点である。このうち難病の患者会は、同じ体験や問題をもつ自助集団で「セルフヘルプグループ」に位置づけられる。「セルフヘルプグループ」は、専門職をメンバーに含めないインフォーマルなグループで、同じ問題や悩みを抱えた人々が相互支援を目的として活動する。看護職は、このようなグループの誕生から自立、成熟を側面的に支えることがある。

3 間接援助技術

◆コミュニティワーク

　アメリカを中心に1930年代以降発展したコミュニティオーガニゼーションは、1960年代以降、イギリスでコミュニティワークという言葉で発展した。コミュニティワークは、地域ニーズに基づいて、地域住民の参画により、福祉資源の開発・改善を促し、住民の生活課題を解決することにより、住民が快適に暮らせるよう支援する方法で、その視点は、「個別性」「住民主体・住民参画」「人的資源の組織化」「社会資源の組織化」「過程重視」である。

　援助者は、住民自らが決定し、生活課題の改善に取り組み、自らが地域福祉の担い手であると認識するところまで導いていく。また、専門職、自治会、ボランティアなどさまざまな人的資源のネットワーク化やシステム化も行う。さらに、援助者には福祉サービス、保健、医療、教育、建築等さまざまな資源を調整・結合し、機関のネットワーク化を図り、福祉コミュニティを創造する役割もある。目標達成への過程では、地域がいかに「活性化」したかということと、住民が自分たちの力で達成したという満足感を得られることが重要である。

　人口高齢化と医療費抑制の必要性、自宅で暮らし続けたいと考える人々が多いことなどから、今後、ますます地域医療、地域福祉が推進されることが予測される。コミュニティワークは、住民の生活の質の向上に欠かせない援助方法である。

◆ソーシャルワーク・リサーチ

　ソーシャルワーク・リサーチ（社会福祉調査法）は、社会調査の一部とされている。この調査は、社会福祉施設の利用者、在宅の福祉利用者、地域社会の住民、機関・団体の従事者などを対象として、生活実態、意識、福祉ニーズなどを把握したり、福祉サービスの有効性を検証したりするものである。福祉サービスの質の向上や社会福祉実践を充実させるなど、社会福祉の向上・発展に貢献することを目的としている。

　18世紀後半に世界で最初に産業革命が始まったイギリスは、多くの植民地を獲得したが、資本主義社会に変わる過程は村落共同体が崩壊していく過程でもあった。資本家たちによって大規模耕作が開始されたことによって、失業した農民は生活の基盤を失い都市部に流れ込んだ。この貧民救済がこの時期の社会の要求であった。イギリスの資本主義はさらに発展を続けるが、その過程は貧困が都市に集積する過程でもあった。19世紀末にはイギリスは資本主義体制を確立したが、1873年に始まり、約20年に及んだ大不況期によっ

て、失業問題は長期化、深刻化した。

　このような社会問題に対して国家はどのように対応するのか模索するなか
で、数多くの社会調査が行われた。ブース（Booth,C.）のロンドン調査[*2]（1886
〜1902年）とラウントリー（Rowntree,B.）の第1次ヨーク調査[*3]（1899年）
の成果は、貧困は個人ではなく社会の責任によるものであることを実証的に
明らかにしたことと、「社会改良」の理論的基礎を築くことに大きく貢献した。

◆ソーシャル・プランニング

　調査結果をもとに、将来の予測を行いながら立案する福祉計画がソーシャ
ル・プランニング（社会福祉計画法）である。ソーシャル・プランニングは、
国や自治体、民間福祉団体などによって策定され、社会福祉サービス提供の
仕組みや構造の改革、個々の福祉サービス事業の設計などがある。例として
は、1989（平成元）年に発表された「ゴールドプラン」[*4]や1999（同11）年
の「ゴールドプラン21」[*5]をあげることができる。

　日本において、福祉計画が作成されるようになったのは近年のことである
が、その内容は理念的で、既存の施策の羅列にすぎないといった例が多くみ
られた。具体的な指標と方向の不在は、実際のニーズに対応する政策には至
らないという課題があったが、「ゴールドプラン」や「ゴールドプラン21」では、
高齢者の保健・医療・福祉ニーズに基づくサービス供給量の整備目標が具体
的な数量として明らかにされた。基礎的なデータをもとに作成された福祉計
画は、これまでの理念の提示が中心であったものから、具体的な実施計画と
しての内実をもつに至った。より福祉ニーズに対応した行政計画を作成する
ためには、行政職のみでは限界があり、専門性を背景とした助言が重要であ
ることがわかる。このような、ある専門職が他の専門職に行う専門的助言指
導を「コンサルテーション」といい、同職種間で行われる助言指導[*6]の「スー
パービジョン」とは区別される。

◆ソーシャル・アドミニストレーション

　ソーシャル・アドミニストレーション（社会福祉運営管理）は、社会政策
における福祉制度や福祉政策を運営管理することをいう。具体的には、国、
地方公共団体、民間団体等の公民機関の政策をサービスとして供給する際に、
政策の運用方法や資源の活用方法・配分方法を考え、人々の福祉ニーズを充
足させ、効果的・効率的に福祉サービスを提供しようとする運営管理である。

　このような福祉対策の運営管理に対して、社会福祉施設内の予算や財政、
業務、職員等に関する組織運営も、ソーシャル・アドミニストレーションに
位置づけられる。人材、財源の管理が施設運営の主な業務であるが、目的は、
対象者の権利と利益の追求、サービスの質の保障であることはいうまでもな

*2　ロンドン調査
第2章p.34参照。

*3　ヨーク調査
第2章p.34参照。

*4　ゴールドプラン
第5章p.79参照。

*5　ゴールドプラン
21
第5章p.79参照。

*6
具体的には、スーパー
バイザー（経験や知
識・技術に熟練した援
助者、指導者）がスー
パーバイジー（指導・
助言を受ける側、経験
の浅い援助者）に援助
指導を行う。

い。したがって、運営管理には、法令遵守、健全な財政運営、情報開示など
が求められている。

◆ソーシャル・アクション

　社会には、顕在化しているあるいは潜在的な福祉問題がある。この解決を
めざし、新たな制度やサービスの新設、仕組みの改善のために活動する方法
をソーシャル・アクション（社会活動法）という。

　ソーシャル・アクションの展開過程は、「運動体の組織化、要求の明確化、
行動計画の策定、支持層の拡大、直接行動、成果の見直しと新たな課題の提
起」[1] からなる。活動は、当事者やその家族、友人、福祉関係団体や一般
住民による運動体の組織化から始まる。学習会や視察、調査などを行い、要
求を明確にすることは、他の住民の支持を得ることにもつながる。活動の方
法には、陳情や請願、団体交渉といった直接関係機関に働きかける方法と集
会などによる間接的な働きかけの方法がある。難病患者の医療費公費負担制
度の実現や、高額な治療費が必要であった薬剤を保険適用とすることで、多
くの人が平等に治療を受けることが可能となった例は、ソーシャル・アクショ
ンによるものである。組織化や組織を結合して世論に訴えたり行政に要求し
たりする活動は、他の住民への影響力を高め、多くの支持者を得て、公的に
問題解決を図ろうとする社会改良運動である。

　クリミア戦争で従軍したナイチンゲールは、極めて不衛生な兵舎病院と官
僚的な縦割り行政の弊害について、数々の統計資料を作成し改革のためにつ
くられた各種委員会に提出した。この行動は、保健制度のみならず、陸軍全
体の組織改革にもつながった。実践をもとに行う具体的で科学的な調査、改
善計画の策定と組織を動かす活動は、ソーシャルワーク・リサーチ、ソーシャ
ル・プランニング、ソーシャル・アドミニストレーション、ソーシャル・ア
クションといえる。

4　関連援助技術

　ソーシャルワークにおける直接援助活動や間接援助活動を支援する方法と
して、関連援助技術がある。関連援助技術には、ケアマネジメントやソーシャ
ル・サポート・ネットワーク、スーパービジョン、カウンセリング、コンサ
ルテーションがあるが、ここではケアマネジメントとソーシャル・サポート・
ネットワークについて説明する。

◆ケアマネジメント

　在宅や施設で複数のニーズを抱えているクライエントに、保健・医療・福

祉サービスを有効的かつ敏速に提供するために、家族、親戚、近隣住民、友人、同僚、ボランティア、民間サービスといった社会資源とクライエントをつなげたり、関係する機関等と連携するなどの調整を図る援助方法である。現在、高齢者福祉、障害者福祉、子ども家庭福祉の分野ではこの援助方法を取り入れながら支援が行われている。

◆ソーシャル・サポート・ネットワーク

　人の生活は、定年や引退などを迎えることによって社会から疎遠になり、他者との交流に変化が現れる傾向がある。これは、高齢者の社会との関係を把握するための「ソーシャル・ネットワーク」という概念で説明されることが多い。親密さを基準として役割に依拠する程度によって区別される三層の対人関係で表され、老いるにしたがって一番外側の親密度の低い「役割の影響を受けやすい成員」の対人関係は減少し、内側の親密度の高い対人関係へと狭まっていくと考えられている（図12－1）。

　他方、「ソーシャル・サポート」とは社会との関係を機能的側面から着目したもので、情緒的なサポートと介護などの具体的なサービスを伴う手段的サポートがある。身体的低下が起こる老年期においては、このソーシャル・サポート・ネットワークとの関係が出現してくる。

　ソーシャル・サポート・ネットワークは、自らのもつ人的資源の限界から十分なネットワークができていない場合、他者の支援を得て計画的に構成される生活支援のための関係網である。課題を抱えるクライエントやその家族に対して、クライエント中心の効果的な生活支援を遂行するために、フォーマルおよびインフォーマルを含め援助者を組織化し、より安定した社会生活の継続が可能になるように地域ぐるみの援助体制を形成することを意味している。

図12－1　高齢者のソーシャル・ネットワークの概念

2　ソーシャルワークの発展

1　ソーシャルワークの目的

*7　慈善組織協会
慈善組織協会の創設以前は、キリスト教の信仰に根ざした民間の慈善活動が行われていたが、救済の重複や、把握されていない家庭があるなどの課題があった。この課題を解決し、効果的・効率的な救済を行うための組織として1869年にロンドンで創設された。①救済対象者のリストの作成、②慈善団体ごとの地区割り、③各慈善団体の連絡調整、④家庭訪問による生活状況、困窮状況の把握と救済、の4つの活動が行われた。

*8　セツルメント活動
貧困地区に住む労働者世帯に生じる生活問題に対して、知識人が貧困地区に移り住み、労働者が主体的に生活改善をしていくよう助言、指導する社会改良活動のこと。

*9　イースト・エンド地区
当時、ロンドン市東部にあったスラム街（貧困者が多く住む地域）。

そもそもソーシャルワークは、19世紀後半に起こったイギリスの慈善組織協会*7とセツルメント活動*8にその起源を求めることができる。慈善組織協会の活動では、対象者の家庭訪問によって、生活状況・困窮状況の把握がなされ、個人の状況に応じた救済が行われた。この活動がケースワークの始まりであり、現在のソーシャルワークの礎となった。セツルメント活動は、1860年代末頃にデニスン（Denison,E.）によって始められた。デニスンはロンドンの窮民救済協会の駐在員としてイースト・エンド地区*9に住み込み、セツルメント活動を通して、労働者教育、文化活動、生活環境改善・社会改良促進運動などを展開した。この活動は、グループワーク、コミュニティワーク、ソーシャル・アクションの基礎となっている。

このような活動から、ソーシャルワークの目的は、社会・心理的問題の解決・改善・軽減あるいは予防・回復のために援助をしたり、必要とされている社会資源を見つけたり、調整したりすることで、個人、家族、集団が社会・生活機能を向上し満足な社会生活を送ることができるようにすることといえる。

2　ソーシャルワークの目標

ソーシャルワーク理論の科学化、理論化に貢献したのは、バッファロー慈善組織協会の書記であったメアリー・リッチモンド（Richmond,M.）女史であった。リッチモンドは「ケースワークの母」と呼ばれ、「ケースワークは個別的に、人間とその社会環境との間に意識的に適応をもたらすことを通じてパーソナリティを発達せしめるところの過程からなりたっている」[2]という考えを示した。

ソーシャルワークの発展過程でケースワークは、人間と社会環境との適合性に焦点をあてるのではなく、社会環境に対する個人の適応能力を強めることを目標にした時期もあった。しかし、1950年以降、ケースワークが心理主義的・精神分析的な考え方を示したことに対する反省が唱えられ、リッチモンドが示した社会関係の調整に関心が向けなおされた。その後も、時代の要請と議論の影響を受けて理論化が進められてきたが、リッチモンドが示した考え方は、今日に至るまで中心的な概念を担っている。

健康を阻害する要因として、看護が自然環境をとらえてきたことに対して、ソーシャルワークは、社会環境が個人の社会的機能や生活を左右する要因と位置づけ、調整することで生活の質を高めることを目標としている。

3　現代のソーシャルワーク

伝統的なソーシャルワークの3方法（ケースワーク、グループワーク、コミュニティワーク）には、人間や問題をとらえる視点・焦点に共通性がみられないという欠点があった。そこでこの課題を乗り越えようと、1970年代半ばに一般システム理論[*10]を援用した新しいソーシャルワークの枠組みが提供されると、ケースワーク、グループワーク、コミュニティワークがそれぞれ対象とする個人、集団、地域を、最小のシステムである個人を内包したシステムとしてとらえる視点がもたらされた。この視点によって「状況の中の人」という考え方が共通基盤となり3分法の統合に影響を与えた。1980年代にはジャーメイン（Germain,C.B.）とギターマン（Gitterman,A.）が生態学的な視点を論述し、生活モデルのソーシャルワークとして「環境の中の人」という考え方が、ソーシャルワークが向けるべき援助の焦点となった。1990年代にはその流れをくみながら、ジェネラリスト・ソーシャルワークの体系化が進み、3方法はジェネラリスト・ソーシャルワークとして融合した。

現代のソーシャルワークでは、従来の利用者の弱点や否定的な面のみに着目し人格的改善を図ろうとする医学モデルの視点に対して、人と環境との交互作用に着目する生活モデルの視点が主流になっている。

4　ジェネラリスト・ソーシャルワークの特質

ジェネラリスト・ソーシャルワークの登場は、1960年代後半、北米でのスペシャリスト実践の専門性に対して、ジェネラリスト[*11]実践の重要性を主張するようになったことが契機となっている。伝統的ソーシャルワークと新しい枠組みを用いるジェネラリスト・ソーシャルワークは「問題」のとらえ方に違いがある。伝統的ソーシャルワークは病理的、臨床的な立場が存在するが、ジェネラリスト・ソーシャルワークは、人と環境との接触面で生じている不適合の状態として把握される問題を、人の内的葛藤や不適切な対人関係・対処能力といった個人のパーソナリティ上の問題から、環境上の諸問題まで、幅広く多元的に理解し把握するという視点をもっている。その定義は「社会生活を送るうえで何らかの生活課題に直面している人（クライエント）

*10　一般システム理論
1968年に生物学者ベルタランフィ（Bertalanffy,L.）によって提唱された。生物体システムは、常にその取り囲む環境との相互作用を通して情報やエネルギーを交換しつつ、動的に機能しているという考え。

*11　ジェネラリスト
多方面に能力をもつことを意味する。

とともに、人間・環境・時間・空間の交互作用を促進することにより、その人の社会生活機能を支援する過程の総体」[3]である。

「個人」と「地域」を一体的にとらえて、交互作用を促進するジェネラリスト・ソーシャルワークは、3方法を完全に融合した方法である。

3 ソーシャルワークの基礎理論

次節で学ぶソーシャルワークの実践は、決して勘や経験だけを頼りに行われるのではなく、これまで開発されてきたさまざまなアプローチを用いて行っていく。アプローチの種類は数多く存在するが、本節では代表的なものについて述べていくこととする。

1 一般システム理論—システムズ・アプローチ

一般システム理論を援用したシステムズ・アプローチは、個人へのカウンセリングを用いた介入援助、環境や地域社会全体への働きかけ、ネットワークづくり、社会資源開発といった活動を統一的に行うものである。一般システム理論に基づけば、クライエントは自己の内部において完結する存在ではなく、環境のなかの存在であり、複雑でより大きなシステムとの相互依存関係にある。ピンカス（Pincus,A.）とミナハン（Minahan,A）は、①チェンジ・エージェント・システム（援助者、援助機関）、②クライエント・システム（サービスを受ける個人、家族、地域社会など）、③ターゲット・システム（変革目標を達成するために影響を及ぼさなければならない人や組織）、④アクション・システム（変革目標を達成するために協働していく人や組織）の4つのシステムとの相互作用関係に基づいてソーシャルワークが展開されると考えた。

家族や地域、職場との関係は、クライエントの療養生活の援助者になる一方で、問題になる場合もある。システムズ・アプローチは、機能不全のパターンを減らすための相互作用のスタイルを家族等対象となるシステムのメンバーが理解できるように示し、直接的な介入から間接的な介入に至る幅広い援助実践を行うものである。

2 生態学理論—エコロジカル・アプローチ

一般システム理論が、全体を要素に分解し、分解された要素を結合して

再び全体を構成するという分析的方法であるのに対し、生態学は、生活という継続した営みのなかで人間と環境との進行的・継続的な関係をとらえるところに特徴がある。前述のジャーメイン（Germain,C.）とギターマン（Gitterman,A.）は、この生態学の視点を導入してエコロジカル・アプローチという生活モデルのアプローチを体系化した。

　生態学的な視点に基づいたエコロジカル・アプローチは、アイデンティティー、自己評価、自我発達、人間関係、社会的機能、潜在的可能性の実現を困難にしている個人と社会の交互作用*12の修正に注目している。交互作用の領域で起こっていることは、人と環境のすべての層や構成において生じている相互作用の継続的なプロセスであり、人が物理的・社会的環境をつくったり、逆に環境によってつくられたりするプロセスである。

　エコロジカル・アプローチは、交互作用の修正のために、個人と社会の交互作用の全体を「空間的」に把握し、「時間的」局面のなかに位置づけるため、人々の生活空間に必要な時間と場所を手に入れるのに役立つとジャーメイン（Germain,C.）は明言している。空間とは、物理的・社会的な状況であり、建築様式や土地関係、地域性、距離、騒音など個人的・感情的に認識する空間、家族・友人・隣人等とのつながりも含まれる。時間は、生体リズム等の生物的・心理的時間、文化に影響されるライフイベント等の文化的時間、時代や世代のライフスタイル等の社会的時間をいう。人は環境のなかで生活しているが、その生活は個々人によって時間的経過や空間が異なっており多様である。エコロジカル・アプローチは、変化する時間の流れとそれぞれの空間とで形成される生活状況を全体包括的かつ個人的に把握し、生活空間に介入する接近法である。その結果、生活ストレスは軽減され、最適な生活空間が再構築される。

*12　交互作用
相互作用では、人と環境のような二つの要素は、一対一の作用としてお互いに影響を及ぼすが、その存在自体は変容しない。これに対して交互作用は、人と環境が相互に影響し合い、その存在自体も変容していく。

3　ストレングス・アプローチとエンパワメント・アプローチ

　生活モデルの登場以降、ソーシャルワークの新たな潮流として「ストレングス」や「エンパワメント」といった理論が出現してきた。ストレングス・アプローチは、クライエントとの状況に対して、問題があり機能していない不足の状態にのみ注意を向けるのではなく、その人のもつ「力」や「強さ」を見出し、可能性を重視した視点で援助するアプローチである。サリビィ（Saleebey,D.）は、問題や病理、逆境を無視する視点ではなく、どのようなことでもその人のもつ「力」や「強さ」に焦点をあてた視点で考えることができると説明している。

エンパワメント・アプローチは、差別や抑圧の対象とされ、力を奪われた人々が、自己決定力や主体性、影響力を高めていくアプローチである。ストレングスが個々の資源や長所を引き出していくことに着目するのに対して、エンパワメントは権力関係のなかで個々人の力を高めることに着目している。両者は、将来に渡る変化の可能性を強調しており、めざす方向性に共通点がある。

一人暮らしや身体的機能の低下のある人が地域で暮らすときに、人的資源や社会資源のネットワーク化を図ってウェルビーイング（well-being）[*13]を高めることをめざす援助実践には、個人や家族、地域のもつ過去の問題や病理ではなく、もっている力を発見し活用するといった視点が必要となる。

＊13　ウェルビーイング（well-being）
第1章 p.24 参照。

❹ ソーシャルワーク実践過程

ソーシャルワークの実践過程は、一般的にインテーク・エンゲージメント（契約）、アセスメント、支援計画立案、実施・介入、モニタリング、最終評価、終結の段階で成り立っている。支援過程は、常に単線的に進むものではなく円環的、循環的なものであるが、一定の手順を図に示すと図12－1となる。

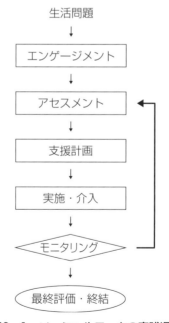

図12－1　ソーシャルワークの実践過程

1 インテーク・エンゲージメント（契約）

　インテークとは、伝統的ケースワークで「受理」と訳されてきた、相談の受け入れのための面接である。この病理的・一元的な展開に対して、エンゲージメントは、利用者システムとソーシャルワーカーが初めて情報を提供する過程をともに体験し、支援に関する個別の取り決めを確認しながらパートナーシップを形成していく最初のかかわりを示す局面である[4]。

　この場面では、主訴を把握することが求められるが、幅広く多元的に理解し把握するため、広く情報収集していく点が、従来のインテークとの違いである。エンゲージメントでは「生活問題を理解すること、感情を同一視すること、ゴールを認識すること」[5]という作業を行い、最終的に契約を結ぶことになる。

2 アセスメント

　アセスメントは、開始の段階から始まる客観的事実や主観的事実に関する情報の収集とそれに基づいたニーズの確定までのプロセスであり、「クライエントの身体的、心理的、人間関係的、認知的、経済的、文化的変化を把握することを志向し、それらの変化が1つの要因によって、直接的に因果関係をもたらしているというよりも、複数の要因が複雑に絡み合って変化が生起している」[6]という観点に立つ。実施・介入のターゲット・システム（変革のために働きかけなければならない対象）をどこに設定するのかによってもアセスメントの範囲は異なるが、基本はクライエントと周囲の状況の把握であり、それをクライエントがどのように認識し、意味づけているかを把握する。収集すべき情報の例をあげると、①現在の問題と関連のある歴史的事実、②問題を解決する際のキーパーソン、③クライエントの社会生活機能、④心理的機能、⑤医学的機能、⑥関係する人の属性、役割、行動パターン、⑦現在のライフサイクルの段階、⑧社会的支援ネットワーク、⑨経済的状況、⑩諸資源・諸能力等がある。アセスメントでは、身体的・心理的・社会的な問題のみならず、クライエントの強さ、健全な側面、可能性、潜在能力等のプラスの側面も積極的に取り上げていく。

3 支援計画と実施・介入

　支援計画作成にあたっては、アセスメントにおいて収集した情報をもとに

して、クライエントに最もふさわしい目標をクライエントとともに考え、設定する。具体的な目標設定が必要であり、緊急を要するものから中長期の展望のもとに設定すべき目標までを視野に入れる必要がある。次に、設定された目標を達成するための方策を一貫性と整合性をもって定めていく。計画は、クライエントおよび援助者にとって実行可能な範囲であること、事態の変化や状況の推移によっては臨機応変にそれらを修正・変更する必要があること、さらには社会資源の活用の可能性と限界等を含めて無理と無駄のない援助設計となるように立案する。

　家族や地域、職場といったシステムは、それぞれのシステム内のメンバーが相互に関係し合いながら全体を構成しているため、援助者は、クライエントに影響を及ぼしているいくつかのシステムやシステム内のメンバーとの相互作用関係に基づいて幅広い実施・介入計画を立案する。実施・介入に用いる実践アプローチは一つとは限らず、複数のアプローチを統合し用いる。役割の変化をもたらすことによって問題を解決しようとするならば役割理論に基づくアプローチ*14を活用する。家族に介入するには家族療法的アプローチ*15が効果的である。クライエントと環境との交互作用をとらえるには、システムズ・アプローチ、エコロジカル・アプローチが必要となる。

　このようにソーシャルワークの実践は、諸理論および諸技術を取捨選択し、あるいは創造的に選択統合し、「人間・環境・時間・空間」に介入する。クライエント本人が環境に働きかけ、交互作用の促進によって変化・発展するための環境整備がソーシャルワークの重要な側面であり、クライエントと援助者は協働関係にあることが必要とされる。

4 モニタリング

　モニタリングは、支援計画に基づいた実施・介入による結果を確認する作業である。モニタリングの第一の目的は、支援の実施が適切に行われているかについて点検・確認することである。第二の目的は、実施の結果が、目標達成に向かっているかについて経過を点検・確認することである。点検・確認には、実施の評価が同時進行しており、再アセスメントを行うことになる。状況が変わった場合、あるいは目標達成に向かっていないと判断した場合は、計画内容や目標の修正について検討し、支援計画を再考する。

　ソーシャルワークの過程において評価（エバリュエーション）は非常に重要である。評価が大切な理由は、端的にいえば「利用者に対する責任」（アカウンタビリティー）にある。利用者に対する責任とは，援助が果たして有

*14　役割理論に基づくアプローチ
役割理論は、G.H.ミード（G.H.Mead）によって論じられ、パールマン（Perlman,H.）によって詳しく述べられた。役割は、自己と他者との間で状況に相応しいものとして、個人によって演じられる行動である。単なる期待された行動パターンではなく、相互的な要求と義務のパターンであるという考えに基づき、人々の生活空間と生活時間に必要な役割を果たす人的資源を手に入れようとする視点である。

*15　家族療法的アプローチ
家族を一つのシステムとしてとらえるアプローチである。家族のなかの関係が、クライエント一人のこととして顕在化していると考え、クライエントだけを対象とするのではなく、家族全体を介入の対象ととらえる接近法といえる。

効であったのかどうかを確かめることであり、利用者に対する責任の１つといえる。

5　最終評価・終結

　評価を繰り返し、目標としていた期間および内容について達成された時は最終評価をして終結となる。

　目標が達成されていれば、一旦は終結する。支援の終結後に生活状況に変化が起きたり、新たなニーズが生じた場合には、顕在化された力（ストレングス）を発揮して課題や自己の葛藤を解決できることを伝える。それでも困難な時には、支援の再開が可能であること（アフターケア）を伝えて終了する。

●学びの確認

> ①医学モデルと生活モデルについて整理してみよう。
> ②生活の質や健康に影響する環境には、どのようなものが想定されるか考えてみよう。
> ③ソーシャルワークの方法は、看護活動にどのように活かすことができるか考えてみよう。

【引用文献】
1）古川繁子・井上深幸編『社会福祉援助技術Ⅱ』学文社　2007年　p.86
2）黒川昭登『臨床ケースワーク基礎理論』誠信書房　1985年　p.112
3）佐藤豊道『ジェネラリスト・ソーシャルワーク研究─人間：環境：時間：空間の交互作用』川島書店　2001年　p.227
4）中村佐織『ソーシャルワーク・アセスメント─コンピューター教育支援ツールの研究─』相川書房　2002年　p.98
5）前掲書４）　p.98
6）前掲書３）　p.276

【参考文献】
・福祉臨床シリーズ編集委員会編、秋山博介・谷川和昭・柳澤孝主責任編集『相談援助演習 第２版』（社会福祉シリーズ21）弘文堂　2014年
・社会福祉士養成講座編集委員会『新・社会福祉士養成講座６ 相談援助の基盤と専門職』中央法規出版　2009年
・古川繁子・井上深幸編『社会福祉援助技術Ⅱ』学文社　2007年
・三友雅夫・井上深幸監訳『ソーシャルワークの基礎理論』みらい　2006年

大学病院の地域連携室に勤務する看護師の活躍

　大学病院の地域連携室の看護師として勤務するNさんは、社会福祉専門職である医療ソーシャルワーカーと連携を図りつつ、自らもソーシャルワークの手法を活用して退院支援看護師として活動しています。

　大学病院に入院し治療が終了した人でも、入院前と同様の生活機能を維持して退院できるとは限りません。人工肛門を装着して退院する70歳のSさんは、69歳の妻との二人暮らしで子どもはいません。入院中に人工肛門の自己管理方法について指導を受けたものの、高齢世帯であるためSさん夫婦は不安を抱えていました。また、筋力が衰えているSさんの入浴が心配であることなど、日常生活も心配なようでした。そこで看護師のNさんは、病棟看護師とともにSさんの退院に向けて、以下のような準備を進めました。

・日常生活をイメージしながら1週間のスケジュールの策定
・介護保険制度が利用できるよう手続きを進め、地域のケアマネジャーと連携しながら退院後の生活整備の準備
・訪問看護による健康管理が必要と判断し、訪問看護ステーションとの連絡・調整
・Sさんの意見も取り入れ、入浴介助にはヘルパーの訪問を計画
・身体障害者手帳が交付されることを医療ソーシャルワーカーに確認し、医療ソーシャルワーカーが、ストーマ装具購入費用を受給できることをSさんに伝える際に同席

　このようにNさんは、次の受診内容のことも含め、Sさん夫婦が退院後の生活をイメージでき、安心して退院できるよう支援しました。

　ソーシャルワークの主眼は社会環境を調整することにありますが、看護職は主に自然環境に焦点をあて療養環境を整えます。そこで、看護職が社会環境へと視野を広げることで、現実的な生活環境を整える視点がもてるようになります。退院支援看護師として活躍しているNさんは、ソーシャルワークの手法を用いて、退院後の生活環境の調整を視野に入れ、医療ソーシャルワーカーや訪問看護師と連携しています。現実の生活について相談できる看護師は、退院していく人にとって頼もしく、心強く感じられます。

　近年の疾病構造の変化、地域での療養生活へのパラダイムシフト（社会全体の認識や価値観などが劇的に変化すること）には、このような活動をする看護職がますます重要となるでしょう。

第13章　保健医療と福祉の連携

📋なぜ、保健医療と福祉の連携について学ぶのか

　前章までで学んだ通り、わが国は諸外国に例をみないスピードで高齢化が進行しています。65歳以上の人口は、2018（平成30）年現在の推計では3,557万人と前年と比較すると44万人の増加となっています。その後も、75歳以上の人口割合は増加し続けることが予想されています。このような状況のなか、団塊の世代[*1]（約800万人）が75歳以上となる2025（令和7）年以降は、国民の医療や福祉、とりわけ介護の需要が、さらに増加することが見込まれています。

　今般、介護保険制度の創設や障害者福祉制度の見直し等による福祉サービスの充実、量的拡大に伴い、福祉サービスの従事者数は急速に増加しています。また、医療の発展や疾病構造の変化により、複雑で専門的な対応を必要とするニーズが増え、必要とされるサービスが、質的にもより多様化・高度化しており、福祉サービス提供機関には、福祉・介護関係のみならず、保健医療関係も含めた多種多様な職種が従事しているのが現状です。

　国民が要望する社会福祉の増進や向上を図るためには、これらの従事者の連携が不可欠です。そして、連携のためには、効率的な関係づくりを基盤に、多職種の相互理解が必要になります。とりわけ、看護職は、介護と深く関連し、多職種の連携・協働を促す中心的な役割を担うことが期待されています。

　疾病や障害を抱えても、住み慣れた生活の場で自分らしい生活を送り続けるためには、地域における保健医療と福祉の関係機関が連携して、包括的かつ継続的な在宅医療や介護の提供を行うことが必要です。

　本章では、以上の内容をふまえ、看護職が日々の業務を行っていくために、さまざまな専門職と連携を図っていかなければならないことを理解し、各専門職の役割と、それらの職種間での連携のなかで看護職が果たすべき機能について詳しくみていきます。

　それでは「保健医療と福祉の連携」についての学びをスタートしましょう。

*1　団塊の世代
団塊の世代の定義は特に定まっているわけではないが、一般的には1947（昭和22）年から1949（同24）年にかけて生まれた世代を指す。

1 社会福祉の担い手

　21世紀を迎え、福祉のあり方が大きく変わり、社会保障や社会福祉のさまざまな分野で制度の改革に向けた取り組みがなされている。とりわけ、近年ではノーマライゼーション[*2]の理念のもと、すべての住民が住み慣れた地域で安心して自立した生活ができる、福祉の地域づくりをめざした地域福祉活動を充実させていくことが改革の大きな課題となっている。そして、めざす福祉国家の実現のために、さまざまな社会福祉の担い手が活躍している。

＊2　ノーマライゼーション
第9章p.144参照。

　社会福祉の担い手には、社会福祉関係法令に基づく専門職員である社会福祉士、介護福祉士、精神保健福祉士、保育士などの有給の専門職員と、民生委員・児童委員などのように社会福祉関係法令に基づくが原則無給の非専門的マンパワー、任意で活動するボランティアとに大別される。

　本節では、これらの社会福祉の担い手やその活動について述べていく。なお、非専門的マンパワーである民生委員・児童委員、ボランティアについては、第8章や第11章を参照してほしい。

1 社会福祉士

　社会福祉士は、1987（昭和62）年制定の「社会福祉士及び介護福祉士法」で定められた名称独占[*3]の国家資格である。社会福祉士は、「専門的知識及び技術をもって、身体上若しくは精神上の障害があること又は環境上の理由により日常生活を営むのに支障がある者の福祉に関する相談に応じ、助言、指導、福祉サービスを提供する者又は医師その他の保健医療サービスを提供する者その他の関係者との連絡及び調整その他の援助を行うことを業とする者」と同法に規定されている。

＊3　名称独占
国家資格の名称を保護することを目的として、有資格者だけがその名称を用いることができる法的規則のこと。

　社会福祉士は社会福祉施設等で主にソーシャルワーカーとして活躍している。ソーシャルワーカーとは、ソーシャルワーク[*4]の技術をもって、対象者のＱＯＬ向上に向け、対象者固有のニーズや問題状況を明確にし、援助目標および援助計画を立案して対象者が主体的に問題解決に向かえるように支援していく、相談援助を主軸とした社会福祉の専門家である。2019（平成31）年3月末現在、23万3,517人が社会福祉士として登録されている。

＊4　ソーシャルワーク
第12章参照。

2 介護福祉士

　介護福祉士は、1987（昭和62）年に制定された「社会福祉士及び介護福祉

士法」で定められた名称独占の国家資格である。介護福祉士は「専門的知識及び技術をもつて、身体上又は精神上の障害があることにより日常生活を営むのに支障がある者につき心身の状況に応じた介護を行い、並びにその者及びその介護者に対して介護に関する指導を行うことを業とする者」と同法に規定されている。

　介護福祉士の主な職場は、介護老人福祉施設（特別養護老人ホーム）、介護老人保健施設、介護療養型医療施設、障害者支援施設等の各種施設や訪問介護での居宅などがある。2019（平成31）年3月末現在、162万4,829人が介護福祉士として登録されているが、1989（平成元）年の3,037人と比べると増加が著しい。これは超高齢社会の到来を反映していることが考えられ、今後はさらに在宅や介護保険施設[*5]等において介護福祉士をより積極的に活用することが期待されている。

　なお、2012（平成24）年4月1日から介護福祉士の業務に、医師の指示の下でたんの吸引と経管栄養を業務として行うことができることが規定された。こうした動きによって、看護と介護の連携もますます重要となってくることが考えられる。

*5　介護保険施設
介護老人福祉施設、介護老人保健施設、介護療養型医療施設のことをいう。

3　精神保健福祉士

　精神保健福祉士は、1997（平成9）年制定の「精神保健福祉士法」に定められた名称独占の国家資格である。精神保健福祉士は、「精神科病院その他の医療施設において精神障害の医療を受け、又は精神障害者の社会復帰の促進を図ることを目的とする施設を利用している者の地域相談支援の利用に関する相談その他の社会復帰に関する相談に応じ、助言、指導、日常生活への適応のために必要な訓練その他の援助を行うことを業とする者」と同法に規定されている。

　精神保健福祉士の主な職場は、精神科を設置している医療機関や障害福祉サービス等事業所、保健所や精神保健福祉センターなどの福祉行政機関である。2019（平成31）年3月末現在、8万5,122人が精神保健福祉士として登録されている。

4　保育士

　保育士は、「専門的知識及び技術をもつて、児童の保育及び児童の保護者に対する保育に関する指導を行うことを業とする者」と児童福祉法に規定さ

れている。

主な業務内容は、「児童の保育」として保育所、乳児院、児童養護施設などで、日常生活の指導・支援を行う。また、保護者に対して、保育の方法や相談、あるいは精神的支援等を行う。

これらの職務を実践するために、保育士には、保育についての知識や技術のほかに、子どもの健康に関する十分な知識が必要である。たとえば、子どもに疾患や障害があれば、医療との連携や調整が必要であるし、疾患や障害のある子どもの保育について、保護者のよき支援者となることが求められる。さらに、保育士は子どもを取り巻く環境にも配慮し、必要時に福祉サービスにつなげる役割も担う。近年、男性の保育士の活躍の場も増えているため、今後は母性と父性の両面からの支援が望まれる。

2018（平成30）年4月現在、153万872人が保育士として登録されている。

5 社会福祉主事

社会福祉主事は「社会福祉法」に規定されている。都道府県、市（特別区を含む）および町村の福祉事務所に置かれる職であり、福祉事務所を置かない町村においても社会福祉主事を置くことができる。社会福祉主事は、年齢が20歳以上の者で、人格が高潔で思慮が円熟し、社会福祉の増進に熱意を有することを前提として、①大学等において、厚生労働大臣の指定する社会福祉に関する科目を修めた者、②厚生労働大臣の指定する養成機関または講習会の課程を修了した者、③社会福祉士の資格を有するものなどを任用資格としている。

社会福祉主事は、上記の任用資格を得た地方公共団体の公務員が社会福祉主事に任用されてはじめて名乗ることができる。社会福祉主事の職務は、生活保護法、児童福祉法、母子及び父子並びに寡婦福祉法、老人福祉法、身体障害者福祉法および知的障害者福祉法に定める援護、育成または更生の措置に関する事務を行うことである。

6 介護支援専門員（ケアマネジャー）

介護支援専門員は介護保険法等に規定されている。対象者のニーズや心身の状況等に応じ、居宅・施設サービスが利用できるように、市町村や介護サービス事業者等との連絡調整を行うことや、対象者とその家族からの福祉サービスに関する相談に応じる専門職である。主な職務は、介護が必要な状

態になった場合に市町村が設置する介護認定審査会に要介護認定の申請代行を行ったり、対象者や家族の状況をふまえた介護サービス計画（ケアプラン）の作成などを行う。この時、介護支援専門員は対象者やその家族の意向を十分把握したうえで計画の立案を行い、個別性を重視した対応を行っていくことが重要である。計画の立案には対象者はもちろんのこと、その家族も参加することができる。

介護支援専門員は、厚生労働省令で定める実務経験を有する者が介護支援専門員実務研修受講試験に合格後、介護支援専門員実務研修課程を修了し、介護支援専門員証の交付を受けた者をいう。介護支援専門員証の有効期限は5年間であり、更新には更新研修を受けなければならない。

2006（平成18）年度からは、地域包括支援センター＊6に主任介護支援専門員の配置が義務づけられている。福祉サービスを適切にマネジメントする介護支援専門員は、適切な介護保険制度の実施のために重要な役割を果たしている。

2018（平成30）年度現在、介護支援専門員実務研修受講試験の合格者数は70万7人である。

＊6　地域包括支援センター
第3章p.53、第5章p.87参照。

7　訪問介護員（ホームヘルパー）

訪問介護業務に従事することができるのは、介護福祉士、介護職員初任者研修を修了して証明書の交付を受けた者および「生活援助従事者研修」＊7を受けた者である。

訪問介護員は対象者の居宅を訪問して、日常生活における食事、入浴、排せつ、衣類の着脱等の身体介護と、炊事・洗濯等の家事行為と言われるものも含めて、対象の生活全般への支援を行う。そのほかにも障害者（児）に対しての外出時の移動支援や日常生活支援、対象者とその家族から介護に関する相談を受けたり、助言などを行う。

特に症状が重い対象者は訪問看護サービスも同時に利用していることが多く、看護・介護の役割分担を明確にすることや、またその連携のあり方についても今後の課題となることが考えられる。

＊7　生活援助従事者研修
訪問介護の生活援助を中心としたサービスの担い手を育成するために、短期間の新研修が2018（平成30）年度から新たに行われている。

8　医療ソーシャルワーカー

医療ソーシャルワーカー（MSW：Medical Social Worker）に関する法令上の資格規定はない。医療ソーシャルワーカーは主に医療機関などに配置さ

れ、ソーシャルワークの知識と技術をもって、対象者やその家族の経済的・心理的・社会的な問題の解決や調整を支援し、社会復帰に向けて相談援助を行う。

医療ソーシャルワーカーはこれらの業務を実践していくうえで、対象者の主体性や人権の尊重を重視する視点をもつ必要がある。また、医師や看護師等と連携し、他の社会福祉従事者と同様に、対象者や家族のニーズに沿った支援を行うことが重要である。

2 地域包括ケアシステム

少子高齢化が進むわが国では、団塊の世代が75歳以上となる2025（令和7）年以降、国民の医療や介護への需要がさらに増加することが見込まれている。このため国では、2025（同7）年を目途に、重度な要介護状態となっても住み慣れた地域で自分らしい生活を人生の最期まで続けることができるよう、住まい・医療・介護・予防・生活支援が一体的に提供される地域包括ケアシステムの構築をめざしている。

地域包括ケアシステムとは、「ニーズに応じた住宅が提供されることを基本とした上で、生活上の安全・安心・健康を確保するために、医療や介護、予防のみならず、福祉サービスを含めた様々な生活支援サービスが日常生活の場（日常生活圏域）で適切に提供できるような地域での体制」と定義され、地域包括ケア圏域は、おおむね30分以内に駆けつけられる圏域で、具体的には中学校区を基本としている。

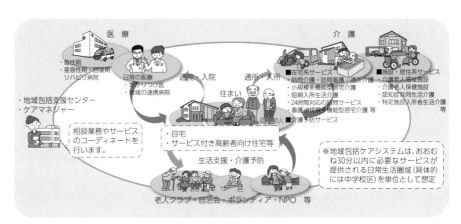

図13－1　地域包括ケアシステムの概要
出典：厚生労働省ホームページ「地域包括ケアシステム」を一部改変

地域包括ケアシステムを構築するためには、高齢者個人に対する支援とそれを支える社会基盤の整備を同時に進めることが重要であり、国ではそのための手法として、「地域ケア会議」を推進している[8]。具体的には、①地域の支援者を含めた多職種による専門的視点を交えて、適切なサービスにつながっていない高齢者の支援や地域で活動する介護支援専門員の自立支援に資するケアマネジメントの支援、②個別ケースの課題分析等を通じて地域課題を発見し、地域に必要な資源開発や地域づくり、③介護保険事業計画[9]への反映などの政策形成につなげることをめざすものである。

地域ケア会議は地域包括支援センターなどが主催する。主な構成員は自治体職員、地域包括支援センターの職員、介護支援専門員、介護事業者、民生委員、理学療法士（PT）、作業療法士（OT）、言語療法士（ST）、医師、歯科医師、薬剤師、看護師、管理栄養士、歯科衛生士などである。

*8
2014（平成26）年の介護保険法の改正に伴い、市町村は「地域ケア会議」を設置・運営するよう努めなければならないこととなった。

*9　介護保険事業計画
第5章p.87参照。

3　保健医療従事者と社会福祉従事者の連携（チームケア）

1　保健医療分野の主な専門職

看護サービスの中心的な担い手は、いうまでもなく看護師・准看護師・保健師・助産師である。しかし、今日の高度化・複雑化した保健・医療・福祉の現場においては、看護職者が単独で看護サービスを提供することはほとんどないといってよい。

現在、保健医療従事者のうち国家資格とされる職種としては、以下のようなものがある。

医師、歯科医師、薬剤師、看護師、保健師、助産師、理学療法士（PT）、作業療法士（OT）、言語聴覚士（ST）、視能訓練士、義肢装具士、歯科衛生士、歯科技工士、診療放射線技師、臨床検査技師、衛生検査技師、臨床工学技士、あん摩マッサージ指圧師、柔道整復師、救急救命士、はり師、きゅう師

これらに加えて、保健医療と福祉の連携が進む現在では、看護職者が第1節で学んだ社会福祉士・介護福祉士・精神保健福祉士などの福祉領域の専門職種とともに働く機会が増えている。

2 地域における幅広い連携・協働の必要性

　地域の医療機関・医療従事者間での連携はもちろんのこと、今後はこれにとどまらず、地域の関係諸機関、関係者全体の連携も重要になってくる。たとえば母子保健における、市町村保健センターでの保健師と小児科外来や産婦人科外来の助産師・看護師の連携は従来から行われていた。しかし、昨今の子育て不安や児童虐待などの増加に対応するためには、保健医療施設の従事者だけではなく、保育所や児童相談所、子育てサークル、自治会組織など、地域に所属するさまざまな機関や人々が幅広く連携していくことが必要である。

　これらの機関や人々が実際にどのように連携を図り、対象者の生活支援を行っていくのかについては、さまざまな状況が考えられるが、ここでは、医療・福祉サービスを利用しながら在宅で生活している高齢者の事例をもとにチームケアのあり方の一例を紹介する。

本人のプロフィール

　Aさん（82歳）は、妻（79歳）と二人暮らしをしている。Aさんは要介護者で、さらに認知症の症状があり、地域の主治医によって医学的管理を受けながら、訪問看護、訪問介護、認知症対応型通所介護のサービスを受けている。夫婦は年金によって生活している。

サービス提供機関

医療機関…看護師、医師
居宅サービス事業所…介護福祉士、介護支援専門員（ケアマネジャー）
その他のマンパワー…民生委員、社会福祉協議会の相談員、医療ソーシャルワーカー（MSW）

看護師

　訪問看護サービスを行う看護師であり、Aさんの日常の健康状態、疾患の種類や程度等について熟知し、個別性をふまえながら、専門的知識、技術をもとにさまざまな看護ケアを行う。同時にAさんの精神的な支援も行う。看護師はAさんのみでなく、高齢である妻の健康状態についても視野に入れなければならない。また、医師との連絡を密にし、観察事項を報告し、医師からの指導があれば、わかりやすく本人や妻に説明する。

　本症例のAさんは認知症があるうえに日常生活動作（ADL）の問題もあるため、看護師の役割としては理学療法士（PT）や作業療法士（OT）の援助が得られるよう医師に指示書を依頼し、介護支援専門員（ケアマネジャー）にも連絡する必要がある。もし、今後、経済面などの生活上の問題等が発生した場合は社会福祉事務所へ連絡をすることも必要である。

介護福祉士

　訪問介護サービスを行う介護福祉士であり、Ａさんの心身の状況にあわせて専門的知識と技術をもって入浴、排せつ、食事などの介護を行う。介護福祉士はＡさんの一番身近な存在であり、日常のＡさんの心身の情報を看護師に伝え、療養生活上の留意点などのアドバイスを受ける。

　本症例では訪問看護サービス、訪問介護サービスを同時に受けているため、介護福祉士は日常生活援助を行うにあたっての現状と問題点についての情報を看護師と共有する必要がある。看護師は介護福祉士からの情報を受け、たとえば健康面での問題であれば医師に報告し、医師の診察が受けられるよう手配する。また、歩行動作に問題があれば、理学療法士のリハビリが受けられるよう医師に指示書を依頼するといったことにつなげるなど、看護師と介護福祉士の連携は非常に重要である。

医師

　Ａさんの認知症の進行を抑えられるよう、診察、検査、治療、療養に向けての生活指導などを行う。外来通院が難しい場合は往診をする。また、必要な薬の処方や、急遽入院が必要になった場合は、スムーズに入院できるよう紹介状を書いたり、要介護認定の更新時には主治医として意見書を書く。

介護支援専門員（ケアマネジャー）

　実際に介護サービスが受けられるよう、介護サービス計画を作成し、手続きが必要な事業所とのやり取りや、介護保険の保険請求処理などをＡさんや妻に代わって行う。また、看護師をはじめ他の専門職からの情報を得て、サービス内容の追加等を検討する。必要によっては、適切な社会保障制度などについてのアドバイスも行う。

　本症例では、心身の健康面での問題だけではなく、日常生活動作においても問題があるため、できるだけ、日常生活動作が自立できるよう理学療法士や作業療法士の訪問が受けられるようマネジメントしたり、Ａさんに認知症があることから、妻への介護負担の軽減のために、訪問介護員（ホームヘルパー）の活用を考える必要がある。適切かつ効果的な介護保険制度の活用に向けて、Ａさんおよび妻の意見も尊重しながら計画立案し、実施していくことが重要である。

民生委員

　Ａさん夫婦が暮らす地域を担当する民生委員は、Ａさん夫婦が二人暮らしであることを把握しており、なにか気づいたことがあれば、担当ケアマネジャーや、地域包括支援センター等へ報告する。民生委員は直接的に生活に介入することはないが、Ａさんの日常の様子や妻の地域住民との関係などの情報を機会をみつけて看護師やケアマネジャー等に伝えることで、多角的な視点で問題の発見や解決方法を見出すことにつながる可能性がある。

市町村社会福祉協議会の相談員

　本人を含め、妻も高齢であることから、お金の管理ができなくなったり、成年後見人等の申立てをする必要がでてきた場合は、手続き方法などを説明する。認知症

の程度については、看護師や介護福祉士、あるいはケアマネジャーより情報を得ることができる。本症例では妻がキーパーソンであり、必要時に妻に対して説明等をしていくことになる。

医療ソーシャルワーカー（MSW）

　仮にAさんの健康面の事情が変化し、医療施設に入院することになれば、入院先の医師や看護師とともに医療ソーシャルワーカーがAさんの支援を行っていく。医療ソーシャルワーカーは療養中の経済的・心理的・社会的問題の解決、退院支援、社会復帰支援などを行っていく。

　以上のようにAさんの支援にあたっては、多くの専門職の連携が必要であることがわかる。対象者を地域での生活者としてとらえ、その人の生活の向上をめざす支援を行うにあたって、対象者の心身の状況を把握している看護師からの情報は欠かせない。健康面での支援を行う看護師と主に生活面での支援を行う社会福祉従事者との連携は特に重要である。

●学びの確認

①本章に記載されている専門職の配置先や主な職場・職務内容をまとめてみよう。
②チームケアの必要性について考え、まとめてみよう。
③チームケアを行ううえで、看護職が持ち合わせていなければならない視点や態度について考え、まとめてみよう。

【参考文献】
・山田美津子・稲葉光彦編『社会福祉を学ぶ』みらい　2013年
・橋本好市・宮田徹編『保育と社会福祉』みらい　2013年
・茂野香おる他『系統看護学講座　専門分野I　基礎看護学[1]　看護学概論』医学書院　2019年

【参考ホームページ】
・厚生労働省　http://www.mhlw.go.jp/（令和元年7月23日閲覧）
・文部科学省：看護師等医療技術者・福祉系人材の養成
　http://www.mext.go.jp/a_menu/koutou/kango/1217788.htm（令和元年7月23日閲覧）

コラム

介護老人保健施設でのチームケア

　私は介護福祉士として、介護老人保健施設に勤務しています。業務内容は入所高齢者の自立に向けた日常生活支援です。1日の始まりは起床のための声掛けから始まり、検温、洗面、歯磨き、排せつへの援助が終わると朝食のために入所高齢者をディルームに誘導します。とても慌ただしい1日の始まりですが、まず、何より朝一番にすべき重要な職務は検温です。検温の結果は看護師に報告します。朝の検温によって入所高齢者の健康状態をチェックするのです。もし、発熱している高齢者がいれば、看護師はいち早く常勤医師に連絡を取り、診察を依頼します。

　施設では高齢者が集団で生活しているため、感染症には特に気を使います。冬期はノロウイルスの感染、梅雨の時期から夏場にかけては食中毒、体力が低下した高齢者には日和見感染*10が発症することも考えられます。そのため、医師、看護師の存在が不可欠です。

　また、高齢者は筋力の低下や関節障害により、日常生活動作がスムーズに行えないといったことが非常に多くみられます。動けないから動かないといった悪循環が高齢者の日常生活動作に大きな影響を与えます。さらに高齢者の筋力や視力の低下は転倒につながりやすく、加えて骨粗鬆症（加齢とともに骨が脆くなること）と相まって骨折が起きやすくなります。高齢者の骨折は“寝たきり”の最大の原因で、廃用症候群（使わないことによる機能低下）といわれる状態に陥ってしまいます。普段より、筋力を鍛える、拘縮（固くなり動きがスムーズにいかない状態）を防ぐために関節可動域を保つための訓練が必要になり、このため理学療法士（PT）といった専門職が常勤しています。

　一方、高齢者の食事に関する障害として、食物をスムーズに飲み込めない嚥下障害があります。これは高齢者にとって苦痛を伴う症状です。加齢により嚥下に使用する筋肉が弱まること、また脳卒中の後遺症としての神経障害などが嚥下障害を引き起こし、嚥下性肺炎を引き起こします。いかにうまく嚥下を促すか、訓練としては言語療法士（ST）が携わっています。また、嚥下障害により栄養摂取が困難な場合は、栄養価が高く、嚥下しやすい献立を管理栄養士が考えます。どうしてもうまくいかないときは点滴や胃瘻（胃に直接、流動食を注入する）といった医学的処置が行われます。

　もし、高齢者の状況が変化（健康面や家庭の事情など）し、医療施設に入院することになれば、医療ソーシャルワーカー（MSW）の役割が期待されます。

　このように介護老人保健施設ではさまざまな職種のマンパワーが確保されているのです。ボランティアの活躍も見逃せません。そして、そのような現場において看護師は高齢者の心身の健康に関する専門職であり、コメディカル*11としての専門職、社会福祉の専門職とも連携を図りながら日々活躍を続けているのです。

*10　日和見感染
健康な人では感染症を起こさないような弱い病原体が原因で発症する感染症のことをいう。
*11　コメディカル
医師と協同して医療の提供を行う、薬剤師、理学療法士、臨床検査技師などの病院職員をいう。

索 引

看護職をめざす人の社会保障と社会福祉［第2版］

2015年 4 月21日　初　版第 1 刷発行
2018年 3 月 1 日　初　版第 3 刷発行
2020年 4 月 1 日　第 2 版第 1 刷発行
2023年 3 月 1 日　第 2 版第 4 刷発行

編　　　者	守本　とも子
発 行 者	竹鼻　均之
発 行 所	株式会社みらい

〒500-8137　岐阜市東興町40　第 5 澤田ビル
TEL　058-247-1227(代)
FAX　058-247-1218
https://www.mirai-inc.jp/

印刷・製本	西濃印刷株式会社

ISBN978-4-86015-496-7　C3036
Printed in Japan　　　　　乱丁本・落丁本はお取り替え致します。